Zu diesem Buch

Die Zeiten, da freundliche junge Herren augenzwinkernd mit dem väterlich-verständnisvollen «Pauker» fröhliche Pennälerjahre bei Feuerzangenbowle feierten, sind vorbei. Die Schüler von heute stöhnen unter Leistungsdruck und langweilen sich bei Unterrichtsstoffen, die nichts mit dem wirklichen Leben zu tun haben. Die Lehrer haben sich spätestens nach wenigen Jahren pädagogischen Idealismus und Elan abgeschminkt und freuen sich nur noch auf die nächsten Ferien. Und die Eltern, insbesondere die Mütter, fühlen sich als Hilfslehrer der Nation ausgenutzt.

Wenn die Schule im Leben eines Kindes anfängt, ist nichts mehr so, wie es mal war: Der Familienfrieden wird durch Hausaufgaben, Leistungskrisen und Notenkatastrophen gestört. Die Gereiztheit steigt, das Leistungsniveau sinkt, und es gibt nur noch ein Thema: Schule, Schule, Schule. Und das bleibt denn auch so: von Zeugnis zu Zeugnis, von Klasse zu Klasse, von Montag zu Montag. An der Schule von heute wird niemand mehr froh: Die Schüler stöhnen, die Lehrer jammern, die Eltern verzweifeln. Was auf der Strecke bleibt, ist die Lust am Lernen. Mehr und mehr wird die Schule im Laufe dieser Jahre für Sohn und Mutter zum Ärgernis, zum Ort des Schreckens, zum Alptraum. Und während die Angst vor der Schule beim Sohn Verweigerung, Flucht in die Krankheit und Todeswünsche hervorruft, träumt die Mutter davon, wie es wohl wäre, wenn die Schule wieder ein Ort des Spielens, Lernens und Übens würde; ein Ort, wo ein Kind ohne Angst sagen könnte: «Das habe ich nicht verstanden, erklär es mir bitte noch einmal»; ein Ort, an dem Lehrer sich wieder mit einer rahmenrichtlinienlosen Kinderphantasie auseinandersetzen würden; ein Ort, an dem man das Zusammen- statt das Gegeneinander-Leben üben würde.

Marianne Arlt, selbst Lehrer-Ausbilderin, hat die ersten vier Grundschuljahre ihres Sohnes in ihrem Tagebuch festgehalten. Es ist eine Geschichte der Lust- und Freudlosigkeit, der Rat- und Hilflosigkeit – auf allen Seiten.

Marianne Arlt

Alptraum Schule

Aus dem Tagebuch einer Mutter

rororo

Rowohlt

rororo aktuell – Herausgeber
Ingke Brodersen · Freimut Duve

Originalausgabe
Veröffentlicht im Rowohlt Taschenbuch Verlag GmbH,
Reinbek bei Hamburg, April 1989

Umschlaggestaltung: Jürgen Kaffer/Peter Wippermann
(Foto: Thomas Rusch)
Satz Times (Linotron 202)
Gesamtherstellung Clausen & Bosse, Leck
Printed in Germany
980-ISBN 3 499 12514 5

Inhalt

3. Klasse:

4. Klasse:

Zehn Gebote
für den Umgang mit Kindern

1. Du sollst Kinder achten wie dich selbst.
2. Du sollst einem Kind nicht vorenthalten, was dir wichtig ist: nützliche Arbeit, Verantwortung, Verfügung über ein Eigentum, über die Einteilung der Zeit, über die Wahl der Freunde.
3. Du sollst ein Kind nichts lehren, woran dir selbst nichts liegt; du sollst es nicht langweilen.
4. Du sollst nichts für ein Kind tun, ohne es zu fragen; auch wenn es weder deine Fürsorge noch deine Frage versteht – es ist gut, wenn du diese Gewohnheit hast.
5. Du sollst nicht wegsehen, es soll dir nicht gleichgültig sein, wenn ein Kind etwas Falsches tut, Unwahrheiten, Torheiten, Grausamkeiten begeht.
6. Du sollst eines Kindes Liebe und Vertrauen nicht zurückweisen – so wenig wie seine Trauer, seine Angst, seine Neugier, seine Phantasie.
7. Du sollst ein Kind nicht anders «machen» wollen, als es ist – aber du sollst ihm helfen, anders zu werden, wenn es das will. Du sollst vor allem nicht machen, daß es will.
8. Du sollst, wie du einen Zehnten für die Kirche gibst, in dieser Welt einen zweiten Zehnten für die Kinder geben – die fernen wie die nahen, die dies brauchen.
9. Du sollst an der Welt arbeiten, so daß du sie ohne Scham den Kindern übergeben kannst.
10. Du sollst nicht Kinder haben, wenn du dir nicht vorzustellen vermagst, daß sie ein würdiges Leben in ihrer Zeit führen können.

Hartmut v. Hentig, 1987

Verweigertes Vorwort I

Auf Herbstwanderung um die nördlichste Spitze Deutschlands:

«Schreibst du mir für mein Schultagebuch ein schönes Vorwort?»

«Wieso gerade ich?»

«Nach 10 Jahren Schulleitung bist du doch dafür prädestiniert!»

«Ich?»

«Wer sonst?»

«Ich kann mich doch nicht dem Ruf aussetzen, ein Nestbeschmutzer zu sein!»

«Dann schreib doch was, was nicht das Nest beschmutzt!»

«Und was sollte das dann sein?»

«Was Freundliches.»

«Na, du bist gut – nach 10 Jahren Schulleitung!»

Verweigertes Vorwort II

Beim winterabendlichen Rumgrog:

«Schreibst du mir ein schönes Vorwort für mein Schultagebuch?»

«Ich?»

«Ja, du!»

«Warum ich?»

«Weil du Bescheid weißt!»

«Eben.»

«Was heißt: eben?!»

«Na – eben heißt: gerade darum nicht!»

«Erklär mal!»

«Das ist doch ganz einfach. Was soll ich noch schreiben nach diesem Text? Da könnt' ich doch nur in Fettdruck schreiben: **So ist es! UND SO IST ES SCH**...! Willst du das?»

Verweigertes Vorwort III

«Ich brauche ein schönes Vorwort für mein Schultagebuch!»

«Na und?»

«Ich dachte, du könntest vielleicht...?»

«Laß mal lesen!»

...

...

«Dazu soll ich was schreiben?»

«Ja, wenn's geht!?»

«Bei dir piept's wohl – ich bin schließlich Lehrer!»

«Eben drum!»

«Ach, eben drum... und außerdem: Mensch, das ist doch nun wirklich nischt Neues. Das ist doch Alltag – tausendfach, das ist doch... das kennen wir doch... das weiß doch jeder...»

«Ja und? Und ist es deswegen etwa besser?»

«Ach komm, laß mich zufrieden. Glaubst du vielleicht, wir wissen das nicht? Da muß doch jeder durch. Da sind wir doch auch durch! Glaubst du vielleicht, das Leben ist später besser? Du bist doch auch nicht von gestern, du stehst doch mit beiden Beinen auf dem Boden!»

«Ja, ich weiß, daß es nicht besser ist. Aber es könnte doch mal besser werden – gerade weil es tausendfacher Alltag ist und keine Ausnahme. Soll das ewig so bleiben?»

«Tu nicht so unverbesserlich! Diese Diskussion ist doch lange gelaufen!»

«Na und? Was hat sie gebracht?»

«Ja eben – nichts hat sie gebracht. Darum hat es ja auch keinen Zweck, ewig darauf rumzuhacken!»

«Und unsere Kinder?»

«Sei nicht so sentimental! Die halten schon was aus! Mehr als ihr Mütter immer denkt. Glaubst du vielleicht, uns als Lehrer geht das mit diesen Knallköppen besser? Und wir müssen das 40 Jahre machen. Und die sind nach ein paar Jahren raus!»

«Ach, vergiß' es!!!»

1. Klasse

Es beginnt...

3. September 1984 Und da sitzen wir nun – wir Eltern. Wie zurückgebliebene Hühner am Ufer, von dem aus das Entenküken in Richtung Seemitte aufgebrochen ist. Wissend, es muß so sein, ahnend, es könnte schiefgehen und hoffend, hoffend, hoffend...

Ein bißchen blöd fühlen wir uns schon – da auf dem Sandkastenrand sitzend, mitten auf dem Schulhof. Wir gucken uns an und lachen ein bißchen albern und hilflos. Die anderen Eltern haben sich in alle Winde zerstreut, einige sind auf den Fluren vor den Klassenzimmern stehengeblieben, bilden Grüppchen, palavern, reden durcheinander oder blicken schweigend aus den hohen Fenstern dieses unfreundlichen Uraltbaus.

«Nun ist die Kindheit vorbei», sage ich. «Hoffentlich nicht», sagt Stephans Vater.

Wir schweigen uns an. Eben haben wir unseren Sohn in seinem ersten Schulzimmer abgeliefert. Zwischen feingemachten Eltern, die die Schultüten umklammern, Kindersocken wieder und wieder hochziehen, das ganze Kind noch einmal zurechtzupfen, umklammern und zupfen wir mit. Als ob wir das Kind nicht schon allmorgendlich drei Jahre lang im Kindergarten abgeliefert hätten, vorher zweimal wöchentlich in der Spielgruppe, gelegentlich bei Freunden, auch mal bei den geliebten Großeltern zur Besuchsübernachtung verabschiedet.

Nein, heute ist es etwas ganz anderes – mit nichts zu vergleichen. Es ist wie ein Abschied. Die ersten sieben Lebensjahre sind um. Eine ganze Ära, vielleicht die wichtigste Zeit in seinem Leben. Zeit der Muße, des Werdens und Wachsens, des Zuwartens und Beobachtens. Bis hierher «gehörte» das Kind uns – nun auf einmal wird es öffentlich. Es wird zur Verfügungsmasse staatlicher Institutionen, zur statistischen Größe. In Anbetracht des bildungspolitischen Gerangels um Kapazitätsberechnung, Stellenpläne und Klassenstärken wird unser Kind zum Politikum – dringend benötigt, später unsere Renten sichern zu helfen.

Von nun an soll er hübsch brav sein, pflegeleicht und problemlos, lernwillig und zur Anpassung, zum «Sich-Einfügen» bereit.

Nun wird es wirklich ernst. Der Kindergarten hatte noch etwas Unverbindliches: Bringen zwischen 8 und 9 Uhr, Holen zwischen 12 und 13 Uhr. Die Ferien – identisch mit den Schulferien – konnten mit einer kleinen Erklärung nach vorne oder hinten verlängert werden, eine abendliche Familienfeier wurde gerne als Grund akzeptiert, das Kind am nächsten Morgen nicht zu bringen – ist doch das Eingebundensein in einen Familienverband, das Miteinanderfeiern und Zueinanderfahren ein Eigenes in der Pädagogik.

«Irgendwie komisch, nicht?» knüpfe ich an unser Schweigegespräch wieder an, ebenso sinn-voll wie mißverständlich. Aber «irgendwie komisch» fühlt sich der Mann an meiner Seite auf dem Rande des Sandkastens sitzend auch. «Wie war es denn bei dir damals», frage ich. «Weiß ich gar nicht mehr», sagt er. «Da wurde auch gar nichts drum gemacht, das war ja noch ‹drüben›, gleich nach dem Krieg. Ich weiß nicht, da hatten wir soviel anderes im Kopf!!»

Schweigen.

«Und bei dir?»

«Oh, ich erinnere mich noch genau: wir wurden alle auf dem großen Schulhof versammelt. Wir standen furchtbar eng zusammen, die Eltern immer dazwischen. Ich war das einzige Kind, das keine Schultüte hatte. Ich war furchtbar traurig, aber ich wußte damals schon, daß wir uns so was nicht leisten können. Und dann kamen wir in unseren Klassenraum: 45 Kinder, alles eng und duster. Es waren alte Militärbaracken, hinten ein Bollerofen, die Holzfußböden ausgetreten und glitschig geölt. In diesem Klassenzimmer haben wir mehrere Jahre verbracht.»

«Was du noch alles weißt!»

«Ja, es kommt wieder hoch in solchen Situationen», sage ich und empfinde es als angenehm, die alten Bilder wieder auftauchen zu lassen.

Und noch ein anderes Bild ersteht vor meinen Augen wieder: ein «Ende» gab es auch vor ein paar Jahren schon einmal, als der Sohn vom Babykörbchen ins erste Kinderbett umgesiedelt wurde.

Das war auch so ein «Vorbei»-Gefühl, das Gefühl, daß alles so schnell geht und so schnell zu Ende geht – ein wichtiges Gefühl, weil es lehrte, die Situation zu genießen, den Augenblick wahrzunehmen im Bewußtsein, morgen ist schon wieder alles vorbei. Es lehrte, die Geschwindigkeit des Lebens zu beachten, den Tag zu leben und nicht nur in Urlaubs-, Jahres-, Ausbildungsdauer-Dimensionen zu denken. Heute und morgen waren wichtig geworden.

«Was erwartest du eigentlich von der Schule?» fragt der Vater.

«Mensch, ich weiß nicht», sage ich. «Hauptsächlich habe ich Angst, Angst, daß da mehr kaputtgemacht als aufgebaut wird!» «Ja, er hat viel Gutes in sich. Aber ich bezweifle, ob es das ist, was in der Schule gefragt sein wird!»

Wir einigen uns. Höchste, positivste oder bescheidenste (?) Erwartung: daß wenigstens nichts zerstört wird! Beibringen können wir ihm die schulischen Inhalte notfalls auch noch selber. Und was können wir beitragen zum Gelingen? Ihn nicht überfordern. Ihn sein lassen, wie er ist. Sein Tempo akzeptieren. Und vor allem: immer, immer, immer zu *ihm* stehen. *Er* ist wichtig – die Schule wird sich schon selber zu wehren wissen. Er muß immer wissen, wo er hingehört, wohin er kommen kann, wo er Hilfe findet, wo er bedingungslos geliebt wird, auch wenn alles den Bach heruntergeht!

Das werden wir schaffen. Ehrgeiz für ihn? Nicht im herkömmlichen Sinne. Werden-lassen und wo es geht, Hilfen anbieten.

Als meine Freundin schwanger war, wußte sie schon, daß ihr Kind einmal studieren wird. Als die Tochter dann ein paar Monate alt war, hatte sie bereits eine psychogene Verstopfung! Und außerdem: betrachte ich die heutige Bildungs- und Berufslandschaft, dann ist der Chancenloseste der mittelmäßig qualifizierte Akademiker, der die «Schwemme» heute ausmacht. Gepreßt von der Vorschule an, nachgeholfen, sitzengeblieben, kurz vor Toresschluß noch auf eine IGS, wo das Abitur als Tor zur Menschwerdung auch für den letzten noch angelehnt steht – und dann rauf auf die Universität. Wenn's für ein ordentliches Studium nicht reicht, kann man noch überwechseln und Lehrer werden – dafür langt's immer.

Wir beide sind zufrieden mit dem, was wir erreicht haben – wir haben keine Spitzen erklommen, wir wollen auch noch *leben*. Und wir haben inzwischen beide die Erfahrung gemacht, daß Leistung im Beruf ohnehin kein Erfolgsrezept ist – wenn Taufschein, Parteibuch, Vitamin B, die schleimige Verbindlichkeit, die falsche Höflichkeit, die verlogene Diplomatie fehlen, dann kämpft man ohnehin auf verlorenem Posten. Wir brauchen keinen Wunscherfüller, der alles «bringt», was uns vorenthalten wurde, was wir nicht geschafft haben. Gottlob – wenigstens diese Ebene «stimmt». Ich erlebe sie als tragfähige Basis, auf der unser Sohn seine Schul«karriere» beginnen kann.

«Und was machen wir, wenn er herauskommt und sagt, ‹da gehe ich nie wieder hin›?» Die Sorge erweist sich als verfrüht. Stephan rennt uns mit seiner Schultüte fast um. «Das war toll!!! Da gehe ich wieder hin», ruft er atemlos. «Darf ich da morgen wieder hin?» Wir gucken uns aufatmend an und lachen befreit los.

Kastanien

4. September 1984 Heute morgen auf dem Schulweg haben wir die ersten Kastanien gefunden – rund und dunkel glänzend, manche noch in der grünen stacheligen Schale. Beinahe wäre das Kind zu spät in die Schule gekommen, so faszinierend war das Herumlaufen und Sammeln.

«Darf ich die mit in meine Klasse nehmen?»

«Klar, manche Kinder haben vielleicht keinen Kastanienbaum in der Nähe. Die tut ihr alle in eine Schüssel und habt schon euren ersten Zimmerschmuck!»

«Oh ja. Und morgen sammeln wir noch viel, viel mehr. Da stehe ich auch schon um 5 Uhr auf, damit wir ganz viel Zeit haben. Und dann schmücken wir die ganze Klasse damit!»

Als er mittags aus der Schule zurückkommt, berichtet Stephan, daß in seiner Klasse drei Kinder sind, die noch nie Kastanien gesehen haben. Marcel sollte seine Hand aufhalten, um eine noch verschlossene Frucht anzufassen. Er hat es mit viel Widerstand getan und dann laut geschrien, als er sie auf der Hand spürte!

«Das kommt, weil das ein Ausländerkind ist», erklärt Stephan altklug. «In anderen Ländern haben die vielleicht keine Kastanien!»

Das mag zwar zutreffen, aber Marcel ist in Deutschland geboren, kennt sein Heimatland gar nicht. Wo mag er wohnen? Irgendwo mitten im Häusermeer? Andererseits: wohin gehen seine Eltern mit ihm in der Freizeit, am Wochenende? In unserer Stadt gibt es so viel Grün, so viel Wald, so viele Parks – da ist es schon schwierig, *nicht* im Grünen zu landen, wenn man unterwegs ist!

7. September 1984 Stephan kam heute ganz verstört nach Hause – er ist zweimal kräftig verprügelt worden. Wieso? Wann? Bei welcher Gelegenheit? Von wem?

Das erste Mal im Klassenraum auf dem «Spielteppich», das zweite Mal in der großen Pause auf dem Hof. «Jedesmal von Karl, der ist so groß und stark, und ich hab ihm gar nichts getan! Er wollte mir die Bauklötze wegnehmen, aber mit denen hatte ich doch schon einen hohen Turm gebaut. Und da hat er mit dem Fuß dagegengestoßen. Da ist der Turm umgefallen. Da hab ich gesagt: Laß das – und da hat er mich verprügelt. Das hat so weh getan!»

«Und in der Pause? Was war da?»

«Da hat er mich erst angerempelt und geschubst, und als ich dann hingefallen bin, hat er mich getreten. Und dann hat er mich gehauen.»

«Und war denn da kein Lehrer?»

«Nein, keiner.»

«Und Frau Wagner?»

«Auf dem Hof ist die ja nicht, und in der Klasse war sie auch nicht, sie war auf dem Flur und hat mit einer Mutter gesprochen.»

«Wer ist denn dieser Karl?»

«Das ist ein ganz Starker. Der ist in meiner Klasse. Den Felix hat er gestern auch schon gehauen. Der hat so geweint.»

«Hast du auch geweint?»

«Nein, ich dachte, dann macht er nur noch Schlimmeres.»

Stephan ist Prügeleien bislang noch nicht gewohnt – in seinem zweiten Kindergarten war alles sehr friedlich, nachdem ich ihn aus dem ersten nach sechs Wochen wegen ständiger Brutalität herausgenommen hatte. Die Türkenkinder wurden vom Personal geschlagen und rächten sich bitter an den deutschen Kindern. Als ich mehrere Wochen – völlig aussichtslos – versucht hatte, Einfluß zu nehmen, nahm ich ihn von einem auf den anderen Tag aus dem Kindergarten und behielt ihn noch einmal für ein paar Monate zu Hause.

Nun scheint der Ernst des Lebens endgültig gekommen zu sein!

Die ersten Schulaufgaben

10. September 1984 Die erste Schulwoche haben wir hinter uns. Sie war schön, wenn ich Stephans Schilderungen folge: erzählen, spielen, Bilder malen.

«Ich mag Schule», sagte er. «Da will ich immer hin!»

Ach, bin ich beruhigt! Da waren meine Befürchtungen doch wohl alle umsonst. Vielleicht haben wir alle Glück gehabt mit der Wahl unserer Schule!

Heute hatte er das erste Mal Schularbeiten auf. «Ich darf zu Hause auch noch was machen», berichtet er mit wichtiger Miene und stürzt sich auf sein Schwungheft: Kringel, Bögen, Wellen. Es macht so einen Spaß, daß ich Mühe habe, ihn davon abzubringen, gleich das ganze Heft zu schmücken.

Schon wieder Prügel

12. September 1984 ...«Versuch doch mal, mit Karl zu sprechen!»

«Was soll ich denn zu ihm sagen, wenn er mich verprügeln will?»

«Du kannst doch versuchen, die Probleme, die ihr miteinander habt – wegen Bauklötzen oder dem Tintenkiller oder sonst was – im Gespräch zu lösen.»

«Das versuch ich doch immer. Und dann lacht er ganz laut und scheuert mir ein paar.»

«Und die anderen Kinder?»

«Die lachen dann auch. Und der Marcel hat mich dann auch noch getreten und dann gelacht.»

«Und was machst du dann?»

«Was soll ich denn machen? Ich versuche doch schon, mit ihnen zu sprechen. Und ich sag dann immer: ich hab euch doch gar nichts getan. Laßt mich doch in Ruhe. Aber da lachen die noch viel mehr!»

«Besprich das doch mal mit Frau Wagner. Vielleicht kann sie da was machen.»

Im Museum

13. September 1984 Heute war wieder nach langer Pause das «Naturkundliche Kinderprogramm» im Museum. Sie haben Reptilien besichtigt, lebende und ausgestopfte, haben einen Film gesehen und dann eine Echse gebastelt, die jetzt unseren Kaffeetisch verschönt. Dieses Kinderprogramm ist eine feine Sache und eine liebevoll gestaltete Ergänzung zum Schulunterricht.

«Frau Wagner kann da auch nichts machen...»

14. September 1984 Heute schon wieder: dreimal Prügel, davon zweimal von Karl, einmal von drei Jungen gemeinsam.

«Ich hab das Frau Wagner gesagt.»

«Ja und?»

«Sie hat gesagt, sie wird mal mit Karl sprechen.»

«Hat sie das dann auch gemacht?»

«Weiß ich nicht. Aber ich glaube, die kann da auch nichts machen. Sie kennt ihn ja schon länger. Er war ja schon früher bei ihr in der Vorschule. Und da war er auch schon so. Und da konnte auch keiner was machen.»

«Woher weißt du das denn?»

«Da waren mehrere zusammen und die kennen ihn schon und wissen das.»

So geht das eigentlich nicht weiter – andererseits scheue ich mich, sofort wie eine Glucke hinzulaufen und Geschrei um mein Kind anzustimmen. Vielleicht regelt es sich ja...

Sommer und Frieden

17. September 1984 Noch mal Sommer! Ich hole Stephan täglich von der Schule ab und dann fahren wir mit den Rädern noch in den Park. Ein improvisiertes Picknick-Mittagessen und Spielen – Stephan hat einen

flachen Teich entdeckt, an dem er Dämme bauen, matschen und plantschen kann. Ich sitze im Gras daneben und genieße den Frieden.

«Versuch's mit Judo!»

20. September 1984 Heute kam Stephan im wahrsten Sinne des Wortes «zerschlagen» nach Hause. Es ist schwülwarm – das setzt ihm immer sehr zu – und außerdem hat es wieder eine Schlägerei gegeben, an der er passiv beteiligt war.

Mittags will er gleich zu seiner Kindergartenfreundin. «Da ist es wenigstens friedlich, und da haut mich auch keiner», sagt er trotzig und entschwindet – aber erst, nachdem er eine Stunde auf dem Teppich gelegen und gedöst hat. Zufrieden und ausgeglichen kommt er nach zwei Stunden wieder – sie haben im kleinen Hinterhof gematscht, gedreckt, sich mit dem Schlauch bespritzt, zusammen in einer Babybadewanne gebadet.

«Das war mal wieder richtig schön», seufzt er und trollt sich ins Bad.

Abends telefoniere ich ein bißchen herum: Prügeleien, Schläge..., was soll ich machen? Was habt ihr für Erfahrungen? Die beiden Waldorfeltern haben damit so gut wie keine Erfahrung – die wenigen Male werden sofort über die Lehrer geregelt. Und die anderen?

Anke: «Mensch, da mach dich auf was gefaßt. Das ist nur die Spitze des Eisbergs. Versuch's mit Judo. Bei Mike hat das damals nicht geklappt. Der ist ein paarmal hingegangen, aber er war ohne Freund dort – und da mochte er dann nicht mehr...»

Rita: «Ja, damit mußt du leben. Und dein Sohn auch. Du kannst ihn nur immer wieder stärken. Mit diesem Problem haben wir zehn Schuljahre verbracht. Behalt ihn zu Hause, wenn's gar nicht anders geht.»

«Und die Lehrer?»

«Die kannst du dir aus dem Sinn schlagen. Die machen da nichts. Und die sind hilflos. Auf die rechne mal lieber nicht!»

Michael: «Ja, ich kann es mir vorstellen! Wir haben ja ‹nur› Mädchen und darüber sind wir auch sehr froh. Was Stephanie und Michaela aus der Schule erzählen – du, da wird uns manchmal schlecht. Aber die Mädchen werden da gottlob in Ruhe gelassen!»

«Versuch's mit Judo!» höre ich noch öfter. So rufe ich in der Abteilung für Hochschulsport an. Die wissen Rat: Judo ist genau das Richtige. Für Kinder? Ja, da macht im Frühjahr einer eine Judoschule auf und nimmt auch Kinder. Frühjahr – jetzt haben wir Frühherbst!

Berlin

24. September 1984 Wir sind zum erstenmal zusammen geflogen – das war eine Sensation (wobei die meine eher aus Panikzuständen bestand!). Über den Wolken die Sonne und darunter alles so klein und winzig: «Wie auf meinem Spielteppich, nur noch viel kleiner!» Stephan würde das Flugzeug am liebsten gar nicht mehr verlassen. Nach meinen dienstlichen Verpflichtungen, die er mit Gelassenheit übersteht, kommt dann «sein» Freizeitprogramm: Panda-Bär und «Weltkugelbrunnen» neben der Kaiser-Wilhelm-Gedächtnis-Kirche! Auf dem «i-Punkt» stehend, erkläre und zeige ich. Er ist begeistert und fasziniert. Die Sicht ist nicht besonders, auch fängt es leicht zu nieseln an – aber es gibt so viel zu entdecken: Brandenburger Tor, Kirchen, Siegessäule ... Als wir später an einem Andenkenkiosk vorbeikommen, zeigt Stephan auf eine Ansichtskarte und sagt: «Guck da, die Gewinnsäule!»

Es ist nun mal so ...

26. September 1984 Beim Abholen von der Schule passe ich Frau Wagner ab. Von weitem habe ich sie öfter schon gesehen – manchmal hat sie mir zugewinkt.

Ich spreche sie an und sage, welche Probleme wir haben. Sie hat «heute keine Zeit», sagt aber so viel, daß das «ein Problem für alle ist! Die Kinder heutzutage sind eben viel aggressiver als früher. Das finde ich auch schade. Aber es ist nun mal so» – sagt's und schwingt sich in ihr Auto. Das war ja nicht sehr ergiebig. Da muß ich wohl mal insistieren, so reicht es mir nicht.

Gewalt

Gewalt ist für den Schwachen jederzeit ein Riese!

Schiller, Don Carlos

27. September 1984 Aber warum ist Stephan «schwach»?

Ist er es denn? Er ist nicht gewalttätig. Und er hat (noch?) keine Erfahrung mit Gewalt – weder tatsächlich noch durch Fernsehanschauung. Sie tut ihm nicht nur weh, sie erschreckt ihn auch.

Wir wollten es «besser» machen. Wir haben versucht, ihn so zu erziehen, daß man Probleme ohne Fäuste, dafür mit Hirn lösen kann. Bisher bin ich immer davon ausgegangen, daß im Prinzip jeder gesprächsbereit ist und sich im Konfliktfall auf eine verbale Lösung einläßt. Ich habe immer geglaubt, irgendwann müssen wir doch mit «Frieden» anfangen – «irgendwann» und «mit Kindern», mit der nächsten Generation, für die nächsten Generationen. Vielleicht war ich da ein bißchen naiv – aber was bleibt uns denn sonst?

Erntefest

30. September 1984 Freunde haben uns zum Erntefest eingeladen, und so fahren wir mittags zu einem großen alten Bauernhof. Alles ist geschmückt: der Erntewagen mit all den buntgekleideten Menschen; bunte Bänder und bunte Fähnchen an den Garten- und Feldgeräten.

Wir sitzen mit Bekannten zusammen auf gebündeltem Stroh und singen Herbst- und Erntedanklieder. «Heho, spann den Wagen an, denn der Wind treibt Regen übers Meer...» Für Stephan ist es schon das zweite Erntedankfest. Er genießt die Atmosphäre, den Kuchen aus frischgemahlenem Mehl, die frische eisgekühlte Milch, heute morgen erst gemolken. Die Kinder haben überall Zutritt: bei den Schafen, Kühen, Pferden, in der Milchküche, der Käsekammer, der eigenen Backstube, aus der die Bleche mit warmem Pflaumenkuchen geholt werden.

Abends wird Laterne gelaufen – weit durch die Felder –, ein wunderschönes Bild. Es macht mich melancholisch. Vieles ist wie in meiner Kindheit – und ich muß daran denken, welche Rarität, welche Exklusivität es schon ist, Kinder heute noch in dieser Form mit der Natur in Kontakt bringen zu können – sie schauen, anfassen, riechen, schmecken zu lassen in friedlicher Feierstimmung, sie wissen und erfahren zu lassen, woher «unser täglich Brot» kommt.

Wir fahren so voller Zu-FRIEDEN-heit nach Hause, ich voller Dankbarkeit, daß ich die Möglichkeit habe, mein Großstadtkind so etwas noch erleben zu lassen.

Der Montagskreis

1. Oktober 1984 Die «Exklusivität» unserer Wochenendunternehmungen scheint in der Schule langsam unangenehm aufzufallen! Stephan kam heute mittag nach Hause und hat berichtet, daß sie im morgendlichen Stuhlkreis erzählt haben, was bei ihnen am Wochenende zu Hause «los» war. Als er dran war, hat Frau Wagner gesagt: «Na, Stephan, bei euch war es natürlich mal wieder was ganz Besonderes, nicht?»

Stephan wußte mit dieser Bemerkung nichts anzufangen – er hat mich fragend angesehen. Ich habe nur gesagt: «Na ja, die letzten beiden Wochenenden waren ja nun auch wirklich ein bißchen außergewöhnlich, nicht?» Das fand er auch. Wenn sich solche Töne in den Montagskreis einschleichen, kommen mir doch Bedenken!

Schul-Allergien?

6. Oktober 1984 Uns geht es allen nicht gut: Stephan hat eine Triefnase, erhöhte Temperatur, hier ein Weh und dort ein Ach... Und ich habe eine massive Allergie. Wogegen? Ich weiß nicht. Vielleicht gegen die Schule, die unseren Frieden stört?

Nur der Vater steht fest auf seinen Beinen. Wenn er abends und am Wochenende die aktuellen Nachrichten aus der Schule hört, sind sie eben nicht mehr ganz so brisant, nicht mehr ganz so ängstigend.

Eltern-Demokratie

15. Oktober 1984 Der erste Elternabend! Ein komisches Gefühl: da sitzen zwanzig Erwachsene auf Erstkläßlerstühlchen, manche quellen über und balancieren sich nach jeder Bewegung mühsam aus.

Wir betrachten uns gegenseitig verstohlen, lächeln uns zaghaft an. Vom Sehen kennen wir uns – der Einschulungstag hat uns im selben Raum alle schon mal zusammengeführt. Nun geht es schon etwas strammer zu: ein Elternvertreter muß gewählt werden und dann noch jemand für dieses und jemand für jenes und ein vierter, fünfter, sechster für die Zeugniskonferenzen... Frau Wagner erläutert kurz die Funktionen, die Bedeutung, und dann soll es losgehen.

Wie kann ich jemanden wählen, den ich nicht kenne?

«Sollten wir uns nicht erst mal namentlich bekanntmachen und sagen, wer zu welchem Kind gehört?»

So geschieht es.

Aha... Karls Eltern... Sieh da... Felix' Eltern – Stephans Freund-Aspirant. Zwei Mütter wissen nicht, was sie sagen sollen – Frau W. hilft: beide sind Jugoslawinnen, die kein Deutsch sprechen und verstehen. Felix' Mutter überläßt das Sprechen auch ihrem Mann – dabei sind sie bereits seit neun Jahren in Deutschland.

«Wer stellt sich für die Wahl zur Verfügung?»

Wir sind mehrere.

«Wer macht den Wahlleiter?»

Niemand – lange Pause – na gut, mache ich es eben! Womit ich als Zu-Wählende ausfalle (das hätte mir nun nicht passieren dürfen – egal, zu spät!).

Mühsam gehen die Wahlen über die Bühne. Plötzlich meldet sich Marias Mutter und fordert aggressiv: «Wir wollen auch Ausländer in der Elternvertretung. Schließlich sind mehr als die Hälfte der Klasse Ausländerkinder!» Wir finden das auch alle – nur: wer will? Es hatte sich niemand als Kandidat aufstellen lassen. Oder haben die meisten nicht verstanden, um was es geht? Kennen sie so ein Wahlverfahren nicht? Trauen sie sich nicht?

Auch auf wiederholte Nachfragen, nach längeren Erklärungen von Pflichten, Rechten und Funktionen tut sich immer noch nichts. Ich frage also Marias Mutter ganz konkret – ja, sie will! «Und warum haben Sie sich nicht zur Verfügung gestellt?» Sie lächelt kokett. Mensch, denke ich, das hier ist doch nun wirklich nicht die richtige Arena für weibliches Getue! Natürlich wird sie gewählt – von allen Ausländer-Eltern.

Nach einer Stunde haben wir endlich alle zusammen – uff, war das anstrengend; diese Mischung von Anspruch, Wollen, Sich-Genieren, Gebeten-werden-möchten und dann «Doch-eigentlich-lieber-nicht»!

Und dann hat Frau Wagner noch einen Tagesordnungspunkt: das Fernsehverhalten der Kinder. Ihr sei aufgefallen, daß viele Kinder von übermäßig langem Fernsehkonsum berichten, vor allem an den Wochenenden. (Die Eltern blicken sich gegenseitig fragend an, drehen sich um: «Wer? Du vielleicht? Ich nicht!!!»). Schweigen.

Ja und dann habe sie anhand der Schilderungen der Kinder und unter Zuhilfenahme des Programmheftes festgestellt, daß eine ganze Reihe Kinder auch reichlich spät noch vor dem Apparat säßen.

Die gleiche Reaktion wie eben: Keiner fühlt sich angesprochen. Ich denke: Mensch, nenn doch Namen – aber das ist wohl unfein. Nach längerer peinlicher Pause spricht Frau W. dann Karls Eltern direkt an: «Wie ist denn das inzwischen bei Ihnen?» fragt sie. «Wir hatten doch schon mal drüber gesprochen?» Und Karls Mutter hat nichts Eiligeres zu tun, als zu dementieren. Wenn man ihr zuhört, dann ist das Fernsehen noch gar nicht erfunden.

Frau W. winkt ab. «Nur von Schilderungen kann er das alles gar nicht kennen», sagt sie, und Karls Mutter hakt gleich ein, nein, nein, so sei das auch nicht. Aber Karl würde sich immer die Programmhefte ansehen und die Begleitbilder zu den Filmen nachahmen!

Ein paar Eltern murmeln. Und eine andere Mutter sagt leicht aggressiv: «Davon kann der aber nicht das lernen, was er in die Schule mitbringt!»

«Doch, doch», sagt Karls Mutter. «Er hat sehr viel Phantasie!»

Ich finde das alles sehr mühsam und überlege die ganze Zeit, ob ich offen zur Attacke übergehe – aber alles läuft hier so verhalten ab, so distanziert, so «vorsichtig», daß ich nicht fragen mag, warum ihr Sohn den meinen fast täglich verprügelt. Außerdem: nach diesem Akt der Leugnung – wie kann es da noch zu einer offenen Aussprache kommen?

Also lasse ich es. Feige. Windelweich. Ja, auch ich habe Angst. Angst vor Auseinandersetzungen. Vielleicht regelt sich ja alles...?

Schulferien

24. Oktober 1984 «Was sind denn eigentlich ‹Schulferien›», fragt der Neu-Schüler. Ich könnt' mich totlachen! Er wird's noch lernen! Ich erkläre ‹Ferien› und mein Sohn starrt mich an: «Da brauch ich also nicht in die Schule?»

«Nein!»

«Gott sei Dank!»

«Wieso, ich denk, du gehst so gerne? Du sagst immer, es macht dir Spaß!»

«Das schon! Aber das Verklopptwerden ist so schlimm...»

Toben

7. November 1984 Stephans Vater probt seine neue Rolle: Schüler-Vater! Heute früh war er eine Stunde lang zur Hospitation in der Klasse. «Na, wie war's denn?» frage ich gespannt.

«Huiii – du, das ist vielleicht ein Haufen! Da ist nur Unruhe! Das ist ein einziges Gequassel und Gesabbel und Gerenne. Da sitzt ja kaum jemand auf seinem Stuhl. Wie die dort unterrichten, ist mir nicht ganz klar!»

Mittags frage ich Stephan mal etwas genauer als sonst. Bislang habe ich immer nur gefragt: «Wie war's denn? Was habt ihr denn gemacht?»

Heute fordere ich ihn auf, genau zu schildern, wie alles abläuft. Wenn ich kurzfasse, was er geschildert hat, bleibt eigentlich nur übrig: «Und dann toben wir!»

Bevor Frau Wagner kommt, toben sie. Wenn sie drin ist, toben sie, wenn sie einen Stuhlkreis bilden sollen, toben sie. Wenn endlich alle sitzen, fängt sehr schnell wieder einer an zu toben («Und dann müssen wir alle lachen!»). In der Frühstückspause toben sie – mit Brot und Getränk in der Hand. («Die Mädchen bleiben aber meistens sitzen!»). In der richtigen Pause toben sie auf dem Hof dann erst recht. Und wenn sie wieder hochkommen, toben sie weiter!

«Aber so geht das doch nicht», sage ich.

«Aber das ist doch das Schöne an der Schule», erstaunt sich dieses Wahnsinnskind. «Was meinst du denn, warum ich da so gerne hingehe?»

Schlechte Mutter

12. November 1984 Durch den trüben Novembermorgen trottet er neben mir her – der Schule entgegen. Nach dem Aufstehen ging alles wieder ungeheuer schleppend, kein Frühstück, kein Trinken, zwei verschiedene Socken, Pullover verkehrt herum an. Tausendfach: «Nun mach schon, es ist spät!»

Aber nun sind wir immerhin unterwegs. Wenn das schon mal geschafft ist...

«Mama?»

«Ja?»

«Ich finde, du bist keine gute Mutter!»

Natürlich erschrecke ich. «Und wieso nicht?» (Alle Schuldgefühle sind sofort wach, alle Fehler parat!)

«Mich bringst du morgens in die Schule, wo ich mich prügeln lassen muß, und du gehst dann ganz seelenruhig nach Hause an deinen Schreibtisch und machst dir einen ruhigen Tag!»

Totschlagen

19. November 1984 Stephan liegt im Bett – sein Abendbrot bestand aus einem Biß vom Butterbrot und einem Schluck Kakao. Einen Joghurt will er nicht mehr, einen Apfel auch nicht: «Mir ist nicht gut!» Übelkeit? Bauchweh? Kopfschmerzen – Ja-nein, von allem ein bißchen, aber nichts so richtig.

Nach der Gutenacht-Geschichte will er mich am Bettrand behalten – völlig neu! «Bleib so lange, bis ich eingeschlafen bin!» Ich bleibe. Er ist blaß, wirklich eingefallen, zuckt bei jeder Berührung, bei jedem Laut zusammen.

«Was ist denn?» frage ich.

«Nichts!» Dann fängt er an zu weinen und kann sich nicht beruhigen. Es schüttelt ihn, er rollt sich ganz fest zusammen, nimmt die embryonale Haltung ein. Es dauert eine Unendlichkeit, bis ich höre, was «los» ist:

«Karl hat heute mittag gesagt, morgen schlag ich dich zusammen. Morgen schlag ich dich tot. Ich kann morgen nicht in die Schule, Mama, bitte, laß mich zu Hause bleiben!» Was hülfe hier alles Reden und Trösten?!

«Ja, du darfst morgen zu Hause bleiben», sage ich. Angesichts seines körperlichen Zustandes ist kein Zweifel angebracht an der Richtigkeit seiner Angaben. «Morgen machen wir es uns schön, und dann spreche ich mal mit Frau Wagner über die ganze Sache, ja?»

Stephan schläft augenblicklich ein, zu Tode erschöpft, im Schlaf noch ab und zu zitternd und aufschluchzend.

Wie soll das weitergehen?

Die Schule oder ich

26. November 1984 Ein langes Arbeitswochenende in München liegt hinter mir. Endlich mal etwas anderes als Schule, Schule, Schule. Wir haben Forschungsprojekte besprochen. Wir haben uns die Köpfe heiß geredet. Wir haben uns gezankt und wieder vertragen. Wir waren essen und genüßlich trinken. Das Hotel war exzellent, das Frühstück wunderbar. Alles gelungen – von mir aus könnte es so weitergehen! Ich bin so angeregt und ausgeruht, daß selbst die zehn Stunden im überfüllten IC mir nichts ausmachen: ich lese und plane gleich weiter, notiere, denke voraus... aber an *mich*!

Morgen muß ich in die Schule!

Nicht dran denken!

Hilflos, überfordert, machtlos, unfähig...

27. November 1984 Das Gespräch mit Frau Wagner war ein Alptraum. Ich habe ihr von Stephans Ängsten erzählt und von seinen unaufhörlichen Erfahrungen mit Gewalt in der Klasse und auf dem Schulhof. Dabei ist nicht nur herausgekommen, daß dieses Thema auch innerhalb der Klasse ein Dauerbrenner ist, sondern daß Schlägereien einen gut Teil der Unterrichtszeit ausmachen. Stephans Rolle? Er steht da und *redet* – und die anderen prügeln auf ihn ein. Dabei sei er inzwischen nicht mehr zimperlich mit seinen Ausdrükken.

«Welche zum Beispiel?»

Frau Wagner schluckt und lächelt mädchenhaft-geniert (Wenn das Blut aus der Nase fließt, scheint sie diese Schamprobleme nicht zu haben!): «Du ‹Arsch›, sagt er und ‹Affenarsch› und ähnlich Schlimmes!»

Na, das hält sich ja in Grenzen! Von wem die Schlägereien denn ausgehen, will ich wissen. Ob Stephan die anderen Kinder vielleicht mit diesen Ausdrücken provoziere? Nein, er fängt nicht an. Er hält sich meist abseits, aber «irgendwie» hängt er dann immer drin – mal als einziges Opfer, mal unter anderem. Sich-prügeln tun alle Jungen, natürlich seien die Kleinen weniger aktiv. Aber «irgendwie» macht es wohl allen Spaß (So?).

Und dann kommt Frau Wagner auf die Unterrichtssituation zu sprechen: es kommt keine Ruhe in die Klasse. Irgendwer schreit, lacht, kreischt immer. Es gibt kaum einen Moment, zu dem mal alle Kinder gleichzeitig auf den Stühlen sitzen. Sitzen sie dann wirklich mal alle im Stuhlkreis, dann kneift jemand seinen Nachbarn, der kreischt, springt auf – und das Getose geht weiter. Frau Wagners Schilderung gipfelt in der Aussage, sie wisse nicht, wann sie überhaupt unterrichten solle: Am vergangenen Freitag habe sie in vier Stunden nur zwanzig Minuten Unterricht machen können. Alles andere sei im Chaos untergegangen.

Zwanzig Minuten von vier Stunden!!! Ich kann's nicht fassen! Aber es erklärt vieles, wenn nicht alles. Nach diesen vier Vormittagsstunden ist mein Sohn mehr «geschafft», als wenn er einen ganzen Samstag über mit seinem Vater im Wald Holz geschlagen hat.

Konkret frage ich nach Karl – denn Karl ist inzwischen *der* Angstfaktor für Stephan. Ja, Karl ist ein Problemkind, gibt Frau Wagner zu. Sie kennt ihn schon von der Vorschule, die er wegen seines aggressiven Verhaltens zwei Jahre besuchen mußte. Er galt wegen seiner Brutalität als «noch nicht schulreif». Frau Wagner hat mindestens einmal wöchentlich ein Gespräch mit seiner Mutter, gelegentlich ist der Vater dabei.

Als ich sage: «Und ausgerechnet in unserer Klasse!» klärt Frau Wagner mich darüber auf, daß es in diesem Vorschuljahrgang drei Knaben dieses Kalibers gab, die sicherheitshalber auf alle drei Klassen aufgeteilt wurden bei der Einschulung. Sie habe sich für Karl entschieden, weil sie meinte, an den sei noch «heranzukommen!»

Und wie sie den Unterrichtsstoff dann bewältigen wolle?

«Ja, das ist eben das Problem ...» sagt sie vieldeutig, und ich brauche nicht viel Phantasie, um zu merken, daß in bezug auf Stoffvermittlung so gut wie nichts läuft! An den Schularbeiten ist es seit längerem abzulesen: die Kinder sollen Inhalte erarbeiten, die sie in der Schule nicht durchgenommen haben – Hausaufgaben also nicht mehr als Schulergänzung, sondern als -ersatz!

Wie sie zu Karl's Totschlagdrohung stehe? Ja, das sei furchtbar, aber Stephan sei auch ein sehr empfindliches Kind! (Beim Angebot, mich totschlagen zu lassen, wäre ich allerdings auch ein wenig sensibel!)

So recht weitergekommen bin ich bei diesem Lehrergespräch nicht. Zumindest aber habe ich einen Einblick in den Alltag meines Sohnes gewonnen. Zugegeben: ich möchte nicht mit ihm tauschen!

Kinder nerven

29. November 1984 «Ich weiß überhaupt nicht, was ich später mal werden soll!»

«Na, du hast doch auch noch ein bißchen Zeit!»

«Das schon. Aber ich wüßte es doch schon ganz gerne. Nur eines weiß ich: Lehrer will ich niiie werden!»

«Warum denn nicht?»

«Nee, Kinder nerven zu sehr.»

«Wer sagt das?»

«Frau Wagner sagt das, und ich merk das ja auch selber. Lehrer können einem richtig leid tun!»

(Hui, mir wäre es aber lieber, Stephan würde sich auf die Seite der Kinder schlagen und die Lehrer «doof» oder wie auch immer finden).

Advent

3. Dezember 1984 Wir machen uns diesmal ganz bewußt eine gemütliche, gemütvolle Adventszeit. Ich habe das Gefühl, einen Gegenpol schaffen zu müssen zu diesem Totalchaos, das fast täglich in Schlägereien ausartet. In den letzten Wochen ist kein Tag vergangen, ohne daß Stephan geschlagen, geboxt, getreten, bespuckt oder sonstwie attackiert nach Hause kam. Sogar ich bin schon in einer Dauerspannung, die rapide ansteigt, wenn er aus der Schule kommt und ich sein

Gesicht sehe. Und ein paarmal habe ich bereits die Contenance verloren bei seinen Klagen und Beschwerden und habe gesagt: «Mensch, laß mich doch endlich mal mit deinem Gejammer zufrieden!» Er hat mich ganz konsterniert angeschaut und gefragt: «Ja, wem soll ich das denn erzählen, wenn nicht dir?»

Er hat ja recht – aber ich bin selbst machtlos. Er *muß* in die Schule, ich kann dort nicht eingreifen, die Lehrerin ist hilfos und unfähig – wo soll ich ansetzen!?

Nun beschließen wir gemeinsam unsere diesjährige Adventslektüre – wir werden mit der großen Ausgabe von «Nußknacker und Mäusekönig» beginnen. Nach der Schule etwas Mittagsruhe, dann Schularbeiten, dann Teetrinken mit Kerzen und Gebäck und Vorlesen – und dann kann der zweite Teil des Tages losgehen. Wie schön wäre es, wenn ich mich mit diesem Programm in ein schulisches Konzept einfügen könnte als Ergänzung, Vertiefung. So ist es nur ein Gegensteuern, das Schaffen eines Gegengewichts, der mühsame Versuch eines Ausgleichs.

Erholsame Grippe

10. Dezember 1984 Stephan hat fünf Tage mit Grippe im Bett gelegen, mit ziemlich hohem Fieber, Husten, Schwindel... allem,was dazugehört. Trotz der Störungen meines Schreibtischdaseins war es angenehm ruhig, harmonisch, zufrieden bei uns. Mir fiel es erst am dritten Tag auf: es fehlte der Stör- und Angstfaktor Schule.

Bei beiden!

Geschlossene Fenster

Ein Fenster ist ein Loch,
ein Glas durch das man schaut
in den Hof, wo alles so vertraut.

Herman van Veen

14. Dezember 1984 Er malt noch immer viel: mit Farbstiften, Ölkreiden, Wasserfarben, Filzern. Aber seine Häuser haben sich erschrekkend verändert: kein Haus mehr hat Fenster! Lediglich eine winzige Tür – eher wie ein Katzeneinschlupf – mit einer überdimensionierten Klinke zeigt dem Besucher, daß das Haus bewohnt ist.

«Wo hat das Haus denn seine Fenster?» frage ich ihn.

«Die hat es nur auf der Rückseite», antwortet er.

«Und warum das?»

«Es genügt so!»

Er macht dicht. Fenster gibt es nicht mehr. Fenster nach außen sind Übergänge zur Welt. Sie bedeuten den Kontakt nach draußen, das Offen-sein, die Bereitschaft zum Austausch. *Er* ist nicht mehr offen. Er hat zugemacht.

Nach hinten gibt es wohl noch was – aber das sieht niemand. Und er will auch nicht mehr sehen, was vorne passiert, dort wo er das Leben pulsieren läßt: Großes überhängendes, schützendes Dach, Schornstein mit gewaltigen Rauchwolken (der Ofen brennt also noch!), dicke Regentraufen, aus denen es permanent durch alle Bilder – selbst bei Sonnenschein – in die großen dicken Wassertonnen tropft – aber nichts, aus dem heraus man all das wahrnehmen kann.

Die Innenwelt der Innenwelt will keine Außenwelt mehr. Allenfalls die Hofseite, der Garten, das Private ist noch gefragt. Festungsmentalität!

Totschlagen ist lustig

20. Dezember 1984 Heute vormittag (!!) war die Adventsfeier in Stephans Klasse. Eigentlich war es ganz gemütlich – abgesehen davon, daß die Situation leicht gekünstelt war. Draußen schien die Sonne, und damit die brennenden Kerzen auch zur vollen Geltung kamen und Festlichkeit erzeugen konnten, mußten die Gardinen zugezogen werden.

«Warum macht ihr das denn nicht nachmittags», hatte ich den Sohn schon vor ein paar Tagen gefragt. Er hatte es nicht gewußt, muß dann wohl aber gefragt haben und kam mit der verblüffenden Auskunft:

«Nachmittags können wir das doch nicht feiern. Da hat Frau Wagner doch frei!»

In der Tat: der Lehrerjob ist und bleibt ein Halbtagsjob – selbst das «Feiern» wird zur nervenden Pflicht (und dann noch nicht mal bezahlt oder als Überstunden abbummelbar!).

Und dann wurde die «Gemütlichkeit» auch noch getrübt durch ein kurzes Gespräch mit Karls Eltern. Ich saß zufällig am selben Tisch wie sie und sprach sie auf die Totschlagdrohung ihres Sohnes an. Frau K. dementierte sofort: ihr Sohn *nie*! Herr K. erkundigte sich daraufhin, um was es gehe, ich wiederholte meine kurze Schilderung und die Frage, ob sie nicht eine Möglichkeit der Änderung sähen – und sah zu meinem Erschrecken, daß Herr K., köstlich amüsiert, laut und herzhaft lachte! Lachte!! Er lachte darüber, daß sein Sohn im Alter von sieben Jahren einen anderen täglich zusammenschlägt und ihm mit Totschlag droht!!

«Sie lachen darüber?» fragte ich völlig hilflos.

«Ja», sagte er, «so ist er nun mal! So sind eben Kinder!»

Es raubt mir den Schlaf

22. Dezember 1984 Die Schule macht mich wahnsinnig. Stephan kommt mit nichts zurecht. Und der Lehrerin scheint es kein bißchen anders zu gehen. Mit wem ich auch spreche, es herrscht Chaos!

Heute fangen die Weihnachtsferien an – endlich eine Zäsur, endlich Ruhe, endlich Pause, endlich Atem holen können!

Bilanz? Ist kaum zu ziehen! Es ist, als habe ein Wirbelsturm getobt und noch weiß niemand, wie groß der Schaden ist, wieviele Vermißte und Tote es gibt! «Entfernte» jedenfalls gibt es bereits elf! Die Siebe wurden kräftig gerüttelt und geschüttelt. Ein Kind blieb schon nach dem ersten Schultag fort, drei weitere in den zehn darauffolgenden Tagen. Und dann begann ein Ringen. Die ersten sechs Wochen sollen so was wie eine Probezeit sein – ist das Kind schulreif oder nicht? Kann es folgen? Kann es zuhören? Kann es stillsitzen? Gibt es adäquate Antworten? Beherrscht es bereits die Anfänge der Kulturtechniken?

So «gehen» also noch einmal vier. Sie müssen die Vorschule besuchen, sie haben bereits die erste «Prüfung» nicht bestanden. Ob es nicht Möglichkeiten gibt, das *vorher* zu erkennen? Empfindet das

Kind es nicht doch schon als sein (erstes) Versagen? «Du mußt zurück» erlebt doch auch ein Sechsjähriges schon sehr bewußt – auch wenn Schule immer so tut, als wären die Schulanfänger tabula rasa, unbeschriebene Blätter, absolute Lebensanfänger!

Kind muß zurück – und wie reagieren die Eltern? Hier scheinen sie schon kräftig gefragt. Daß es nicht immer gelingt, sehe ich an Michael: sein Vater, arbeitsloser Lehrer, begleitet ihn morgens nach wie vor zur Schule, macht dann einen kleinen Umweg zur Vorschule und grüßt nicht mehr, seitdem unsere Söhne sich nicht mehr in der gleichen Klasse befinden. Und das Kind trägt seinen Ranzen – den großen, schweren, der viel zu groß ist für Butterbrot und Bastelschere. Wer braucht hier die Illusion? Der Sohn? Der Vater? Beide? Die Nachbarn? Eingeschult und wieder ausgeschult – und jeden Tag die Lüge: Unser Kind geht in die Schule. Mich erinnert das jeden Morgen erneut an die Geschichten, die man von Arbeitslosen liest – die pünktlich wie seit Jahren und Jahrzehnten mit der Mappe unterm Arm das Haus verlassen und abends zur «gewohnten» Zeit wieder nach Hause kommen – als sei alles beim alten. Wo sie in der Zwischenzeit bleiben? Wer weiß das schon?

Drei Kinder waren dann noch «übrig» – drei Kinder, von denen Frau Wagner meinte, sie gehörten noch nicht in die Schule, nicht in ihre Klasse – bei denen die Eltern aber anderer Meinung waren. Daß es sich um Ausländerkinder handelt, scheint mir kein Zufall. In der Klasse befanden sich nach den sechs Probewochen noch 18 Kinder: sieben deutsche und elf ausländische. Insgesamt sind sieben Nationen vertreten. Man könnte leicht an «internationale Schule» denken – meine Freundin hat ihre Tochter in der Schweiz auf einer solchen. Genf – das internationale Zentrum – und die Kinder aus aller Herren Länder. Aber der «kleine Unterschied» scheint eben nicht die Nationalität zu sein, sondern der berufliche Status der Eltern: hier ungelernte Arbeiter-Väter und Putzfrauen-Mütter, dort Diplomaten-Väter und Dolmetscher-Mütter.

Drei Ausländerkinder zuviel – und das ganze Register der Schulbürokratie wird gezogen. Zwei Eltern waren kurz vor den Ferien mürbe – sie gaben klein bei. Eine Mutter ist zäh – sie kämpft und schimpft und scheut sich nicht, Frau Wagner jeden Tag auf der Straße erneut zu zeigen, was sie von ihr hält: nichts.

Wie das wohl ausgeht?

Ferien!!! Drei Wochen Ruhe! Drei Wochen ohne Heulen und Zähneknirschen! Ich will von Schule nichts mehr hören und sehen! Komm, wir fahren ins Wochenendhäuschen und vergessen alles, mein Sohn. Wenigstens drei Wochen lang!

Gallenstau

3. Januar 1985 Am ersten Weihnachtstag habe ich im Bett gelegen. «Gallenstau», hat der Arzt gesagt und gefragt: «Haben Sie Ärger im Dienst?» «Nee, in der Schule», habe ich gesagt. Er hat mich irritiert angeguckt und gesagt: «Sie sind doch gar nicht Lehrerin, oder?» «Nein, aber mein Sohn geht seit einem Vierteljahr in die Schule», habe ich geantwortet. Er hat lange, lange genickt und dann ausgeatmet: «Da brauchen Sie mir nichts zu erzählen, ich habe vier! Ich krieg ja nicht alles mit, aber was meine Frau durchmacht... na ja, dann nehmen Sie mal ein paar Tropfen von diesem Mittel hier, und vor allem: Ärgern Sie sich nicht. Sie haben noch 13 Schuljahre vor sich. Und Grundschule – mein Gott... was meinen Sie, was da noch alles kommt!!!»

«Das tut hier nichts zur Sache!»

7. Januar 1985 Erster Schultag nach den Ferien – und alles wieder wie gehabt: Stephan bezieht eine saftige Tracht Prügel von Karl. Er klagte allerdings schon morgens über Bauchweh – noch im Bett. Für morgen habe ich ihn beim Arzt angemeldet. Obwohl ich glaube, daß er «nur» Schulangst hat – präziser: Angst vorm Verprügeltwerden –, will ich ihn vorsichtshalber organisch überprüfen lassen. Wie es sonst war? Die Kinder haben erzählt, was sie zu Weihnachten bekommen haben. Puppen für die Mädchen und Lego-Eisenbahnen für die Jungen waren die Renner der Saison. Karl hat zusätzlich noch eine Autorennbahn bekommen – «Mama, wann krieg ich auch so eine?» –, und mehrere Kinder konnten stolz auf eigene Videos verweisen.

Als alle Kinder erzählt hatten, fragten sie Frau Wagner: «Und was hast du gekriegt?»

«Und was hat sie geantwortet?»

«Sie war richtig doof. Sie hat gesagt: ‹Das tut hier nichts zur Sache!› Hätte sie doch sagen können! Wir haben doch auch alles erzählt. Richtig blöd finde ich das!»

Ja, ich auch!

Vom Leiden an der Schule

Mögen die freundlichen Herren, beschwingt von der Feuerzangenbowle, ihre Pennälerjahre feiern als die schönste Zeit des Lebens: die Literatur weiß es – überwiegend – anders. (...)

Tretmühle – so heißt die Schule bei Erasmus und noch bei Stefan Zweig: Folterkammer. (...) Ein Teil der Lehrer ist so grausam wie die Henker. Auch ich wurde einmal vormittags fünfzehnmal ohne alle Schuld geschlagen, erzählt Luther. Der Spitzname Bluthund für einen Lehrer kommt nicht bloß in Heyms Selbstmorddrohung an das Provinzialschulkollegium in Berlin vor.

Ludwig Rohner, Der erste Schülerroman, doch keine ‹Schülertragödie›, in: DIE ZEIT v. 14.9.1984

13. Januar 1985 Eben habe ich alte Zeitungen durchgesehen. Zum Durchlesen reicht die Zeit einfach nicht mehr. Ab und zu überfliege ich die Über- und die Unterüberschriften. Die Stunden, die ich bis vor kurzem noch für *Die Zeit*, den *Spiegel* und Fachzeitschriften aufgewendet habe, gehen heute für die Schule drauf. Und die Kraft, die übrigbleibt nach Beruf, Haushalt, Kind wird investiert in Telefonate mit anderen Eltern, Notizen über Merkwürdigkeiten, Schularbeiten, Ranzenkontrolle, Schülerleid.

Da finde ich doch eine Buchbesprechung – eine Lebensgeschichte. «Ein Schülerroman – doch keine Schülertragödie» steht drüber. Seltsame Zusammenstellung, denke ich erst, als ob ein Schülerroman eben Tragödie sein müßte und es des Hervorhebens bedürfe, wenn dem mal ausnahmsweise nicht so war! Aber mir fallen meine eigenen kleinen Erfahrungen ein, die ja erst ein paar Monate währen, und es fallen mir all die Elternschilderungen ein, die ich in den letzten Monaten mit geschärftem Schüler-Mütter-Ohr vernommen habe. Sooo weit entfernt scheint Roman von Tragödie doch nicht zu sein, wenn es sich um «Schüler» handelt!?

Es folgt ein kurzer Abriß über die «literarische Abrechnung mit der Schule». Alles kaputt, bestenfalls langweiliges Mittelmaß, und es wird schon als bedeutsam herausgestellt, daß «die Schule trostlos, aber nicht übermäßig grausam» war in diesem autobiographischen Roman.

Was ist eigentlich so kaputt, so zerstörerisch, so zerstört an unseren Schulen?

Während ich noch warte, daß mein Sohn sich eingewöhnt, einfügt, daß die «Machtkämpfe» sich tatsächlich als solche und somit als vorübergehende Positionsbestimmungen herausstellen mögen, lese (und höre) ich allerorten, wie es weitergehen wird – die ganze Grundschulzeit über, in der chaotischen Orientierungsstufe, an deren Sinn scheinbar nur die Nicht-Beteiligten nicht zweifeln, an den Gymnasien, wo die Gewalt lediglich intelligenter verpackt und differenzierter dargeboten wird – von den Hauptschulen ganz zu schweigen, die angeblich nur noch die «Versager» beherbergen, die es beim besten Willen nicht geschafft haben, vorher in eine «gehobene» Sparte dieser Institution umzusteigen. Vielleicht auch nur deswegen nicht, weil sie vernünftige und kindorientierte Eltern haben. Wer es in dieser Schule noch nicht wußte, bekommt es allerorten schriftlich: Überbleibsel!

Was macht die Kinder vieler Generationen leiden an der Schule? Woher diese geballte Gewalt, die Niedertracht, die Menschenverachtung?

Ich möchte mal Autobiographien lesen, in denen gute, fröhliche, harmonische Schulzeiten mit liebevollen, engagierten, fähigen Lehrern geschildert werden – und ich möchte wenigstens aus diesen Schilderungen entnehmen können, wann Schule «gut» ist, unter welchen Umständen sie den Menschen aufbaut, welche Bedingungen dazu führen, daß ein Kind *gerne gute* Leistungen erbringt und nicht entweder zufrieden ist und blöd bleibt oder Leistungen erbringt, dafür aber hochgradig neurotisch, angstbesetzt oder psychosomatisch reagiert.

Schon gescheitert

15. Januar 1985 Nach der Einschulung wurden die Kinder während des Unterrichts zusätzlich von einer Sozialpädagogin beobachtet, die gleichzeitig die Vorschulkinder unter ihre Fittiche nimmt, wenn es noch nicht geht. Als Stephan sechs Wochen in der Schule war, traf ich sie eines Tages auf der Straße und sie sagte strahlend über dieses Kind: «Das ist ein Kind, das in sich selber ruht!» Ich war stolz und zufrieden – das war das, was ich mit meiner Erziehung immer erreichen wollte!!! Und heute!? Aus dem In-sich-ruhenden Kind ist ein Kind geworden, das nur noch außer sich ist! Drei Monate hat es nur gebraucht, etwas einzureißen, für dessen Aufbau ich neun Monate Schwangerschaft plus sieben Jahre Erziehung brauchte!

Ich habe nie einen schulischen Ehrgeiz für mein Kind gehabt. Ich wollte für ihn das, was *ihn* befriedigen würde: die Natur, die Musik, die Kunst, die Schreiberei, der Umgang mit anderen Menschen, mit Dingen... egal! Status, Berufsbezeichnung, Schulabschluß – alles sekundär. Er sollte ausgeglichen, zufrieden, in-sich-ruhend, selbstverständlich leben. Er sollte so sein dürfen, wie er ist, wie er wird, wie es seinen Anlagen, Fähigkeiten, Möglichkeiten entspricht. ...Mir scheint heute, *dieses* Erziehungsziel ist bereits gescheitert! Und dabei schien es mir so einfach, so unkompliziert, so logisch, so menschlich.

Am ersten Tag des neuen Schuljahres erhielten alle Lehrer einer Privatschule von ihrem Schulleiter folgenden Brief:

Liebe Lehrer,

ich habe ein Konzentrationslager überlebt. Meine Augen haben Dinge gesehen, die kein menschliches Auge je erblicken sollte:

Gaskammern, erbaut von *gebildeten* Ingenieuren.

Kinder, vergiftet von *wissenschaftlich* ausgebildeten Ärzten. Säuglinge, getötet von *erfahrenen* Kinderschwestern. Frauen und Kinder, erschossen und verbrannt von ehemaligen Oberschülern und Akademikern.

Deswegen traue ich der Bildung nicht mehr.

Mein Anliegen ist: Helfen Sie Ihren Schülern, menschlich zu werden. Ihr Unterricht und Ihr Einsatz sollte keine gelehrten Ungeheuer hervorbringen, keine befähigten Psychopathen, keine gebildeten Eichmanns.

Lesen, Schreiben, Arithmetik sind nur wichtig, wenn sie dazu beitragen, unsere Kinder menschlicher zu machen.

Aus: Weber, Heribert, Das Lehrerlesebuch, 1979

Toiletten-Terror

18. Januar 1985 Seit Wochen wundere ich mich, daß Stephan sich mit Händen und Füßen dagegen wehrt, morgens vor der Schule etwas zu trinken. Heute nachmittag habe ich ihn in aller Ruhe dazu befragt. Er hat drumherum geredet, und je mehr er drumherum geredet hat, um so mehr habe ich gemerkt, daß kein Zufall dahintersteckt. Es hat eine Ewigkeit gedauert, bis er erklärte:

«Ich kann morgens einfach nichts trinken. Wenn ich morgens was trinke, muß ich in der Pause aufs Klo. Und das will ich nicht. Auf dem Klo warten die großen Jungen und Karl und noch ein paar aus meiner Klasse und die verprügeln mich.»

Ich frage weiter...

«Einmal haben sie mich in ein Klo eingesperrt und ich hatte solche Angst, daß sie mich nicht mehr rauslassen und ich zu spät zum Unterricht komme und dann Ärger krieg. Und dann haben sie mich mal mit dem Wasser aus dem Klo bespritzt. Und einmal wollten sie mich eintauchen, aber da konnte ich mich losreißen und abhauen...»

«Kannst du das nicht mal mit einem Lehrer besprechen?»

«Dann wird das doch nur schlimmer. Die Lehrer können auch nichts tun, aber die anderen Jungs werden dann noch gemeiner zu mir und ich hab doch schon so eine Angst!»

«Aber in der Schule trinkst du doch auch deinen Kakao!»

«Ja, aber der läuft doch langsam durch. Da muß ich dann erst, wenn die Schule aus ist. Wenn es klingelt, lauf ich immer ganz schnell zum ersten Busch neben dem Spielplatz. So lange kann ich das immer noch aushalten!»

Seine Angst ist greifbar. Seine Resignation auch. Ich kann immer mehr verstehen, daß er sich «ausgesetzt» fühlt und mir übelnimmt, daß ich ihn in die Schule bringe.

Zum Sprung ansetzen?

«Als sie meinem Kind die ersten Noten gaben, habe ich geschwiegen, weil die Noten ganz gut waren.

Als sie mein Kind mit Strafarbeiten und Nachsitzen disziplinierten, habe ich nichts gesagt, weil alle anderen Eltern diese Maßnahmen für richtig hielten.

Als mein Kind nichts mehr machte, nichts mehr sagte, und nichts mehr dachte, konnte ich nichts mehr sagen, denn mein Kind hatte sich an die Schule gewöhnt.»

Aus: Heribert Weber, Das Lehrerlesebuch, 1979

23. Januar 1985 «Heute haben wir ganz viele Rechenaufgaben aufgeschrieben: Plus und minus, größer und kleiner und all so was. Sie hat das dann eingesammelt und mit nach Hause genommen. Das sind nun ihre Schularbeiten, hat sie gesagt. Siehste, jetzt hat sie auch mal welche auf!»

Du ahnungsloser Engel, denke ich. Das war die erste Mathearbeit! Ich weiß nicht so recht, ob ich darüber lachen soll oder ob ich meinen

Sohn angelegentlich dieser zunehmenden Leistungskontrollen nicht vielleicht mal aufklären müßte? Für ihn ist das alles noch Tändelei!

Sollte er nicht langsam den Ernst begreifen? Sollte er sich nicht ein wenig mehr verpflichtet fühlen? Er nimmt alles noch so unernst! Gottlob – sagt die Fachfrau in mir. Aber die Mutter ist etwas angespannt – so, als sollte sie langsam mal zum Sprung ansetzen!

Groß-werden

24. Januar 1985 Gestern hat er sein erstes «Buch zum Selberlesen» bekommen: «Die Maus sucht ein Haus». Wir haben mal wieder einen unserer gemütlichen langen Kaffee-Nachmittage gemacht. Als ich noch Mittagsschlaf machte, kochte er schon Kaffee und deckte den Tisch. Seit Jahren haben wir zu dieser Zeit unsere «gemütliche Stunde».

Nach dem Kaffeetrinken ein gemeinsames Spiel, gemeinsames Puzzeln (er ist immer besser und schneller als ich) oder Vorlesen. Zuerst Bilderbücher, zu deren Anschauen und Vorlesen er sich auf meinen Schoß setzte und viel zu suchen und zu finden und zu erzählen fand in den Bildern. Später dann Bücher mit etwas mehr Text, die wir über drei oder vier Tage lasen, in letzter Zeit schon längere Werke – und möglichst der Jahreszeit angemessen.

Und heute habe ich nun gesagt: «Heute machen wir es mal ganz anders – heute möchte *ich* mal vorgelesen bekommen» und habe ihm das Büchlein als Überraschungspäckchen geschenkt. Er war ungeheuer stolz: nun liest *er* der Mutter vor. Wort für Wort hat er sich vorwärts getastet. Sch, ß, ck, tz, die Umlaute waren ihm noch nicht vertraut. Aber so langsam findet er sich rein. Der große Kleine!

Wie lange wird es wohl noch dauern, bis er abends im Bett sagt: «Du brauchst mir nicht mehr vorzulesen, ich lese lieber alleine. Ich bin ja schließlich kein Baby mehr!?»

Gehetzt

25. Januar 1985 Gestern und heute jeweils eine Mathearbeit! Die heutige hatte 44 Aufgaben. Ein Wahnsinn! Stephan hat 19 davon geschafft. Ob er sie richtig hat, weiß er nicht. Aber dann war die Zeit um, und er war fix und fertig.

Von den Konsequenzen ahnt er nichts, er hat sich nur gehetzt gefühlt, weil er wußte, er muß «eigentlich» alle machen. Ich habe ihm nur gesagt, es sei in Ordnung so, er muß sich mit der Zeit dran gewöhnen, und wenn er etwas besser rechnen kann, ginge es dann auch schneller.

Das Kind hat zuviel Platz

1. Februar 1985 Als ich eben Stephans Zimmer ein wenig aufräumen (zusammenschieben!) wollte, damit ich wenigstens einen freien Pfad von der Tür zum Fenster und von der Tür zur Schranktür bekomme, fällt mir der Hausbesuch von Frau Wagner wieder ein.

Stephan hatte sie ganz aufgeregt in sein Zimmer geführt und gesagt: «Das ist mein Zimmer. Ist es nicht schön?»

Sie stand da und guckte. Was sie zu ihm sagte, weiß ich nicht mehr, aber mir hielt sie im Gespräch nachher vor, daß Stephan ein viel zu großes Zimmer habe. Das würde ja für drei Kinder reichen. Ich – mal wieder nicht schaltend – sagte nur, ich habe aber nur eines und würde deswegen nun nicht zur weiteren Produktion schreiten.

Das Thema ließ sie dann aber doch nicht los, und sie kam noch einmal darauf zurück. Nun wüßte sie, warum er so viel Platz für sich brauche in der Schule, warum ihm ständig der Tisch zu klein sei und er mit dem Nachbarn kollidiere! So ein großes Zimmer brauche ein Kind nicht. Sie räsonierte dann noch von Verwöhnung und Maßlosigkeit, von Maßhalten und der Zukunft, die man ja auch im Auge haben müsse.

Tage später, als mir dieses Gespräch noch immer nicht aus dem Kopf ging, habe ich überlegt, welches Bild vom Kinde diese Frau eigentlich hat, was sie einem Kind zugesteht, woran sie diese Meinung festmacht, was davon unreflektiert ihrem eigenen Privatleben entspringt. Eine pädagogische Linie ist nicht auszumachen.

Stephans Zimmer ist 24 qm groß. Zugegeben, in der Bundesrepublik Deutschland stehen ihm statistisch nur rund 6 qm zu. Vielleicht sollte ich die große, billige Altbauwohnung gegen eine kleine, teure Neubauwohnung eintauschen, damit unsere Lehrerin wieder ruhig schlafen kann?

Durcheinander

9. Februar 1985 Zu Beginn der Schule hat Stephan sich mal darüber aufgeregt, daß er dort «nur vier Jahre» hingehen dürfe. Als er wegen Fieber einen Tag fehlen mußte, hat er geweint, weil «die machen da so schöne Sachen und ich bin nicht dabei!»

Nun sind fünf Monate um und er liegt im Bett und weint bitterlich: «Ich kann gar nicht mehr spielen. Ich schaffe das alles nicht. Alles ist so furchtbar durcheinander!»

In der vorigen Woche hat er abends im Bett mal gesagt: «Und da hab ich so eine furchtbare Wut in mir!» «Auf wen oder was?» habe ich gefragt. «Auf alles», hat er geantwortet, «auf alles, alles, alles!»

Und ich muß mich so anstrengen, das Chaos nicht noch zu vertiefen – wenn er aus der Schule kommt mit einem Riß in der Nase, aus der noch immer das Blut quillt, weil Franz ihm mit dem Stiefel ins Gesicht getreten (!) hat, wenn er aus der Schule kommt und zu 70 Minuten Schularbeiten noch 35 Minuten zusätzlich arbeiten muß, weil er im Unterricht nicht fertiggeworden ist, wenn er vor lauter Hektik «nichts mehr versteht» und nicht mehr weiß, was er eigentlich machen sollte, dann muß ich sehr an mich halten, um nicht auszurasten. Warum schafft *er* nicht, was andere Kinder schaffen? Was soll werden, wenn er so langsam bleibt? «Das wird ihm später in der Schule sehr zu schaffen machen», hat mir seine Lehrerin schon warnend durchs Telefon gegeben.

Das Kind kann immer weniger statt immer mehr, je länger es zur Schule geht. Von den schulischen Lehrinhalten hat er in Ansätzen manches vorher schon gewußt und gekannt. Und heute sitze ich und sage und schreibe vor und übe und verbessere und – und denke: das hat er doch alles schon mal gekonnt!

Er ist in der ersten Hälfte der ersten Klasse und ich bin bereits unbezahlte Hilfslehrerin der Nation!

Ich muß dringend mit anderen Eltern sprechen. Bislang hatte ich immer das Gefühl, ein mindestens durchschnittlich begabtes Kind zu haben – an ihm alleine kann es ja wohl nicht liegen.

Nach unseren geschlagenen (Schul-)Schlachten betrachte ich das ermüdete und völlig abgefallene Kind und überlege, wann es wohl kaputt sein wird. Ich frage mich, welche seiner ursprünglichen Fähigkeiten wohl jetzt schon verschüttet sind und welche in absehbarer Zeit den Bach hinuntergehen werden?

Übermorgen ist Elternsprechtag. Wenn ich daran denke, bekomme ich einen Schlag in die Magengrube. Was werde ich wieder zu hören bekommen? Was werde ich wieder falsch gemacht haben? Was wird mein Kind wieder nicht gemacht oder falsch gemacht haben? Was hat er gesagt, ohne daß er durfte? Was hat er getan, ohne zu fragen? Was hat er wieder nicht kapiert?

Oder anders: Wie lauten die Symptome eines der langsamen institutionellen Zerstörung anheimgebenen Kindes? (Eigentlich mache ich mich der Kindesmißhandlung schuldig, wenn ich meinen Sohn weiterhin in die Schule schicke!)

Ich habe Angst vor dem Montag. Ich werde mich wieder voll-labern lassen mit Klagen, die mich nichts angehen, mit Fakten, die zu ändern ich nicht in der Lage bin. Ich habe auch Angst vor meiner eigenen Reaktion: das, was ich sagen *müßte*, darf ich nicht sagen, will ich meinem Kind nicht schaden. Angst auch vor meiner Hilflosigkeit: was mache ich nur, was sage ich nur, wie reagiere ich? Ich bin diesem System ebenso hilflos ausgesetzt wie mein siebenjähriges Kind. Und selbst wenn ich als einziger Elternteil schon mit dem Grundschulerlaß unterm Kopfkissen schlafen gehe – was nützt es, wenn ich eigentlich täglich daraufhinweisen müßte, daß keine der Vorschriften, die zugunsten der Kinder erlassen wurden, eingehalten werden?

Vor allem werde ich Kraft brauchen, mich vor mein Kind zu stellen. Er muß merken, daß er immer *mich* hat, wenn etwas schiefläuft. Und ich muß endlich, endlich kapieren, daß das alles lächerliche Kinkerlitzchen sind im Vergleich dazu, was das *ganze* Leben ausmacht!

Rosenmontag

18. Februar 1985 Es soll Fasching gefeiert werden. Die Kinder sollen verkleidet kommen – ein großes Ereignis. Was ziehe ich an, als was gehe ich, was wohl die anderen anhaben, ob ich die wohl alle wiedererkenne, ach Mama, ich freu mich ja schon so...

Ein Thema – so wie seinerzeit im Kindergarten – gibt es nicht. Damals gab es «Wochenmarkt» das eine Jahr, das andere «Berufe» und

«Zauberland» – der Gruppenraum jeweils liebevoll gestaltet. Jeder kann kommen, wie er will – hat auch seine Vorteile!

Ich gehe am großen Tag mit hinauf in den Klassenraum – mal gukken, wie er geschmückt ist, mal sehen, was die anderen Kinder anhaben, einfach mal Atmosphäre schnuppern und ein bißchen was für den Imbiß abgeben.

Sie kommen nach und nach: als Pumuckl die dicke Susanne, zwei kleine zierliche Prinzessinnen und fünf Zorros mit schwarzen Masken, wehenden Umhängen und bewaffnet bis an die Zähne. Unverkennbar: alles fertig gekauft. Und auch die Gestik stimmt: Videos und Fernsehen haben ihren Bildungsanspruch sinnvoll placiert. Geduckte Drohhaltung, Hüftknick, wiegender Gang, Aufspringen mit Kampfgeschrei – gellend und markerschütternd, das Zurückschlagen des weiten Umhanges (bei allen fünfen derselbe!). Sie wissen, wer sie sind, diese kleinen Kinder, kaum der Flasche und den Märchen entwachsen – sie verkörpern die «geballte Ladung» der Gewalt.

Karl kommt perfekt verpackt in Silberfolie: Raumfahrerknautschsilber-Anzug, Raumfahrerhelm und die größte aller anwesenden Pistolen, Marke Marsmenschkiller.

Mein Sohn ist als Clown verkleidet. Seine Pappnase hat er sich voller Freude selber aus Eierkarton gebastelt und angemalt. Seine bunte Weste ist zusätzlich mit Konfettipünktchen und Glitzersternen beklebt, das Gesicht angemalt als lachender, staunender Clown.

Aber er hat nur Aug und Ohr für die Zorros. Er ist sprachlos, steht da mit offenem Mund, behält Abstand. Angst und Faszination. Was mag er denken?

Ich finde ihn in seinem Kostüm niedlich, er selber fand es lustig und schön und mochte sich darin leiden ... aber wäre er im Moment nicht so voller Staunen, wäre er schon ein bißchen älter – ich bin sicher, er würde aufmucken, er würde sich plötzlich deplaziert vorkommen, zu kindlich, zu kindisch, zu niedlich: als Siebenjähriger unter Gleichaltrigen! (Arme Kindheit – was geht da alles verloren? Und – wo soll je eine Steigerung hineinkommen?)

Während ich noch stehe und mit äußerst gemischten Gefühlen diesen Aufzug beobachte, erscheint Wlassis. Ich könnte ihn küssen! Und seine Mutter dazu! Wlassis kommt als Prinz in einem kornblumenblauen Umhang mit Goldsternen und einer kleinen Krone auf dem Kopf. Stephan sieht ihn fast gleichzeitig und über sein Gesicht geht ein Strahlen, ein Erkennen – ein strahlendes Wiedererkennen. Das ist *sein* Fasching, *seine* Verkleidung, das ist *seine* (bisherige) Kindheit, hier findet er sich wieder. Ich sehe ihm seine Erleichterung an, und ich habe ihn noch nie so freudig ein anderes Kind begrüßen sehen!

Wlassis nimmt die Zorros und Weltraumfahrer viel gelassener hin als Stephan. Hat er mehr Gefühl für seinen eigenen Wert?

Und dann kommt die Lehrerin. Nichts an ihr läßt auf Rosenmontag schließen: biederer Rock, biedere Bluse – hochgeschlossen, biedere Weste – alles «Ton in Ton» – so könnte sie auch in 35 Jahren noch gekleidet sein, ohne daß jemand sie als «zu jugendlich» empfinden würde. Kein Farbfleck, keine angesteckte Schleife, kein Blickfang. Mir fällt das erst so richtig auf, als sie plötzlich aus dem Klassenzimmer stürzt und atemlos zurückkommend berichtet, sie habe nur mal eben schnell das tolle Faschingskostüm ihrer Kollegin im Nebenzimmer bewundern müssen. Schade, daß unsere Kinder nicht mit im Nebenzimmer feiern dürfen – bei einer Lehrerin, die sich auch verkleiden mag, die sich bunt anmalt, die Freude an dem hat, was sie mit den Kindern gemeinsam tut.

Unsere strahlt den mausgrauen Alltag aus. Langeweile. Unfrohsein. Vielleicht ist es ihr sogar lästig? Und da sagt sie auch schon mit nach unten verzogenen Mundwinkeln: «Ich mag so was nicht. Mir liegt so was nicht. Meine Schwester arbeitet in einem Krankenhaus in Mainz. Wenn da Fasching ist, nimmt sie sich extra immer ein paar Tage frei, um dem Trubel zu entgehen. Wenn dort Weiberfastnacht ist, ist man vor nichts mehr sicher. Dann verkleiden sich auch Männer als Frauen und nutzen jede Gelegenheit!»

Ihre Schülerchen werden doch nicht etwa die «Gelegenheit nutzen», wenn ihre Frau Lehrerin sich eine Pappnase aufsetzt oder sich ein Hütchen auf die wackeren Dauerwell-Locken klemmt? Oder doch? Hat sie Angst vor Freude, vor Albernheiten, davor, die Sache nicht in den Griff zu bekommen? Hat sie Angst, ihr Gesicht zu verlieren, morgen schon weniger ernst genommen zu werden, wenn die Kinder sie einmal in bunter Verkleidung gesehen haben? Oder ist sie – noch schlimmer – verklemmt?

Mir liegt Fasching auch nicht. Ich bin im hohen Norden aufgewachsen, bin es nicht gewohnt, fühle mich ein bißchen albern. Ich würde auch nie zu organisierten Fröhlichkeiten gehen – aber ich bin auch keine Grundschullehrerin, die einen Großteil ihres Lebens mit kleinen Kindern verbringt. Und ein bißchen anmalen, eine grüne Lokkenperücke aufsetzen und Ringelstrümpfe anziehen – nun, das würde ich auch noch fertigbringen, erst recht, wenn ich wüßte, es macht «meinen» Kindern Freude. Aber vielleicht will sie das ja gar nicht?

Lehrer sollten vor ihrer Verbeamtung weniger auf ihre Verfassungstreue als vielmehr auf ihre Kinderfreundlichkeit überprüft werden!

Eine gemischte Faschingsgesellschaft – ich gehe betrübt nach

Hause. Im Klassenzimmer wies nichts auf Feiern hin: keine Girlande, keine Laterne, an der Tafel keine bunte Zeichnung. Es war trostlos – wie immer! Aber es dauert nur drei Stunden. Mehr, so hieß es, halten die Kinder nicht durch. (Da kenne ich aber feierfreudigere und durchhaltefähigere Kinder!) Vielleicht wird es den Lehrern zuviel, aber sie können nicht zugeben, daß ihnen als Pädagogen zum Thema «Feste und Feiern» einfach nichts einfallen will. Vielleicht hätten sie auch das noch im Studium lernen sollen? Ein Hauptseminar zum Thema: «Wie feiere ich mit meinen Schülern. Eine Didaktik des Faschingsfeierns unter besonderer Berücksichtigung des methodischen Spielansatzes» – irgendein «Wissenschaftler» würde sich sicher für so einen Schwachsinn finden lassen. Das Ganze natürlich streng theoretisch – Spieltheorien haben wir ja inzwischen dank vieler Doktorarbeiten genug.

Es ist eine blutleere und kinder-lose Pädagogik, die sich an unseren Hochschulen über die Studenten ergießt, denen dabei auch noch der letzte Hauch an Emotionalität und Spontaneität ausgetrieben wird. Sozialisationstheorien, Kriminalitätstheorien, therapeutische Konzepte zur Magersucht. Hexen im Mittelalter, Geschichte der Didaktik und Didaktik der Geschichte – aber kein Kind! Oder hat schon mal jemand an einer Erziehungswissenschaftlichen Fakultät ein Kind gesehen?

Rumpelstilzchen

Wenn der Lehrer loskreischt

Wenn der Lehrer loskreischt, werden die Fünftkläßler ganz starr vor Schreck, grinsen die Neuntkläßler unentwegt, schauen ihm die Schüler der 13. Klasse ruhig und voll Anteilnahme zu.

Sie sind dann reif.

Und dahin sollten sie ja schließlich auch 13 Jahre Schule bringen.

Arthur Schütt

7. März 1985 «Heute hat sie mit mir ganz schön geschimpft!»

«Warum denn?» (Ich kann's schon nicht mehr hören!)

«Ich hab gelacht!»

«In welchem Zusammenhang denn? Was war denn los?»

«Also, sie hat mit Karl geschimpft, der hat immerfort Krach gemacht. Und er hat einfach nicht aufgehört. Und dann hat sie plötzlich auf die ganze Klasse geschimpft. Da sind wir alle ganz still geworden. Nur Karl nicht, der hat weitergemacht. Und da hat sie sich vor ihn hingestellt und mit den Füßen aufgestampft und ganz schrill geschrien!»

«Ja und?»

«Ja und da mußte ich lachen!!» (Er lacht sogar noch in Erinnerung daran, wenngleich etwas verhalten!)

«Mensch, Stephan, das kannst du doch nicht machen. Du mußt doch einfach mal ein bißchen die Situation beobachten. Du kannst doch nicht so leben wie auf dem Spielplatz!»

«Mama, wenn du das gesehen hättest: als sie da stand und aufstampfte, mußte ich so sehr an Rumpelstilzchen denken und da *mußte* ich einfach lachen!»

Leider bin ich in meiner Erziehung nicht mehr souverän genug, ich würde so gerne mitlachen. Ich würde ihm sagen, wie recht er hat. Und ich überlege, in welchem Beruf man es sich erlauben kann, bei Durchsetzungsschwierigkeiten mit den Füßen aufzustampfen und Rumpelstilzchen zu spielen!? Wenn ich mich bei meinen Studenten nur einmal so weit gehenlassen würde, könnte ich einpacken – das wäre innerhalb von Stunden herum.

Da sitze ich nun und heule

11. März 1985 Eine Stunde lang hat Stephans Lehrerin mir eben am Telefon ihr Leid geklagt. *Ihr* Leid über *mein* Kind! Sein Verhalten während des Unterrichts ist ihren Angaben nach «katastrophal». Er sei «heimtückisch», hat sie als erstes gesagt (und ich hätte am liebsten gefragt, von welchem Kind sie spricht). Immerhin war ich noch geistesgegenwärtig genug zu fragen, was vorgefallen ist, woran sie seine «Heimtücke» erkannt hat. Er habe Felix «von hinten angefallen»! Nun weiß ich, daß Felix von Anbeginn sein liebster Raufpartner ist und die beiden Kinder sich noch nie gegenseitig weh getan haben, wie es der Fall bei den meisten anderen Jungen ist. Sie balgen sich, sie kalbern herum, und wenn einer «Schluß» sagt, hört der andere auf!

Ich werde nachher Stephan zu diesem Anfall von «Heimtücke» befragen.

Was noch?

Er schlägt! (Ja, endlich, hätte ich am liebsten gesagt und an unsere Auseinandersetzungen vor drei Monaten erinnert.)

Er lacht an den unpassendsten Stellen. Außerdem lacht er zu laut! (Das wirft man *mir* schon seit 30 Jahren vor!) Wenn sie wütend ist, lacht er auch! (Kann ich verstehen. Wer sich lächerlich macht, wird ausgelacht!).

Er provoziert sie «bis aufs Blut!» (Eine Erklärung, eine Schilderung, eine Verhaltensbeschreibung bleibt sie schuldig – ich kann mir also kein Bild machen!)

Sie redet, bittet, erklärt – alle halten sich daran, nur Stephan nicht! (Was er denn derweil tut?) *Er rennt* durch die Klasse, lachend, schreiend, mit den Armen rudernd! *Alle* gehorchen, nur er nicht (kommt mir seltsam vor – immerhin kenne ich inzwischen einige der Kinder).

Er will sie für sich! (Ist das nicht ein gutes Zeichen für eine Lehrkraft, wenn sie noch gewollt wird? Das wird sich ohnehin bald ändern) – aber mindestens vier bis fünf andere Kinder wollen sie auch. (Wie schön für sie!)

Er braucht zuviel Raum! (????) Er bräuchte einen Tisch für sich alleine, breitet sich so entsetzlich aus. Hat inzwischen schon zwei Fächer zugestanden bekommen, die aber auch schon überquellen und nicht ausreichen... (Was denn darin sei?) Weiß sie nicht, interessiert sie auch nicht. (!) Er habe Ordnung zu halten, verbreite sich aber nur (ach, Frau W., sie sollten mal in mein Arbeitszimmer zu Hause gukken – Sie würden glatt an Vererbung glauben! 33 qm und kein Plätzchen für einen zweiten Stuhl...).

Nach dem Frühstück ist sein Sitzplatz «chaotisch». Er bleibt beim Essen nicht sitzen, sondern pendelt zwischen Tisch und Spielecke und *krümelt alles voll*! (Arme Lehrerin. – Da sehe ich eine Hausfrauenseele leiden! Jaja, die Krümelei kenne ich auch.)

Er ist schwer zu bändigen! (Schließlich ist er nicht im Zirkus – sie soll ihn unterrichten und nicht bändigen. Oder wie wäre es mit «dressieren», das kommt allem noch viel näher.)

Sie klagt, und ich *denke* mir die Antworten. Ja, ich denke sie leider nur. Und denke immer wieder: blöde Ziege, was habe *ich* damit zu tun? Das ist *dein* Job, nicht meiner. Dafür bist du ausgebildet, nicht ich. Und außerdem habe ich vor einem halben Jahr ein «in sich ruhendes» Kind in der Schule abgeliefert! Was habt ihr in wenigen Monaten aus meinem Kind gemacht? *Ich* weiß, was ich kann und wo meine Grenzen liegen – auch die beruflichen, auch diejenigen in der Erziehung! Wenn *du* es nicht weißt, dann laß dir dein Lehrgeld zurückgeben und laß unsere Kinder in Ruhe. Geh nach Haus, bleib zu Hause, wenn du unsere Kinder nicht magst, sie dir lästig sind, sie dich nerven, weil sie leben, lachen, raufen, laufen, rumoren...

Ach, das alles würde ich so gerne *sagen*, und nicht nur denken.

Ich sitze und heule – über meine Hilflosigkeit, meine Abhängigkeit, meine Unterwürfigkeit, über das Aussichtslose in dieser Kommunikation, über die Interpretationen...

Eigentlich ist alles, was sie da schildert, ein ausgesprochen kindgerechtes Verhalten: es lacht, es bewegt sich, es freut sich, es albert, es spielt. Ist das der 1. Grundschulklasse etwa schon nicht mehr angemessen? Jedes Lebenszeichen interpretiert sie als gegen sie persönlich gerichtete Aggression. Wenn er lacht, fühlt sie sich ausgelacht, wenn er krümelt, fühlt sie sich in ihrer Ordnungsliebe gekränkt.

Es sind die Interpretationen einer offenbar mit der Gesamtsituation überforderten Lehrperson. Den guten Willen spreche ich ihr gar nicht ab – aber wenn ich bloß rekonstruiere, was sich in der Klasse abspielt: sie sitzt vorne mit drei bis vier «schwachen» Schülerinnen (nie Schülern!) und versucht, ihnen das beizubringen, was sie während des «regulären Unterrichts» nicht gelernt haben. Der Rest der Klasse «soll sich still beschäftigen» – täglich eine ganze Stunde lang. Wer das kann und tut, weiß ich nicht – die sechs Jungen gehen in dieser Zeit jedenfalls «über Tisch und Bänke». Es wird gekloppt, geschrien, getobt, mit Wasser gespritzt – während sie vorne weiter ihren «Förderunterricht» zu geben sich bemüht. (Ob bei den auf diese Weise geförderten Kindern wohl etwas hängenbleibt?)

Sie selber hat *nichts* im Griff – nicht die Nachhilfe-Kinder, und schon gar nicht die anderen. Vom Lernen einmal abgesehen! Dafür gibt sie für den Nachmittag bis zu 1½ Stunden Schularbeiten auf. Sollen sich doch die Eltern dieser unmöglichen Kinder plagen! Wer nicht mitkommt, hat selber schuld, soll er doch vormittags aufpassen (nur gibt es da anscheinend nicht viel, auf das man aufpassen könnte!).

Um 8.30 Uhr beginnt der Unterricht mit einem «Stuhlkreis» – die Kinder sollen/dürfen zu irgendeinem Thema etwas erzählen. Das tun sie alle gerne, bereitwillig, oft überströmend... und damit ist das Chaos bereits eingeleitet, denn Frau Wagner ist nicht in der Lage, Grenzen zu setzen. Weder zeitlich, noch inhaltlich, noch lautstärkenmäßig. Es zerfließt, es bordet über, es gibt kein Ende. In einen ruhigen Unterricht überzuleiten, scheint ihr nicht möglich – nicht selten schließt sich an diesen Stuhlkreis gleich die Frühstückspause an. So hat sie sich erst mal über den ersten Teil des Vormittags gerettet. Dann kommt die große Pause – dreißig Minuten Toben auf dem

Hof, Sandspielen, Prügeln, Rutschen... und danach sind die Kinder so erhitzt, so erschöpft, so aufgekratzt... und die Lehrerin so unfähig!

Ach, es ist zum Verzweifeln!

Das schrille Lachen über den furchtbaren Tod

12. März 1985 Noch keine 24 Stunden nach dem gestrigen Anruf, den Klagen, meiner Verzweiflung, klärt sich das Geschehen etwas. Stephan kommt mittags nach Hause – aufgeregt, aufgelöst, hektisch gerötet – und fragt mich, ob ich die Zeitung schon gelesen habe. Ich habe nicht, ich halte kein Regionalblatt. Er kann nicht essen, er kann nicht stillsitzen – er muß es erst loswerden: Auf der Verdistraße ist ein Kind totgefahren worden! Ein zehnjähriges Mädchen! Von einem schweren Lastwagen, vom Anhänger! Sie hatte auf dem Fahrrad gesessen, war richtig eingebogen, hatte angezeigt – und die Räder des Anhängers haben sie erfaßt und überrollt...

Stephan schluchzt. Er kann sich gar nicht mehr beruhigen. Ich nehme ihn in die Arme. Ich weiß nicht, woher diese Verzweiflung kommt – er weiß doch, daß sowas passieren kann – wir haben doch immer wieder drüber gesprochen...

Und dann kommt es langsam heraus: Frau Wagner hat morgens im Stuhlkreis ein Foto aus der Zeitung herumgezeigt: das Unfallfoto, die Lastwagenräder, darunter das Kinderfahrrad und eingezeichnet mit Kreide die Umrisse des kindlichen Körpers, wie er dagelegen hat! Sie hat es gezeigt und gesagt, paßt auf, sonst geht es euch ebenso.

Von 13 bis 20 Uhr sind wir mit diesem Unfall beschäftigt, sieben lange Stunden – während des Essens, in der Mittagspause, bei den Schularbeiten, beim Teetrinken, noch abends auf der Bettkante.

Wo das Mädchen jetzt ist? Was mit dem abgefahrenen Bein wird? Ob die Eltern des Mädchens davon wohl schon wissen? Was sie gesagt haben? Ob sie sehr weinen? Ob sie nun auch sterben wollen? Ob das Mädchen Geschwister hatte? Wie traurig die jetzt wohl sind? Und wo der Fahrer des Lasters jetzt wohl ist? Ob er ins Gefängnis kommt? Ob das nicht auch für ihn schlimm ist? Und immer, immer wieder: wo ist das Mädchen jetzt, wo hat man es hingebracht, ist es da jetzt ganz alleine???

Ich bin so hilflos! Ich tröste, erkläre, weine mit ihm, frage mich, wie so schnell soviel Angst entstanden sein kann. Wir sprechen über Tod und Sterben – für ihn kein neues Thema – seine «liebe Omia» ist vor zwei Jahren plötzlich gestorben. Und dann ruft abends plötzlich seine Lehrerin an. Wir hätten doch gestern über Stephans unmotiviertes und zu lautes Lachen gesprochen, und ich habe ein Beispiel hören wollen. Nun gäbe es eines: Sie habe einen Zeitungsausschnitt in den Verkehrskundeunterricht mitgebracht – sie habe es sich morgens beim Frühstück lange überlegt, aber in der Klasse seien ja soviel Chaoten und wohl auch chaotische Radfahrer, da habe sie es für notwendig gehalten.

Sie habe das Foto herumgezeigt – kein Kind habe etwas gesagt, nur Stephan habe laut und schrill aufgelacht! Gelacht! Über dieses furchtbare Geschehen! Ob mir dieses Beispiel nun reichen würde?

Ja, Frau W., mir reicht es! Wenn ich noch eine Spur von Hoffnung in Ihre pädagogischen Fähigkeiten gehabt habe – nun habe ich sie nicht mehr! Haben Sie eigentlich je in Ihrem Studium etwas über Psychologie, vielleicht sogar Tiefenpsychologie oder sogar ganz anspruchsvoll ein paar Stündchen Entwicklungspsychologie gehört? Ein paar Zeilen dazu gelesen?

Nein? Gut, daß Sie es zugeben.

Aber auch das *denke* ich nur. *Sagen* tue ich: «Er hat sich so erschreckt! Er ist so was nicht gewohnt! Wir haben kein Fernsehen und auch keine *Bild*-Zeitung!»

Der Disput, der daraufhin folgt... ach, ich bin so müde! Nur ein paar Stichworte als Kostprobe: ich nähme ihn zu sehr in Schutz. Er sei verzärtelt. Er müsse an die Realitäten gewöhnt werden... Ich möchte so viel dazu sagen – über Kinder und über Menschwerdung und über Sorgfalt und Sorgsamkeit im Umgang mit Kindern – – – und ich weiß, nichts davon würde sie erreichen. Wir sprechen verschiedene Sprachen. Jedes Wort wäre ein Wort zuviel.

Wir Eltern müssen uns formieren

13. März 1985 Noch um halb drei heute nacht habe ich wach gelegen – den Kopf voller Schule. In Gedanken habe ich Briefe an die Lehrerin formuliert: wütende, klärende, bittende, belehrende.

Heute morgen habe ich mich aufgerafft und eine andere Mutter angerufen. Sie fand es gut, daß sich mal jemand bei ihr meldet. Von ihrem Sohn hörte sie «nur noch von Prügeleien». Gestern soll Karl dem Wlassis, als er am Boden lag, ins Gesicht getreten haben. Wlassis hat heute gefehlt – keiner weiß, was passiert ist. Davon hat Stephan gar nichts erzählt – vielleicht verliert er langsam die Übersicht über all diese Geschehnisse? Und auch die Lehrerin erzählt *davon* nichts – da war es allenfalls nur wieder unser Sohn, der laut und «unmotiviert» gelacht hat.

Sofort nach den Osterferien wollen wir eine Elternversammlung einberufen. Da müssen wir genau wissen, was wir fordern wollen. Auf alle Fälle muß der Förderunterricht gesondert gegeben werden: von einer Extrakraft und möglichst in einem anderen Raum. Während dessen müssen die anderen Kinder regulär unterrichtet werden – wie das Gesetz es befiehlt!!!

Auch Frau Z. ist der Auffassung, daß die Lehrerin hoffnungslos in ihrem Beruf überfordert sei. «Mir graut schon davor, daß Steffi nach den Ferien wiederkommt», soll sie gestern gesagt haben. Steffi ist seit sechs Wochen zur Kur, und Frau Wagner wollte sie nicht wieder in die Klasse zurücknehmen. Sie sei ohnehin schon leistungsschwach gewesen, und nun würden die Lücken ja eher noch größer sein! Aber offensichtlich haben die Eltern da nicht mitmachen wollen. Und nun gerät Frau Wagner schon wieder in Panik, weil sie eine schwache Schülerin zurückkehren sieht, die sie innerlich schon zu den Akten gelegt hatte. Und – um ehrlich zu sein – unter den herrschenden Umständen bringt das mit sich, daß noch mehr Zeit vom regulären Unterricht abgeht. Unsere Kinder schlagen sich derweil die Nasen ein und müssen zu Hause von den Eltern dann auf Zack gebracht werden, damit sie dem fortschreitenden Unterrichtsverlauf folgen können, der sich nicht nach dem Wissensstand der Kinder, sondern nach anonymen Stoffplänen richtet – und nach dem Stand der Parallelklasse, in dem sich Frau Wagners Sohn als Schüler befindet!

So sitzen wir Eltern zu Hause und sitzen und sitzen, kostenlos natürlich, weil der Staat die gesetzlich geregelten und garantierten Lehrkräfte für den Förderunterricht der Schwachen einspart.

Eigentlich bräuchte ich doch gar nicht um 6.45 Uhr aufstehen, Frühstück bereiten, das (unwillige) Kind in die Schule hetzen... Da schlafe ich doch lieber bis elf, frühstücke mit meinem Sohn gemütlich, unterrichte ihn eine Stunde lang – und nachmittags gehen wir ins Museum (Kunstunterricht), zum Schwimmbad (Sport), lesen vor (Deutsch), schreiben Briefe (Rechtschreibung), gehen einkaufen (Mathematik), sammeln Blumen, Schnecken und Steine (Sachkunde)... ach, wär das schön. So ein schöner Unterricht und dabei noch die Gewähr, am Ende des 4. Schuljahres ein einigermaßen intaktes, unneurotisches, lernfähiges und lernwilliges Kind zu haben!

Utopia!! Schule, gib uns unsere Kinder wieder!

Der Wutausbruch

15. März 1985 Gerade komme ich zur Tür herein – noch atemlos von den vielen Stufen –, da klingelt das Telefon. Frau Kramer ist dran – vor vier Jahren war sie Stephans Spielgruppenleiterin, und heute braucht sie von mir Literaturtips für ihre Examensarbeit. Sie hat inzwischen «auf Lehrer studiert». Zwei ihrer Kinder sind «aus dem Gröbsten raus», und der Kleine ist vor zwei Jahren eingeschult.

«Und was macht Stephan?» fragt sie. «Er müßte doch inzwischen auch in die Schule gehen!?»

Und schon sind wir beim Thema. Sie hat sich gerade heute einen Gesprächstermin von der Lehrerin ihres Sohnes geben lassen. Im letzten Zeugnis habe gestanden, Moritz nähme «zu aktiv» am Unterricht teil. Nun war er gestern wohl mal wieder «zu aktiv» – und die Lehrerin warf mit ihrem dicken Schlüsselbund nach dem Jungen!

«Was ist schlimmer, überleg ich mir die ganze Zeit», fragt Frau Kramer, «wenn sie bewußt und gezielt nach ihm geworfen hat oder wenn sie sich einfach nicht beherrschen kann und vor Wut explodiert und einfach losschmeißt? Und was hätte da passieren können, überlege ich schon die ganze Zeit! Wenn das Kind dieses Geschoß nun ins Gesicht gekriegt hätte? Oder ins Auge? Moritz selber hat davon zu Hause nichts erzählt, auch nicht, daß das schon das zweite Mal war. Das hat ein Mitschüler zu Hause beim Mittagstisch erzählt, und seine Mutter hat mich vorhin angerufen!»

Ich erinnere mich an einen Lehrer meiner eigenen Schulzeit. Er hieß Geißler, wir hatten bei ihm in der 5. Klasse Deutsch. Der schlug überlegt und gezielt. Das Ganze war in einen Ritus eingebettet: er schlug nur Jungen, aber nach vorne kommen mußte immer der betroffene Schüler und ein Mädchen dazu. Dann herrschte große Anspannung in der Klasse – alles hielt den Atem an. Wir mußten uns links und rechts von ihm aufstellen. Dann nahm er sehr langsam, aufreizend langsam, seine Armbanduhr ab und gab sie dem Mädchen zum Halten, griff nach seinem Lineal, der Junge mußte seine beiden Handflächen nebeneinanderhalten – und dann schlug er zu. Langsam, gezielt und verbissen. Wenn das Lineal wieder an seinem Platz lag, die Armbanduhr umgebunden war und er einen langen Blick in die Klasse getan hatte, durften sich Geschlagener und Helferin wieder setzen. Und dann ging der Unterricht emotionslos, als sei nichts gewesen, weiter.

Einmal in diesem Schuljahr mußte, «durfte» ich die Uhr halten. Ich habe mich sehr geschämt und kam mir vor, als ob ich an dem Schlagen mitbeteiligt wäre: wenn *ich* die Uhr nicht halten würde, würde mein Mitschüler auch nicht geschlagen werden.

Gibt es denn nichts Wichtigeres als Schule?

16. März 1985 Schule, Schule Schule – verdammt noch mal! Ist diese Institution denn wirklich der Nabel der Welt? Zwölf Jahre Schulpflicht, Schul*zwang* (bei Nichterscheinen Zwangsmaßnahmen, Einsatz von Polizei, Gerichtsverfahren, notfalls Entzug der elterlichen Sorge!). Als ob unser Leben und das unserer Kinder nichts Wichtigeres zu bieten hätte: den neuen Spielplatz, die Kinderstunde im Museum, die ersten Birnbaumknospen, den Marienkäfer, der auf der Fensterbank überwintert hat und nun aufwacht, den nächsten Zirkusbesuch, den Strandspaziergang, das Violinkonzert...

Was macht die Schule eigentlich so zum Dauerbrenner? Doch nicht das (für wen?) erhebende Gefühl, aus einem tumben Klumpen Fleisch einen denkenden Menschen zu machen, der, angereichert mit den nutzlosesten Lehrinhalten, befähigt wird – ja, wofür eigentlich?

Zum Menschsein? Zur Kreativität? Spontaneität? Frohsein? Freundlichsein? Kameradschaft? Mitmenschlichkeit? Ideenvielfalt?

Der DIN-Mensch

24. März 1985 Voriges Wochenende habe ich mit einer Kollegin ein Elternseminar zum Thema «Das ‹schwierige› Kind» in der Volkshochschule gegeben. Sechs Elternpaare mit acht Kindern waren gekommen – alle Erwachsenen davon überzeugt, daß ihre Kinder (vermutlich – leider – oder vielleicht doch nicht?) schwierig seien. Woher sie das hatten? Meistens aus der Schule. Die Klagen der Lehrer hatten Großartiges vollbracht: kein Elternteil konnte sich mehr so richtig am Kind freuen, alle waren unsagbar verunsichert, hinter jeder Lebensäußerung sahen sie bereits die nächste Gefährdung, Störung oder sonst was hervorlugen. Und das Schlimmste: sieben von acht Kindern (sie waren zwischen sechs und zwölf Jahren) waren bereits einem EEG unterzogen worden – zur Abklärung eines Hirnschadens. Die Empfehlungen dazu: wiederum von der Schule bzw. Kinderarzt via Schule. Ergebnis: sechsmal null, einmal: »Könnte vermutet werden!»

Wenn ich die Klagen der Lehrerin ernst nehmen würde, wenn ich nicht wüßte, daß solche Verhaltensweisen abhängig sind von der Beziehung zwischen Kind und Lehrer und von der Form der Kommunikation – dann, ja dann würde ich vielleicht auch schon überlegen, ob mein Sohn nicht etwa einen Hirnschaden hat.

Stephan liebt seine Ruhe. Bei ihm muß alles gemächlich gehen – so war es schon ab Geburt. Er war das einzige Neugeborene auf der Station, das nicht brüllte, wenn es zum Trinken gebracht wurde. Er nuckelte gemächlich vor sich hin und war nie fertig, wenn er wieder abgeholt wurde. Er hat später immer sehr lange, sehr konzentriert spielen können – aber eines hat er nie gekonnt: irgend etwas leisten, wenn er unter Zeitdruck gesetzt wurde. Bevor er «schnell» etwas ißt, ißt er lieber gar nicht. Mit Besonnenheit geht er an alle Dinge heran, mit langer Überlegung und – seitdem er sich sprachlich ausdrücken kann – auch mit sehr vielen Wenns und Abers. Ist die Sache dann geklärt, dann kann sie losgehen. Aber in Ruhe!

Manche Kinder sind «anders» als der Durchschnitt – aber für «andere» hat unser Bildungssystem noch nie ein Angebot gehabt. Es sei denn die «Besonderung», die Ausgrenzung, die Herausnahme. Individuelle Eigenheiten sind nicht gefragt. Sie stören den Ablauf. Sie sind Sand im Getriebe einer Bildungsmaschinerie, die geräusch-, geruchs- und kritiklos zu funktionieren hat. Kleine zappelnde Individuen oben reingedrückt; abgeschliffene, gehärtete, genormte Formen unten herausgefallen: unser Schulsystem.

Was wird aus meinem Kind? Wie kann ich ihm seine Individualität erhalten? Wie kann ich verhindern, daß das Beste, das Kreativste, das Lebendigste an ihm abgeschlagen, abgeraspelt, abgefeilt, abgeschmirgelt wird – bis er so ist wie alle? Der DIN-Mensch, passend für jeden Fragebogen, für jede Institution – genormt von der Bank des Erstkläßlers bis zum Kasten des Sargtischlers!?

Die gute 1 a

25. April 1985 «Heute hat uns die 1 a gezeigt, wie gut sie lesen kann!»

«Wie das?»

«In der letzten Stunde war die 1 a wieder bei uns, weil die keinen Lehrer übrig hatten, und da hat Frau Wagner zu uns gesagt: ‹Jetzt hört euch mal an, wie gut die 1 a schon lesen kann!› Und da hat ein Mädchen ‹die kleine Raupe Nimmersatt› vorgelesen.»

«Und ihr?»

«Wir haben zugehört!»

«Ihr könnt doch bestimmt auch schon so gut lesen wie die 1 a!?»

«Frau Wagner hat gesagt, die 1 a liest besser als wir.»

«Hat von euch denn auch einer vorgelesen?»
«Nee, wir sind ja nicht so gut!»
«Glaubst du das wirklich?»
«Ich weiß nicht. Wenn sie es sagt...?!»
«Deswegen muß es doch nicht stimmen!»
«Sieh mal, ich bin beinahe der Beste im Lesen. Wenn sie gemeint hätte, daß ich auch so gut bin wie die 1 a, dann hätte ich doch auch vorlesen dürfen. Aber sie hat doch nur die 1 a vorlesen lassen. Also sind wir nicht so gut!»

????

«Die haben doch schon die kleine Raupe Nimmersatt lesen können!»
«Die kannst du doch schon lange lesen! Die hast du doch schon zu Weihnachten gelesen!»
«Nee!»
«Doch!»
«Ja, aber bestimmt nicht so gut wie die 1 a!»

In der Fachsprache der Pädagogen nennt man das eine Stigmatisierung oder Etikettierung. Der Vorgang ist dann abgeschlossen, wenn die stigmatisierte Person («du bist schlechter») an das eigene Stigma glaubt und es in sein Selbstbild aufnimmt. Herzlichen Glückwunsch, Frau Lehrerin, für diese pädagogische Tat!

Abends liest Stephan «die kleine Raupe Nimmersatt» – fließend, fehlerfrei, mit richtiger Betonung. Ich sage ihm, wie prima das ist und wie gerne ich zugehört habe. Er sieht mich zweifelnd an – die Stigmatisierung wirkt!

Wer's kann, tut's...

26. April 1985 Heute fehlte Frau Wagner schon wieder – ihr Sohn ist krank. Er und seine Schwester sind immer entweder montags oder freitags krank. Das scheinen anfällige Tage zu sein.

Jedes Elternteil hat pro Kind pro Jahr einen Anspruch auf fünf freie Kinder-Krankheitstage. Bei zwei Kindern macht das zehn Tage pro Jahr. Und Lehrerinnen-Kinder scheinen nie in den 14 Ferienwochen pro Jahr krank zu werden, sondern ausschließlich in der Schulzeit.

So wurde Stephans Klasse wieder «aufgeteilt». Als dann noch Sport ausfiel («Warum?» – «Weiß ich doch nicht, glaubst du, die sagen uns das?»), mußte die halbe 2 c den ganzen Vormittag in der 2 b bleiben. Für Sport haben sie dann auch ein schönes Bild gemalt: welchen Sport sie am liebsten mögen.

«Und was hat Frau Bertram die ganzen vier Stunden mit euch gemacht?»

«Das weiß ich nicht mehr. Das war all die Zeit so laut und chaotisch, da konnte man manchmal gar nichts mehr hören!»

«Und du?»

«Ich natürlich auch!»

Er ist völlig erschöpft, will auf meinen Schoß, döst ein; da ist die Luft raus.

Essen? Nein danke! Spielen? Nein, noch nicht! Hinlegen? Nein, nur ein bißchen bei dir bleiben.

Schularbeiten? Ja, ganz, ganz viel.

Nach zwei Ruhestunden wirft er sich dann mit Elan auf den Haushalt, heimst viel Lob ein und freut sich über seine Erfolge beim Aufräumen der Speisekammer.

In der nächsten Woche werden wir erst mal pausieren. Sein Vater ist krank, liegt fest im Bett, und die Verantwortung und Pflege für einen Hilflosen scheint mir wichtiger für die Reifung und Erziehung eines Kindes als das bloße Überstehen von Chaos. Er will dem Papa Frühstück machen und Umschläge für seinen Fuß, er will ihm vorlesen und ihn unterhalten, «damit er sich nicht so einsam fühlt».

In der Schule ist man sicher klammheimlich froh um jeden Schüler, der fehlt.

Verdächtige Harmonie

9. Mai 1985 Jedesmal, wenn Frau Wagner mich sieht, spricht sie mich mit milder Strenge darauf an, daß ich Stephan noch immer in die Schule bringe. Er sei doch groß genug, und er müsse doch endlich mal selbständig werden.

Und jedesmal erkläre ich ihr, welchen Schulweg Stephan zu gehen hat und daß die Polizei den nahegelegenen Kindergarten bereits davor gewarnt hat, Kinder allein auf diese Strecke zu schicken. Kürzlich ist sogar eine Mutter attackiert worden, als sie auf dem Heimweg vom morgendlichen Bringen war. Der Mann ließ erst von ihr ab, als weitere Fußgänger auftauchten.

Frau Wagner hört mir stets lächelnd zu, und in ihrem Gesicht steht genau das geschrieben, was sie nicht ausspricht: die überbehütende Mutter, die sich von ihrem Kind nicht trennen kann, hat eine feine Ausrede gefunden.

Ich habe Stephan schon ein paarmal gefragt, ob er nicht doch endlich mal mit dem Schulbus fahren wolle. Ich könne ihn die ersten Male zur Haltestelle bringen, damit er den Weg kennenlerne. Nein, Stephan will nicht. Warum nicht? «Da geht die Schlägerei ja noch eher los. So hab' ich wenigstens noch Ruhe, bis ich dort bin!»

Immer wieder frage ich ihn – und immer wieder erhalte ich die gleiche Antwort.

Warum frage ich ihn eigentlich? Nur weil die Lehrerin etwas an mir auszusetzen hat?

Dabei ist unsere Regelung die beste, die befriedigendste, die harmonischste: zu Fuß brauchen wir langsam und gemütlich 15 bis 20 Minuten – per Schulbus über eine halbe Stunde. Zu Fuß gehen wir durchs Grüne, am Fluß entlang, durch ungemähte Wiesen. Wir begegnen sommers wie winters mümmelnden Wildkaninchen, sehen den Fluß anschwellen, zufrieren, auftauen, absinken, wir beobachten das Aufblühen des Weißdorns und der Ackerwinde, wir stapfen durch Schnee und schlittern über Glatteis, wir patschen durch Pfützen und beobachten Sonne und Schatten. Mit dem Bus müßte er zunächst 15 Minuten durch dunkle, stinkige Straßen voller Hundekot, müßte drei Fahrbahnen überqueren, davon eine gefährliche ohne Ampelanlage, muß am Puff vorbei, in dessen Kontakthof man mittels Spiegel so guten Einblick hat, und dann steht er an einem der meistbefahrenen Kreisel der Stadt, in den Abgasen von Hunderten von Autos.

Zu Fuß haben wir Muße – nach dem stets hektischen Aufbruch zu Hause. Wir unterhalten uns, wir beobachten zusammen, wir klären auch noch mal das eine oder andere Problemchen – meistens schulischer Natur.

Inzwischen bringe ich ihn ohnehin nicht mehr bis zur Schule, sondern nur noch bis zur Brücke, dann hat er noch ein Drittel des Weges alleine zu gehen – gefahrlos, weil er in bewohntes Gebiet kommt. Und ich habe bei alldem noch einen Vorteil: es ist für mich häufig die einzige Bewegung pro Tag, bevor ich mich an den Schreibtisch setze.

Wir beide sind zufrieden – warum nur müssen immer andere mitmischen, immer alles besser wissen? Woher haben all diese Lehrer eigentlich eine solche Angst vor «heiler Welt» oder dem, was sie so nennen? Warum ist Harmonie zwischen Mutter und Kind so verdächtig? Woher haben sie ihr Wissen? Woher nehmen sie ihre Alltagstheorien? Wieso können sie nur «kaputte» Welt gelten lassen? Vielleicht, weil sie da «berechtigt» reinreden, intervenieren können? Haben sie nur das gelernt?

Radtour contra «geile» Videos

20. Mai 1985 Heute kam Stephan sehr empört nach Hause: alle Kinder hätten immer so schöne Wochenenden, nur er nicht.

«Wieso, was machen andere Kinder denn?»

«Die dürfen den ganzen Sonnabend und Sonntag Fernsehen gukken, und Karl und Tanja und ein paar andere sogar noch Video. Und ich? Ich muß mit meinen Eltern 'ne blöde Radtour machen!»

«Fandest du unsere Radtour wirklich blöde?»

Er zögert.

«Nein, eigentlich nicht. Aber die anderen dürfen so schönes Fernsehen sehen.»

«Was sagen denn die anderen Kinder, wenn du von deiner Radtour erzählst?»

«Och, die meisten sagen, ‹toll, das will ich auch mal› oder sowas. Aber Karl und Felix und noch ein paar sagen, ‹das ist aber doof. So mit'm Rad rumfahren. Im Fernsehen ist es doch viel toller›.»

«Glaubst du, daß sie das wirklich meinen?»

«Ja, bestimmt. Die dürfen ja alles sehen, und Karl ist auch abends oft bei seinem Onkel, und der holt sich jede Woche neue Videos. Und da darf Karl zugucken. Und er sagt, die sind echt geil!»

Die «echt geilen» Videos zeigen ja auch ihre Wirkung!

Gestern waren wir «rund um den See» – die längste Tour, die wir bislang mit dem Sohn unternommen haben: 51 km! Er hat es auf seinem Tacho errechnet – uns sagten unsere Muskeln, was wir geleistet haben. Es war schon sehr warm – einer der ersten warmen Tage in diesem Jahr. Wir haben zweimal gerastet, Eis gegessen, im alten Moor selten gewordene Pflanzen gefunden. Kaum zurück, holte Stephan sich seine Rollschuhe und fuhr zu seiner Freundin. Wir Alten schafften es gerade noch, die Kaffeemaschine anzuwerfen und uns selbst auf die Balkonstühle!

Für uns war es ein rundes, schönes, erlebnisreiches Wochenende, aber kommen wir auf Dauer gegen Fernsehen und Video an?

Eine Stradivari

22. Mai 1985 Stephan möchte «Geige lernen» – und immer wieder läßt er sich Großmutters alte Geige vom Schrank heruntergeben, um sie in die Hand zu nehmen, sie zu befühlen, ihr ein paar Töne zu entlocken.

Ich habe wenig – besser: gar keine – Ahnung von Musikinstrumenten. Meine entsprechende Ausbildung fiel unserer nachkriegsbedingten Armut zum Opfer. Allerdings bin ich so ziemlich die einzige in Stephans Stammbäumchen, die nicht aktiv Musik betrieb oder betreibt. Vom Singen in der Badewanne einmal abgesehen!

Die Geige ist alt. Wie alt? Ich weiß es nicht – meine Mutter spielte sie 20 Jahre lang, davor hatte sie andere Besitzer. Also frage ich einen Kenner, einen Lehrer aus der Waldorf-Musikschule. Ich sage ihm, daß ich die Geige gerne daraufhin überprüfen lassen würde, ob sie noch geeignet ist, ob es lohnt, sie neu stimmen zu lassen – oder ob sie für ein Kind zum Üben eventuell zu gut sei.

Es tritt eine kleine Pause ein.

«Zu gut», sagt der Musiklehrer sehr milde, *«zu gut gibt es für ein Kind nicht. Für ein Kind ist eine Stradivari gerade gut genug!»*

Lehrer's Psycho-Gedeutel und die Folgen

24. Mai 1985 «Komm doch mal wieder mit rauf heute. Dann kannst du mal wieder alles sehen – meine Bilder und die Keimlinge und alles andere!» fordert Stephan mich morgens auf dem Schulweg auf.

«Nein, heute nicht!»

«Immer heute nicht – das sagst du jeden Tag!»

...

«Mußt du heute in den Dienst?»

«Nein, heute nicht!»

«Dann hast du doch Zeit! Dann kannst du doch mit raufkommen!»

...

«Mama!!»

...

«Warum denn nicht?»

«Weil ich nicht will, daß mir immer wieder gesagt wird, daß ich mich von meinem Kind nicht trennen kann», sage ich wahrheitsgemäß, weil mir nichts anderes einfallen will.

Das Kind hinter mir auf dem Rad verstummt.

Verzeih, Kind! Als ob du nicht eigentlich wichtiger wärst. Ich weiß doch, wie weit ich mich von dir trennen kann, wieviel Nähe und Abstand wir beide brauchen, wie weit wir einander loslassen können. Wir wissen doch beide, wie wir es miteinander haben – und ich habe stets *deinen* Rhythmus beachtet, nicht meine Bedürfnisse.

Ob er mich wohl noch mal fragen wird? Irgendwann? Hoffentlich!

Der erste Platz ...

10. Juni 1985 «Heute haben wir eine Liste aufgestellt!»

«Was für eine?»

«Wir haben aufgeschrieben, welcher Lehrer am meisten schreit.»

«Wer: wir?»

«Na, wir in unserer Klasse.»

«Ihr Kinder?»

«Ja, doch nicht die Lehrer, Mama!»

«Und wie sah die Liste aus?»

«Also ganz oben dran stand Herr L., bei dem haben wir Verkehrskunde. Und dann kam die Sportlehrerin. Diiiie kann schreien, Mama, das hast du noch nicht gehört! (Doch, hab' ich mal, als ich an der Schule vorbeikam – Turnhalle im zweiten Stock und von mir durch den großen Schulhof getrennt. Es war ein gewaltiges Erlebnis – im wahrsten Sinne des Wortes!) Und dann, dann konnten wir uns nicht mehr einigen, wer dann kommt. Dann schreien sie eigentlich alle am lautesten.»

Lehrerprüfungen oder Wie hätten Sie's denn gerne?

13. August 1985 Heute morgen die erste «Ferien»-Sprechstunde. Zu meinem Erstaunen war ganz schön was los – es stehen mal wieder Prüfungen ins Haus. Und wie üblich kreuzen Studenten auf, die ich nie auch nur im Treppenhaus gesehen habe – geschweige denn in meinen Seminaren! Jedesmal frage ich, warum sie bei mir Prüfung ma-

chen wollen, wo wir uns doch gar nicht kennen – und die Antwort ist jedesmal dieselbe: bei «irgend jemandem» müssen sie sich doch prüfen lassen.

An was sie denn so gedacht hätten, wenn sie nie etwas bei mir gehört, gelesen, mitgemacht haben? Manche wissen es ganz zielgerichtet, die anderen warten auf Vorschläge – so nach dem Motto: «Ja, wie hätten Sie's denn gerne?»

Dann ziehen sie sich innerhalb von 14 Tagen anderthalb Bücher und einen schmalen Artikel über «Heimerziehung und Alternativen» rein, spucken in der Prüfung zwanzig Minuten lang dazu Daten aus, haben nach vier Tagen wieder alles vergessen – zumal sie ohnehin nicht wissen, was sie mit diesem Thema je anfangen könnten. Geht es zwei Jahre später in ihrer Berufspraxis um die Diskussion, ob ein Kind schulisch und ambulant noch gefördert werden kann oder «ins Heim» muß, entscheiden sie so emotional wie jeder Laie, können den Eltern keinen Rat geben, wissen nichts von Alternativen, sind nicht in der Lage, Maßnahmen pädagogisch mitzutragen und zu unterstützen.

Was nützen unsere Angebote, wenn sie nicht angenommen werden, weil es weder ein «Muß» noch eine «Möge» gibt?

Solange das Lehrerstudium betrieben werden kann wie eine lästige Begleiterscheinung des locker-flockigen Studentenlebens, wird sich nie, nie, nie was ändern.

2. Klasse

Bildungspolitik? Danke, wir sind zufrieden!

17. September 1985 Heute habe ich endlich den Elternsprecher an den Apparat bekommen: ob er über die Unterrichtsversorgung Bescheid wisse? Nein, weiß er nicht, was denn los sei?

Er müsse doch eigentlich wissen, was los ist, sein Sohn sei schließlich auch betroffen – also es gehe um den Unterrichtsausfall, speziell um den Donnerstagnachmittag. Keiner weiß, warum welche Stunden ausfallen, Bescheid bekommen wir nicht, es ist kein Ende abzusehen, niemand weiß, ob und wann Ersatz für fehlende Lehrer kommt.

«Ach so, ja», sagt er, «meine Frau hat mir schon davon erzählt!» (Ach ja, die Väter, die nie etwas vom Alltag mitbekommen – sie wissen sich geschickt abzuschotten und führen mit Sicherheit ein ruhigeres Leben!)

«Und was wollen wir da machen?» frage ich.

«Was wir machen wollen?? Ja, wieso? Was wollen Sie denn da machen?»

«Wir können das doch nicht auf sich beruhen lassen. Schließlich haben die meisten von uns ihre Kinder mit voller Absicht auf eine Ganztagsschule geschickt – bei der von ganztags eh keine Rede sein kann. Aber diese beiden Nachmittage wollen wir doch wenigstens haben!»

«Aber das ist doch ganz gut so», sagt er. «Ein Nachmittag genügt doch. Ich bin eigentlich ganz froh, wenn der Donnerstag ausfällt – die Kinder haben doch nachmittags immer soviel vor – da reicht doch erstmal der Dienstag!»

«Das ist doch eine ganz andere Sache», argumentiere ich. «Vielleicht paßt es dem einen oder anderen ganz gut ins familiäre Programm – aber den meisten wird es nicht passen. Die meisten Eltern sind doch berufstätig, und für die ist der Nachmittagsunterricht einfach wichtig, damit sie wissen, wo ihre Kinder sind.»

«Hm, ja, natürlich...» er ist sehr zögerlich. Fast wundere ich mich, daß er nicht mit der zu-Hause-bleiben-müssenden Hausfrau und Mutter anfängt – seine Frau ist ganztags daheim!

«Und außerdem ist das ja auch eine bildungspolitische Frage!»

«Wie meinen Sie das?» (Na, wie werde ich das schon meinen!?) Ich erörtere, erläutere, habe Zahlen parat – Lehrerarbeitslosigkeit, Unterrichtsausfall bis zu 20 Prozent schon in der Grundschule, Konzept von Ganztagsschulen als Versprechen einer besseren Bildungspolitik, einer gerechteren Chancenverteilung...

«Ja ja», unterbricht er mich, »ich verstehe schon. Sie brauchen gar nicht weiterzusprechen. Ist mir schon klar... aber wir sind eigentlich sehr zufrieden!»

(Verdammt noch mal!)

«Und was sagen die Lehrer dazu?» frage ich ihn.

«Das weiß ich nicht!» gibt er zu.

«Und die anderen Eltern? Manche sind doch ganz schön betroffen von dieser Nicht-Regelung!»

«Das weiß ich auch nicht. Mich hat noch niemand darauf angesprochen!»

«Vielleicht könnten Sie das mal in die Hand nehmen?»

«Ja, könnte ich. Muß ich mal überlegen. Aber eigentlich ist das eine Sache für den Gesamtelternrat.»

«Ist doch egal, Hauptsache, es passiert was. Davon sind doch letztlich alle Kinder und Eltern betroffen, nicht nur unsere!»

«Ja, ich werd' mal sehen, was sich machen läßt. Einen schönen Abend noch!»

Wie lästig ich ihm im Interesse unserer Kinder geworden bin! Und dann noch für *alle* Kinder, wo er doch für sein eines so zufrieden ist!

Von Demokratie ist noch nicht viel durchgedrungen. Geht es mir gut, warum soll ich dann aktiv werden? Geht es mir nicht mehr gut, finde ich für mich selber schnell einen Ruck-zuck-Ausweg!

Politik und Pädagogik

7. Oktober 1985 Heute haben wir den ganzen Vormittag geprüft. Es war mühsam und ermüdend – viel eingepauktes Wissen, von dem mit Sicherheit anzunehmen ist, daß in der nächsten Woche alles vergessen sein wird. Von einer Umsetzung in die Praxis ganz zu schweigen!

Andererseits: in welche Praxis sollen die Studenten es auch umsetzen? Wir bilden doch nur noch für die Halde aus: Butterberg, Milchschwemme, Lehrerhalde. Alle fünf Kandidaten haben wir gefragt, was sie anschließend machen werden. Drei waren sicher, eine Referendarstelle zu bekommen, danach aber – null. Eine flotte Kommilitonin sagte ganz vergnügt: «Ich habe was bekommen!» Wir spitzten unsere Ohren: wo gibt's noch was? (Etwa so, wie die Bevölkerung in Polen die Ohren spitzt, wenn das Gerücht von einem angelandeten Bananendampfer umläuft!)

«Ich geh' für neun Monate in die USA!» – Unser Gelächter war etwas gequält!

Dann komme ich mittags nach Hause – müde und um einiges resigniert – es zieht stimmungsmäßig doch herunter, wenn das, was man tut, eigentlich gar nicht gebraucht wird!

Und da steht auch schon mein Sohn vor der Tür – etwas zu früh und etwas (sehr!) schmutzig. Ich tippe auf Schlammschlacht, aber: «Wir haben heute drei Stunden auf dem Schulhof gespielt!»

«Wieso das denn?»

«Na, du weißt doch, daß wir keine Lehrer übrig haben, und irgendwer ist dann auch noch krank geworden, und da durften wir spielen!»

«In welchen Stunden denn?»

«Also morgens haben wir ein bißchen gerechnet. Und dann haben wir ganz lange gefrühstückt, und dann sind wir in die große Pause. Und dann durften wir gleich unten bleiben. Zum Kunstunterricht sind wir dann wieder rauf, haben ein Bild gemalt, und dann haben wir wieder auf dem Schulhof getobt, bis der Bus fuhr!»

«Wer fehlt denn alles von den Lehrern?»

«So genau weiß ich das auch nicht. Aber es sind eine ganze Menge!»

Dafür sitze ich dann wieder 50 Minuten mit ihm an den Rechenaufgaben (ob ich dem Kultusministerium mal eine Rechnung schicke?). Wie wütend mich das macht!!! Vormittags vertreiben sich die hoch- und überdotierten Lehrer den Unterricht auf dem Schulhof (oder war etwa noch nicht einmal ein Lehrer dabei?), und wir Eltern müssen nachmittags ranklotzen.

Wie das wohl andere Eltern machen? Von den 16 Kindern haben 13 Eltern, die beide berufstätig sind, eine weitere Mutter arbeitet Donnerstag, Freitag, Samstag. Und es sind keine privilegierten Berufe darunter: keine Halbtagslehrer, und außer mir keine Universitätsangehörigen, die sich die Zeit weitgehend selbst einteilen können.

Von mehreren Müttern weiß ich, daß sie in Putzkolonnen arbeiten, eine schafft in einer Großküche – Knochenarbeit! Eine andere ist Hilfskraft in einem großen Krankenhaus, hat um 18 Uhr Arbeitsschluß, ist um 18.45 Uhr zu Hause. Ob diese Mütter oder Väter abends noch mit den Kindern rechnen mögen? Können? Da ist der Haushalt, da sind die angeschwollenen Knöchel, da gibt es auch noch kleinere Geschwister!

Und dann die Ausländer! Von 16 Kindern in der Klasse sind doch nur sechs Deutsche! Die anderen gehören sechs verschiedenen Nationen an. Von zwei Müttern weiß ich, daß sie Analphabetinnen sind, zwei Mütter sind geistig fit und beweglich – aber ob sie überhaupt die Anweisungen zu den Rechenaufgaben verstehen, die manchmal noch nicht einmal ich begreife?

Für diese Bevölkerungskreise wurden einst die Gesamt- und Ganztagsschulen eingerichtet, um solche Eltern zu entlasten und ihren Kindern dennoch annähernd ähnliche Chancen wie gutbürgerlichen Kindern zukommen zu lassen.

Aber inzwischen hat sich der Wind wieder gedreht:

Mütter gehören ins Haus – da sind sich letztlich alle herkömmlichen Parteien einig – Männerparteien. Gebe ich Kindern eine Ganztagsschule, einen Hortplatz oder andere entsprechende Möglichkeiten, habe ich die Mütter entlastet! Und was tun diese? Sie gehen arbeiten! Sie drängen auf den Arbeitsmarkt, nehmen den Männern (den Familienvätern!!) die Stellen weg und lassen ihre Kinder verludern. Kaufen sich frei mit Hilfe der Bildungspolitik der siebziger Jahre! Wo kommen wir da hin?

Wer heute – um es einmal umzudrehen – Frauen vom Arbeitsmarkt forthaben will, braucht nur einen hohen Unterrichtsausfall zu produzieren, Ganztagsschulen und Horte zu schließen und ein paar Artikel in Massenblättchen zu lancieren über vaterlose Kinder, deren Mütter arbeiten gehen, über Jugendliche, die auf den Straßen verloddern, weil niemand zu Hause ist, über Punker, die alle aus «gestörten» Familienverhältnissen kommen – was immer gleichbedeutend ist mit der Mutter, die eben nicht tagein, nachtaus mit der Küchenschürze um ihre Lieben herumschlawenzelt.

Mit nichts sind Mütter so leicht zu packen wie mit Schuldgefühlen. Wenn wir versagen – individuell und kollektiv –, haben wir sie auf dem Gewissen – die Kinder, die Jugendlichen, die nächste Generation. Ob Drogenkonsum, ob Kaufhausdiebstahl, ob Kinderalkoholismus oder Selbstmordversuche, Schulversagen oder psychosomatische Erkrankungen – die Mütter sind als erste dran. Sie haben versagt! Und das «wissen» sie – aus Gazetten und Tageszeitungen, aus Blättern des Kinderschutzbundes und konservativer Mütterkreise, aus Volkshochschulkursen und Erziehungsberatungsstellen! Den letzten beißen die Hunde! Und Mütter sind nun mal sensibler, was ihre Kinder anbelangt, als Politiker – selbst wenn diese einen regen Kindersegen für Volk und Vaterland, für Renten und gegen «Überfremdung» wünschen!

Mit unseren Lehrern darüber zu sprechen – sinnlos! Sie schieben alles auf die Kultusbehörde, was sie dann aber keineswegs hindert, in Wochen mit 40 Prozent Stundenausfall noch einen Lehrer zur Fortbildung zu schicken und an einem «langen» Unterrichtstag ihren Jahresausflug zu unternehmen. Der steht ihnen zu, und der wird natürlich auch genommen! Klar, Kontaktpflege macht an einem langen Unterrichtstag viel mehr Spaß als an einem schulfreien Samstag!

«Ich finde das richtig», sagt eine Lehrerin aus unserem Freundeskreis sehr aggressiv. «Warum sollen wir auf das verzichten, was uns zusteht, nur weil die Behörden so 'ne Scheißpolitik machen!»

«Und die Kinder?» frage ich.

«Ach, die Kinder!» winkt sie spöttisch ab – und das ist es ja wohl auch! Die Kinder sind in der ganzen Schul- und Bildungspolitik das Unwichtigste. Sozusagen das notwendige Übel – wie die Patienten im Krankenhaus und für manche Kollegen die Studenten in der Uni. Ohne sie geht es nicht, aber stören tun sie trotzdem. Nähme man den Schulen die Kinder, den Universitäten die Studenten, den Krankenhäusern ihre Patienten – ich bin gar nicht so sicher, ob das überhaupt bemerkt würde!

Die Verantwortung der Lehrer für die Erziehung – das ist ein dunkles Kapitel. Wo Bildung aufhört und Erziehung anfängt oder umgekehrt, ob Lehrer nur einen Bildungs- oder auch einen Erziehungsauftrag haben und wie der wohl aussehen müßte – das sind seit Jahrzehnten ungeklärte Fragen. Erziehung beschränkt sich im Verständnis mancher Lehrer offensichtlich auf die Einmischung in Familienangelegenheiten, in den heißen Erziehungstips für die erstaunten und verunsicherten Eltern.

Dieters Mutter erzählte kürzlich, daß Frau W. bei einem (ungebetenen!) Hausbesuch plötzlich anfing, die Ehe von Dieters Eltern zu hinterfragen. Ob denn da alles in Ordnung sei? Dieter wäre so furchtbar zappelig? Ob zu Hause etwas nicht stimmte? Frau L. hat sich furchtbar darüber aufgeregt – leider erst hinterher, als ihr die Ungeheuerlichkeit der ganzen Ansprache bewußt wurde. Frau W. gegenüber hat sie sich gerechtfertigt und erklärt und erläutert.

Wenn ich mit den Lehrerstudenten über Elternarbeit spreche, dann überschlagen sie sich geradezu in therapeutischen Vorschlägen, so daß ich nicht selten frage: «Wieso müssen Eltern eigentlich therapiert werden? Nur, weil sie irgendwann mal Kinder bekommen haben?»

Bis heute habe ich noch nicht einen einzigen Anruf oder Aufruf der Schulleitung oder der Lehrer an die Elternschaft vernommen, daß man gemeinsam kämpfen solle für mehr Lehrer, für Förderunterricht, der gesetzlich geregelt ist, aber nicht erteilt werden kann, für Teilzeit- und Springkräfte, die all die Fuß- und Lendenlahmen, die Frischoperierten und Hochschwangeren, die Ex-schwangeren und Fortbildungswütigen, die Ausflugsabwesenden und Montagskranken vertreten können. Bis heute sind wir noch nicht einmal unterrichtet worden über die Misere, die an der Schule zu herrschen scheint.

Viele Eltern scheint es auch gar nicht zu interessieren. Und die Ausländer-Eltern verstehen entweder nicht, um was es geht, oder sie kennen ihre Rechte nicht (nicht einmal die meisten deutschen Eltern wissen, daß es für jede Schulstufe entsprechende Erlasse gibt, die alles regeln – auf dem Papier wenigstens!), oder aber sie sind viel zu eingeschüchtert, als daß sie auf einem ihnen so fremden Gebiet wie Schule wagen würden, mit der Faust auf den Tisch zu hauen. Unliebsam machen – das kann man in den Folgen nicht abschätzen! Also ist man besser von vornherein still.

«Wer schon zwei Kinder durch dieses Bildungswesen gedrückt hat», sagt ein Vater, «der regt sich nicht mehr auf. Der weiß, daß das viel zu viel Zeit und Kraft kostet und dabei letztlich doch nichts rauskommt. Da mauern doch alle – vom kleinen Lehrer angefangen bis zum Minister hoch. Alle wollen nur eines: ihre Ruhe. Und natürlich ihr gesichertes Einkommen. Ich habe das auch erst beim zweiten Kind gelernt. Heute halte ich meinen Mund und denke: es geht auch ohne mich!»

Eben habe ich A. angerufen – ob er wüßte, wer auf politischer Ebene für die Schulversorgung zuständig sei. «Ja», sagte er schlicht, «ich!»

Das war genau das, was ich heute brauchte! Ich habe erstmal alles von mir gegeben, ungeachtet seines leisen Protestes, er habe aber noch so viele Arbeiten zu korrigieren. «Ich auch», habe ich gesagt und dann einfach weitergeredet. Er hat alles fein säuberlich notiert und wird es am Donnerstag vor den Schulausschuß bringen.

Für die Mangelversorgung an den Schulen (sieh da, er hat es zumindest zugegeben!) zeichnet seinen Angaben nach der Direktor der Schulaufsichtsbehörde verantwortlich. Er wolle damit der Landesregierung eins auswischen – ein ganz linker Typ – immer schon gewesen!

Wer alles tatsächlich oder angeblich dahintersteckt, wer alles was zu sagen und zu entscheiden hat, wer alles Politik auf den Köpfen unserer Kinder macht! A gegen B und B gegen D und D mit A, aber nur unter bestimmten Bedingungen, jeder gegen alle und die Lehrer irgendwo dazwischen. Das ganze eingeklemmt zwischen GEW-Verbissenheit und Resignation, zwischen Sauertöpfigkeit und Überforderung, zwischen Lehrplänen und Ideologien, zwischen Lustlosigkeit und gestörtem Privatleben. Und die Essenz davon tröpfelt all-täglich auf die

Häupter der nächsten Generation, die von nichts etwas ahnt und sich allenfalls wundert, warum die Erwachsenen nur immerzu so furchtbar unfreundlich, unwirsch, unerfreulich, unfroh und verständnislos sind.

Wenn Schule freiwillig wäre, würde ich sagen: «Selber schuld, wer dort sein Kind hinschickt!»

Schnelle Reaktion

17. Oktober 1985 Das ging aber schnell! Vor genau einer Woche habe ich mit dem Schulausschußvorsitzenden gesprochen, und heute kam schon die Antwort! Der Schulrat erschien – plötzlich und unerwartet. Heute abend hatten wir Elternversammlung, und Frau Wagner berichtete ganz nebenbei davon.

Er kam unangemeldet und hat schon alleine dadurch einen Riesenwirbel ausgelöst. Es habe im Schulausschuß eine Diskussion über die Unterrichtsversorgung gegeben (die keiner sich erklären konnte), und nun komme er, um sich einmal umzuhören! Das Ende vom Lied: nicht etwa eine Lehrerstelle mehr – Gott bewahre (dabei fehlen mindestens zwei volle Kräfte!) – nein, er hat mit seinen Vorschlägen das einzig Sinnvolle torpediert, das in den letzten Jahren schulpolitisch überhaupt gemacht worden ist: Mehrere Lehrerinnen waren nach Aufruf des Kultusministeriums (und natürlich vor allem im privaten Interesse) auf ¾-Stellen gegangen und hatten somit eine neue Stelle geschaffen, die aber nicht besetzt wurde (daher auch ein Teil des Unterrichtsausfalls – warum spricht darüber niemand?). Der Vorschlag des Schulrates: Die Kolleginnen möchten doch bitte ihre Entscheidungen rückgängig machen und wieder die volle Stundenzahl arbeiten, um die Fehlstunden auf diese Weise ausgleichen zu können! Ich dachte, mich trifft der Schlag: Tausende von Junglehrern sitzen arbeitslos auf der Straße, müssen per Sozialhilfe vom Staat durchgefüttert werden, weil es für sie angeblich nichts zu tun gibt – und hier werden Lehrern die vollen Stundenzahlen aufgedrängt, die sie aus verschiedenen Gründen gar nicht mehr wollen. Mir scheint, daß die Politiker in die gleiche Schule wie mein Sohn gegangen sind – bis zur dritten Klasse. Besser sind ihre mathematischen Kenntnisse auch nicht!

Und das Ende vom Lied? Man wartet ab. Der Schulrat hat geraten, es sich doch noch einmal zu überlegen. Und die Lehrer? Sie sind empört! *Und warum erfahren wir Eltern davon nichts?* Frau Wagner blickt mich an, als hätte ich sie um Auskünfte über ihr Intimleben gebeten. Wir leben wohl auf verschiedenen Sternen!

Unterrichtsversorgung in Theorie und Praxis

10. November 1985 Laut Ministerium ist die Unterrichtsversorgung voll gewährleistet. Wenn ich mir ansehe, was an unserer Schule alles nicht läuft, frage ich mich, wer zu diesem Thema die Statistik führt – und fälscht. Bei uns sah die letzte Woche wie folgt aus:

Montag: 1. und 2. Stunde regulär
3. und 4. Stunde gemeinsam mit der Parallelklasse (das sind 36 Kinder in einem Raum, mit unterschiedlichen Fortschritten in den Fächern)

Dienstag: Vormittagsstunden regulär,
Nachmittagsunterricht fällt ersatzlos aus.
(Dafür gibt es eine Menge Schulaufgaben – allein in Mathe 96 Rechenaufgaben!)

Mittwoch: 1. und 2. Stunde: aus der Parallelklasse kommen 11 Kinder dazu – die Klasse wurde «aufgeteilt»
3. Stunde: regulär
4. Stunde: Lehrerin feiert mit den Kindern ihren Geburtstag nach. Sie spielen «Stille Post».

Donnerstag: 1. Stunde: die Sportlehrerin ist krank. Die Stunde wird von der Gemeindehelferin (!) übernommen, die die Kinder «die heilige Familie» malen läßt.
2. Stunde: Die Klasse wird aufgeteilt auf die beiden Parallelklassen. In Stephans Gruppe wird das Martinslied gelernt und ein Martinsbild gemalt.
3. und 4. Stunde: Fächer aufgeräumt, mit Autos gespielt... Gelegentlich kommt ein Lehrer gucken – «Wenn es zu laut wird».
Nachmittagsunterricht und «Freizeit-AG» fallen ersatzlos aus – donnerstags bereits seit den Sommerferien – auf unbestimmte Zeit. Grund? Er wird uns Eltern vorenthalten!

Freitag: Laut Rektorenbrief fallen die letzten beiden Stunden «aus schulorganisatorischen Gründen» aus. «Der Bischof ehrt uns mit seinem Besuch!»

Was heißt hier überhaupt Ganztagsschule? Wir Eltern haben uns bei der Wahl dieser Schulform schließlich was gedacht! Das Gros ist berufstätig, und viele können ihren Kindern bei den Schularbeiten auf Grund der Sprachschwierigkeiten nicht helfen. Was für ein Schindluder wird hier mit der berühmten «Chancengleichheit durch Ganztagsschulen» getrieben? Wer belügt eigentlich wen? Und wieviel Macht haben wir Eltern?

Ich rufe die GEW an – ich will Zahlen! In der Schule bekomme ich keine Antworten. «Unterrichtsversorgung? Dazu kann ich Ihnen eine Menge sagen», gibt der GEW-Mann Auskunft. Und dann prasseln die Zahlen, die ministeriellen Gegenzahlen und die unterschiedlichen Rechenkünste und -kniffs auf mich herab. Mir leuchten die GEW-Tricks beim Errechnen ebenso wenig ein wie die offiziellen Ministeriumszahlen. Letztere klingen mächtig geschönt. Erstere mächtig auf den Putz hauend. Aber ich lerne: Ausländerkinder zählen doppelt; Schwangerschaften müssen vorher angemeldet werden, sonst gibt es keine Vertretungskräfte; für Kuren gibt es keinen Ersatz – erst wenn sie länger als vier Wochen dauern. Das tun sie durch die garantierte «Nachkur» zwar stets, aber da diese nicht zwingend vorgeschrieben ist, wird sie ignoriert. Fortbildung haben Lehrer viel zu wenig (finde ich auch), und selbstverständlich gehört diese in die Dienstzeit, also nicht in die 14 Ferienwochen per anno und nicht in die Nachmittage (finde ich gar nicht). Daß es Probleme auch an unserer Schule mit hohem Stundenausfall gibt, weiß die GEW nicht: «Diese Schule ist dicht. Da kriegen wir keine Informationen – da mauern alle, Lehrer, Schulleiter, Eltern!»

Keine Zeit

30. November 1985 Unser Elternsprecher hat eine gute Idee gehabt: ein kleiner Winterausflug. Treffen bei der Schule, Spaziergang entlang dem Fluß, nach einer Stunde Einkehr in ein kleines Kommunikationszentrum. Dort haben zwei Mütter Tisch gedeckt und Kaffee gekocht. Kerzen, Kuchen und Gebäck bringen wir alle mit, Kinder und Eltern sitzen in bunter Reihe nebeneinander, miteinander. Morgen ist erster Advent – wir ziehen ihn um ein paar Stunden vor. Draußen schon eine Menge Schnee, die Wege teils vereist. Zurück wollen wir einen anderen Weg nehmen – mit bunten Laternen. Die Kinder genie-

ßen es. Wir Eltern sind ein wenig beklommen. Manche scheinen sich einfach eingeengt, eingeschüchtert, dominiert zu fühlen durch die Anwesenheit der Klassenlehrerin. Diesmal haben *wir sie* eingeladen – es ist ein Elternprogramm, und die Lehrerin darf auch kommen. Mal umgekehrt. Dennoch: viele Mütter fühlen sich nicht wohl in der Gastgeberinnenrolle. Es bleibt alles ein wenig steif, und wenn Frau Wagner mitten ins allgemeine Gemurmel hinein etwas zu einer Nachbarin sagt, tritt schlagartig eine peinliche Stille ein, die ihre Worte besonders hervorhebt.

Siegfrieds Vater wird dann konkret und spricht sie direkt an. Was denn in nächster Zeit alles so anstünde? Was geplant sei? Und da sagt sie: «Am Donnerstag vor Ferienbeginn machen die anderen Klassen alle ihre Weihnachtsfeier. Aber wir brauchen ja keine mehr zu machen, wir haben ja heute schon zusammengesessen.»

Es tritt eine kleine Pause ein, eine Pause voller Verblüffung. Ich fange mich als erste und sage, es sei doch erst der erste Advent, und wenn alle Schüler der Schule in drei Wochen feierten, wäre es doch schade, wenn unsere nicht dabei sein könnten. Der Ausflug heute sei doch etwas ganz anderes. Frau Wagner lächelt ihr schiefes Lächeln, bei dem ich mir immer wie ein dummes Kind vorkomme, das für seine Dummheit gerügt werden soll, dem man dann aber doch noch ein paar milde Sätze schenkt.

«Nein», sagt sie. «Einmal ist genug. Und außerdem habe ich an diesem Nachmittag auch gar keine Zeit!»

Kinder – gestern und heute

16. Dezember 1985 Müde sitze ich am Schreibtisch. Die Seminare heute morgen waren zwar sehr konstruktiv, aber auch sehr anstrengend. Endlich mal wieder eine Gruppe, die voll mitzieht.

In der ersten Stunde mein Dauerfehler: ich komme von Hölzchen auf Stöckchen! Aber wie soll ich es machen? Da erkläre ich etwas und sehe an den Gesichtern, daß sie zwar lauschen, hören – aber nicht verstehen. Ich frage nach: Abwehrmechanismen? «Ja», sagt eine, «hab' ich mal gehört!»

«Können Sie ein paar nennen und erklären?»

«Nein, das nicht gerade», lacht sie verlegen.

«Und die anderen?» Lächeln, Kopfschütteln.

«Schon mal den Begriff gehört?» Lächeln, Kopfschütteln. Immerhin scheint es ihnen peinlich. Wenn ich *so* frage, wissen sie, sie müßten's eigentlich wissen.

«In welchem Semester sind Sie?» (Warum frage ich – übers 5. sind sie alle hinaus, wir machen doch nur das Aufbaustudium!) 6./7./8./9. Examenssemester – Uff, da kommt dann auch nichts mehr. Gehört ins Grundstudium!

Also erkläre ich: Bedeutung des Begriffs, Herkunft, «Verdrängung» als Beispiel, «Sublimierung» zur Ergänzung. Ich bringe Fallschilderungen – und dann sind sie ganz dabei. Sie sind wie Kinder: erst wenn es ganz anschaulich wird, verstehen sie. Abstraktes Denken gleich null.

«Wenn etwas verdrängt war, lange verdrängt, und kommt dann hoch – so durch Psychotherapie oder so, und da ist noch nichts Neues an der Stelle, da ist einfach nichts – kommt es dann zu einer Krise?» (Diese Ausdrucksweise! Akademisches Studium 8. Semester, vorher Abitur, in einem Jahr fertige Lehrerin... aber immerhin, sie redet wenigstens. Wenn das doch alle täten! Meistens blicke ich nur in stumme, stumpfe, blicklose Augen, die sich schnell abwenden, wenn sich die Blicke kreuzen!)

«Wir sind mal wieder so weit vom Thema abgekommen», sage ich nach längerer Debatte.

«Ja, aber das ist doch so interessant», sagt eine Kommilitonin, und die anderen nicken und wollen mehr. Die Stunden sind rum, das eigentliche Thema ist nur knapp angerissen worden. Wie soll ich aufbauen, wenn das Fundament fehlt? Auf was kann ich mich stützen? Es gibt keine Pflichtthemen, keine Pflichtveranstaltungen, es gibt allenfalls «Empfehlungen». Die Inhalte sind nur manchmal sinnvoll – letztlich kann jeder Dozent sein thematisches Hobby pflegen ohne Rücksicht darauf, ob es Praxisrelevanz hat, jemanden interessiert oder aktuell ist.

In der Pädagogik ist alles «relevant», alles kann für sinnvoll erklärt werden, alles ist irgendwie, irgendwo unterzubringen und zu begründen.

Das zweite Seminar: randvoll – 57 Studenten. Davon stricken 19. Ich habe es ihnen in all den Jahren nicht abgewöhnen können – weder mit Bitten, noch mit Ironie, noch mit Hinweisen, daß wir keine Frauenfachschule, sondern eine Universität seien. Selbst ein Buchkapitel zum Thema, warum Studentinnen stricken – marxistisch interpretiert – hat sie nur höchlichst amüsiert –, und die Nadeln klappern weiterhin.

Letzte Woche saß unmittelbar neben meinem linken Ohr eine

Kommilitonin, die Socken auf fünf Nadeln strickte. Dieses elende Geklapper hat mich fast rasend gemacht. Ich habe sie mehrfach «bedeutungsvoll» angeschaut, und sie hat stets freundlich lächelnd zurückgeblickt, um sich alsdann ihrer grau-rot-gestreiften Socke wieder zuzuwenden. Und weiterzuklappern.

Heute sind es schon zwei Paar Socken, der Rest Pullover und Schals. Heute sage ich was – sonst habe ich nächste Woche bereits sechs Paar – und ein Geklapper wie in der 4. Grundschulklasse. Betroffenes Schweigen aller. Die Studenten sind nicht gewöhnt, daß man ihnen was sagt – jedenfalls nicht so deutlich und auffordernd. Zwei packen ihr Strickzeug weg – die anderen bleiben stur! (Was sie in einem Jahr wohl als fertige Lehrerinnen sagen, wenn ihnen das gleiche in ihren Schulklassen passiert?) Voriges Jahr vor Weihnachten war es noch schlimmer – da hat eine keck geantwortet, die Strickarbeit müsse zum Fest fertig werden, ich müsse mich halt dran gewöhnen! (In der Schule würde jeder Schüler unter 15 dafür glatt an die frische Luft gesetzt!)

Also: Fortsetzung der letzten Sitzung: Zur Geschichte der Heimerziehung. Drei Studenten haben sich ausgezeichnet vorbereitet. Sie haben sich auch zwei Doppelstunden ausgebeten, damit sie ihr ganzes Material zur Geltung bringen können! Ich lobe sie – auch dafür, daß sie noch zusätzlich Titel zu den von mir angegebenen herausgesucht und sinnvoll verarbeitet haben. Das kommt allenfalls einmal in zwei Jahren vor! Sie freuen sich über mein Lob wie kleine Kinder, der clevere und redegewandte Wortführer wird sogar rot. Sind sie denn nichts Gutes gewöhnt?

Die drei Referenten berichten – vor allem darüber, daß sie in der alten Literatur schon viele Vorschläge fanden, die bis heute nicht realisiert sind, und darüber, daß sie zahlreiche Parallelen gefunden haben: was bereits vor 200 Jahren kritisiert wurde, ist noch heute genauso beklagenswert. Alles schon mal dagewesen, diskutiert, betagt, aufgeschrieben, publiziert, vorgeschlagen und verworfen, ausprobiert – oder auch nicht. Die Zuhörer staunen.

«Woran liegt es, daß sich bei all den guten Ideen und Vorsätzen der Fachleute in der Pädagogik überhaupt nichts ändert? Das möchte ich mal mit euch diskutieren», schlägt der Referent vor. Es kommt kein Echo!

Immer nur dieselben halb müden, halb aufmerksamen Gesichter, die ziellos den Blick nach vorn schweifen lassen – und niemand weiß, was in ihren Köpfen vor sich geht! Haben sie verstanden oder nicht? Mögen sie sich nicht melden? Sind sie schüchtern? Ist es die Uhrzeit – kurz vor 12 Uhr mittags? Ist es das Wetter – es regnet gerade?

Der Referent – Lehrer in spe – schaut mich hilflos an. Ich springe ein: «Es gibt keine dummen Fragen! Sie sind hier als Lernende, nicht als Wissende!» – Pause – «Es kann zu diesem Thema auch nicht richtig oder falsch geben – es gibt nur Überlegungen, Ideen, Vorschläge, offene Fragen . . .!» – Nichts – Ich habe Warten gelernt. Dennoch ärgert mich diese Stupidität – und sie ärgert mich seit kurzem noch viel mehr als früher: seit ich nämlich Lehrer von der anderen Seite erlebe – aus der Sicht einer Mutter, deren Kind Ansprechpartner, Opfer – oder was auch immer – dieser Berufsgruppe ist.

Der Referent ist ungeduldiger: «Na ja, das können wir ja nächstes Mal besprechen. Ich mach jetzt erst mal weiter. Ich will heute noch fertig werden!» Der Lehrer in spe hat gesprochen, und ich frage mich, ob er mit seinen rund 25 Jahren eigentlich schon mehr der zukünftige Pädagoge oder noch immer der einstige Schüler ist! «Das nächste Mal» – das Problem ist aufgeschoben, der Konflikt vom Tisch, keiner hat Mühe mit dem anderen, die Klasse atmet auf, weil der Lehrer nicht auf seinen Forderungen besteht. Ein «nächstes Mal» wird es nicht geben – nach diesen zwei Doppelstunden gehen wir im Thema weiter – wie in der Schule. Entweder jetzt oder nie! – Nie!

Er doziert: Kinderalltag vor 200 Jahren, Kinderarbeit, Sanktionen. Um 6 Uhr wecken mit einer Glocke, dann im Hof unter einer Pumpe waschen – «nur in Hemd und Hose!» (Gemurmel!). Dann gab's Frühstück: meist nur Weizenbrei – und anschließend ging es zum Unterricht: Lesen, Schreiben, später Rechnen und Religion (Gemurmel). Nachmittags mußten die Kinder im heimeigenen Betrieb arbeiten, auch auf den Feldern, in den Gärten, in der Spinnstube, in der benachbarten Manufaktur (empörtes Gemurmel!). «Das war die Heimerziehung vor 200 Jahren», sagt der Referent, «Ausbeutung, Ausnutzung, Kinderarbeit – und das bei 30 Kindern in einem Schlafsaal, nur auf Strohsäcken und mit Decken zugedeckt!» (empörtes Gemurmel!)

Heimerziehung ist für viele von ihnen ein Reizwort – dabei haben sie alle kein Wissen, keine Anschauung, keine sozialpolitischen Hintergrundinformationen zu diesem Thema. «Wie wuchsen vor 200 Jahren denn Kinder auf, die *nicht* im Heim waren?» frage ich.

Keiner weiß es, keiner sagt etwas.

«Seit wann gibt es Betten auf vier Beinen? Seit wann Matratzen? Wie haben Kinder aus dem Adel und aus dem Bürgertum ihre Tage verbracht – und wie Kinder von Tagelöhnern, Manufakturarbeitern, von der armen Landbevölkerung?»

Nichts!

Ich warte.

Es geht ein bißchen hin und her: Kinder als kleine Erwachsene,

Gänsehüten, keine Schulpflicht, kein Spielzeug in unserem Sinne – ein bißchen tröpfelt es. Daß irgend jemand der anwesenden 57 Studenten auch nur in eines der angegebenen Bücher zur Geschichte der Kindheit hineingeschaut hat, kann ich nicht behaupten. Auch das: nichts Neues. Die oft mühsam und sorgfältig zusammengetragenen Literaturlisten erleiden alle das gleiche Schicksal: knicken, lochen, abheften! Manche verwenden die Rückseite als Schmierpapier!

«Wie wachsen denn Kinder heute auf?» frage ich.

Meine Frage ruft Stirnrunzeln hervor – eine Verbindung zu dem Referat und dem eben Gesagten scheint niemand zu finden. «Stellen Sie doch mal Parallelen zu dem eben Gehörten her!» Nichts! Stummes Blicken, ein bißchen unwirsche Mimik – so wie mein Sohn mich mißmutig und lustlos ansieht, wenn ich zur Kontrolle von Multiplikationsaufgaben zum Dividieren auffordere. Immerhin fragt er noch: «Was hat das denn *damit* zu tun!?» 15 Jahre später scheint niemand mehr zu fragen, da ist das Fragen abhanden gekommen, abgewöhnt worden. Da gelten Fragen nicht mehr als Zeichen von Wißbegierde, sondern von Dummheit.

«Ich will mal einen Versuch machen», sage ich. «Gehen Sie in Gedanken mal bitte mit: Wir schreiben das Jahr 2185 und betrachten den Alltag der Kinder von vor 200 Jahren – der Kinder aus dem Jahre 1985 ... Da fiept um 6.30 Uhr der elektronische Wecker gnadenlos. Nach einigen mütterlich-strengen Ermahnungen raus aus dem Bett, es ist noch dunkel, das Kind noch todmüde. Wasser ins Gesicht, Füße in die Kniestrümpfe aus Synthetic, erstes Erschrekken: zweite Stunde Mathearbeit, dritte Stunde Vokabelabhören. Etwas Brot abbeißen, zwei Schluck Tee hinunterstürzen – los. Zehn Minuten laufen durch den dicksten Großstadtverkehr – nur nicht zuviel rote Ampeln, sonst ist der Bus weg – Mief, Smog, verpestete Luft, stop and go auf den Straßen, Rücksichtslosigkeit der Autofahrer, keiner sieht die Kinder, überhaupt interessiert sich in dieser Zeit so keiner recht für Kinder. Der Schulbus kommt wie immer auf die letzte Minute. Er ist randvoll, verstopft, vermieft. Zu Fuß zur Schule kann kein Kind gehen, dafür sind die Wege zu weit, die Riesenschulen zu weit draußen, die Straßen viel zu gefährlich.

Im Bus Schieben, Drängen, Stoßen, Prügeln, Schreien – Körperverletzungen sind an der Tagesordnung, aber es greift niemand mehr ein, es ist schon zu sehr Alltag, die Menschen sind abgestumpft.

Dreißig Minuten lang: Anrucken, langsames Schieben durch den Verkehr, Anhalten, Anrucken. Lärmbelastung etwa wie bei einem mittleren Preßluftbohrer. Die Luft so schlecht, daß es immer wieder

Kinder gibt, denen schlecht wird. Nur wenige Busfahrer halten deswegen extra an...

Dann in die Klasse gestürzt. Der Lehrer ist schon da, guckt sauer. Er weiß zwar, daß die Verspätung am Schulbus liegt, kann sich spitze Bemerkungen aber nicht verkneifen. Setzen, Hefte raus, Bücher aufschlagen, Schularbeiten zeigen – wird's bald! Wieder nicht sauber genug, wieder nicht sorgfältig genug, der letzte Satz fehlt, das falsche Heft ist benutzt, Schlamperei – noch mal machen!

Magenschmerzen vor der Mathearbeit – es kommt auf Zensuren an, die Zukunft steht auf dem Spiel. Es gibt so wenig Lehrplätze, so wenig Studienplätze, so wenig Arbeitsplätze und so viel Konkurrenz – nur die besten werden genommen. 96 Rechenaufgaben, zu lösen in 45 Minuten. Reine Übungsarbeit, sagt der Lehrer. Raus zur Pause – Arbeit wurde sowieso nicht fertig, ein schnelles Pausenbrot, übersüßten Kakao reingeschlappert – und rauf zur nächsten Stunde. Nach sechs Stunden mit sechs Lehrern in sechs verschiedenen Fächern ist Schluß. Lehrer und Schüler sind gleichermaßen ausgebufft, unlustig, erschöpft, ungnädig. Aber für beide Seiten geht es weiter: für die Kinder mit Hausaufgaben – das sind Arbeiten, die die Lehrer in der Schule mit den Kindern nicht geschafft haben, weil sie eigentlich für ihren Beruf nicht richtig ausgebildet sind und ihre Arbeit deshalb nicht beherrschen. Für die Lehrer geht es weiter mit Nachhilfestunden, die sie zwar nicht besonders gerne geben, bei denen sie aber mehr verdienen können als vormittags in der Schule. Nachhilfe ist für die Kinder, die es morgens in der Schule nicht gepackt haben – die gehen nachmittags noch einmal zum Lehrer, wenn ihre Eltern vermögend genug sind, die hohen Stundengebühren zu bezahlen.

Die Kinder kommen zwischen 14 und 15 Uhr nach Hause. Essen? Keinen Appetit. Nur schnell an die Schularbeiten, dann bleibt vielleicht noch ein bißchen Zeit zum Ausruhen vor dem Fernsehgerät, das in seinen Sendungen zeigt, wie schön und spannend das Leben woanders ist.

Um 17 Uhr geschafft! Hobby? Sport? Gesellige Gruppe? – Nix da, dafür ist keine Zeit, und damit kann man später keine Karriere machen. Und wer keine Karriere macht, gehört nicht dazu, wird ausgesondert, muß die Schmutzarbeit der anderen machen, ist ‹out›. Lieber noch mal ein paar Vokabeln büffeln und den Computer bedienen – das Gerät der Zukunft. Man muß es beherrschen können.

Essen, Duschen, ins Bett, beim Lesen fallen die Augen zu – morgen früh um 6.30 Uhr geht es wieder raus...!»

Im Seminar herrscht Totenstille. Auch die Stricknadeln ruhen schon seit geraumer Zeit.

Ich bin verblüfft. Sie starren mich an. Ich habe mich richtig reingesteigert, habe den Alltag eines Kindes Anno Domini 1985 richtig ausgeschmückt! Aber *diese* Wirkung?

«Das in der Sprache des Jahres 2185», sage ich, «und Sie haben die Erziehung und Bildung des höchsten Gutes der Menschheit – der Kinder nämlich – in der finsteren Vergangenheit – – – im Heute!»

Immer noch betroffenes Schweigen. Sehr lange.

«Was ist denn?» frage ich – langsam wird es mir unheimlich!

Da rappelt sich endlich einer auf, schüttelt sich leicht und sagt: «Das muß ich erst mal verdauen, das ist bei mir ja gerade alles erst drei Jahre her!»

Beim Rausgehen höre ich, wie ein Student zu einem anderen sagt: «Na, ob Feldarbeit und Gänsehüten nicht doch besser war?»

Und erst nachher fällt mir auf, daß niemand den Raum verlassen hat, obwohl ich die Zeit überzogen hatte. Sonst beginnt schon immer zehn Minuten vor Schluß der langsame Abgang.

Keine Unruhe bitte

3. Advent 1985 Der Basar ist endlich aufgebaut. Die Kinder sind froh und aufgeregt. An jedem Stand stehen sie – rotwangig, erhitzt, beflissen. Sie sind ganz wichtig, sie dürfen mit verkaufen, die Ware einwikkeln – nur mit dem Geldwechseln klappt es nicht so ganz. Aber das schadet nichts – der Gewinn soll ohnehin den Kindern bzw. den Freizeitaktivitäten zugute kommen. Alle Stände sind dicht belagert. Es ist kaum ein Durchkommen. Die Batikschals sind nach zehn Minuten ausverkauft, der Tannenbaumschmuck geht sehr gut, die Kalender mit den Radierungen der dritten Klasse scheinen zu teuer – vielleicht weiß auch niemand, wieviel Arbeit dahintersteckt. Der Lehrer für Verkehrserziehung – der den ersten Preis für lautes Schreien im Unterricht bekommen hat – schenkt Glühwein aus. Der kommissarische Rektor steht an der überfüllten Kuchenbar (sogar bei dieser Tätigkeit wirkt er leicht überfordert!).

Ich kaufe ihm eine Riesenportion Kuchen ab und frage dabei nach dem «Stand der Dinge»:

«Wie sieht es denn inzwischen mit der Lehrerversorgung aus?»

«Also nun fragen Sie mich doch nicht schon wieder!»

«Wieso nicht? Sonst sehen wir uns doch nie!»

«Wir haben eine ⅔-Kraft zusätzlich bekommen. Zufrieden?»

«Zufrieden? Haben wir denn nun eine 100prozentige Versorgung?»

«Nein, aber der Schulrat hat gesagt: Sie haben jetzt eine gekriegt, und ich will, daß wenigstens bei Ihnen Ruhe herrscht!»

«*Was* hat er gesagt?»

«Haben Sie doch gehört!»

«Dann fehlen uns doch noch immer 30 Wochenstunden!!!»

«Ja, aber jetzt ist Ruhe!»

«Und was sagen *Sie* dazu?»

«Haben Sie doch gerade gehört! Hab' ich doch grade gesagt: Ruhe jetzt!» (Ich glaub, mir fällt mein Kuchen vom Teller: Ruhe jetzt, sagt er – bin ich sein Erstkläßler??)

«Ruhe? Das sagen Sie als Rektor einer Schule mit dieser mangelhaften Versorgung? Das müßte doch auch Ihr Interesse sein...»

«Ja, das sage *ich*! Wir können an unserer Schule keine Unruhe brauchen! Wollen Sie nicht noch ein Stück Apfelkuchen?»

Eine junge Lehrerin tritt an unseren Tisch: Ob wir nicht noch ein Büchlein mit Adventsliedern kaufen möchten – sie sind fast ausverkauft, nur noch zwei übrig. Alle selbstgeschrieben von Drittkläßlern mit Noten und kleinen Illustrationen. Ich sehe sie mir an – gerührt, entzückt. Ich blättere und summe Lieder vor mich hin – mit Ausnahme von zweien kenne ich alle. Erinnerungen steigen auf – Weihnachten zu Hause, der Schulchor, das Singen im Altersheim...

«Sie kennen viele Lieder, nicht?» fragt die Lehrerin. «Ich habe es schon bei Stephan gemerkt, der kennt auch eine ganze Menge!»

«Ja, wir singen viel zu Hause», sage ich.

«Ich hatte ihn schon gefragt, ob er nicht im Flötenkurs mitmachen will. Er ist sehr musikalisch!»

«Ja, das finde ich auch. Und was hat er geantwortet?»

«Er hat gesagt, er will bald Geige lernen, da will er vorher nicht mit Flöte anfangen. Das ist typisch für ihn – nie das, was andere machen. Immer was Besonderes. Das hab' ich auch zu ihm gesagt: Natürlich! Du mußt wieder aus der Reihe tanzen – und dann natürlich gleich die erste Geige – wie immer!»

Mein Lächeln fällt reichlich verzerrt aus. Was sie da gesagt hat, begreife ich erst Minuten später, als sie sich schon einem anderen Tisch zugewandt hat.

Mir dämmert es: Zwei Jahre lang hat er davon gesprochen, daß er gerne Geige lernen möchte – auf der Geige seiner Großmutter, die auf dem Schrank liegt und darauf wartet, eines Tages wieder benutzt zu werden. Nach Absprache mit einem Musiklehrer wollten wir die ersten Schulmonate abwarten, damit nicht zuviel Neues auf einmal auf ihn zukommt. An dem Tag, an dem ich dann mit dem potentiellen Geigenlehrer telefonisch einen ersten Termin vereinbaren wollte, fiel Stephan mir buchstäblich und laut schreiend in den Arm, so daß ich das Telefonat abbrach. Dann schrie er: «Das wollte ich nie. Das stimmt gar nicht. Ich wollte nie Geige lernen. Du hast gelogen!» Ich konnte damals nicht klären, woher dieser Stimmungswechsel kam. Immer wieder versuchte ich vorsichtig, ihn darauf anzusprechen, stieß aber stets auf erbitterten Widerstand. Das hier ist die Erklärung! Wäre ich je *darauf* gekommen? An kindliche Launen hatte ich gedacht, an Faulheit, an Widerstand, an Machtkampf – aber nicht daran, daß eine Musiklehrerin mit ein paar zynischen Worten alles zerstört haben könnte! Ich hätte es noch nicht einmal geglaubt – niemandem! Wenn sie es mir nicht selber eben erzählt hätte...

Trauriger Basar. Soviel Glanz und Glimmer – und unter der Oberfläche soviel Unwissen, Dummheit, Ignoranz, Arroganz, Böswilligkeit, Feindseligkeit...

Ausgefallenes Weihnachten

19. Dezember 1985 Heute ist früher Schulschluß. Die anderen Klassen feiern Weihnachten. Nur unsere nicht. «Warum eigentlich nicht?» fragt Stephan. Und ich antworte wahrheitsgemäß (obwohl ich es pädagogisch nicht für sehr sinnvoll halte), daß Frau Wagner keine Lust habe.

«Aber alle Klassen treffen sich doch erst zum Singen unterm großen Adventskranz. Und da sind wir nicht dabei?»

«Nein!»

«Aber wir haben die Lieder doch auch geübt!»

Prinzipiell bin ich dafür, Kinder auch einmal Enttäuschungen ohne Bonbon-System durchstehen zu lassen. Aber heute ist es ihm (und mir) doch zu traurig. Wir gehen auf den Weihnachtsmarkt.

Konsum statt gemeinsamer Feier.

Werbungsglitzer statt selbstgeschmücktem Klassenraum.

Konservenmusikgedudel statt Selber-singen.

Schade!

«Liebe Frau Wagner,

20. Januar 1986 «... am Wochende hatte ich es schon in Stephans Matheheft geschrieben, und anläßlich seiner Schularbeiten heute möchte ich Ihnen noch einmal kurz schreiben: Stephan hat keinen Bezug zu den Minusaufgaben, die Sie zur Zeit durchnehmen. Er rät und rätselt und probiert herum – und gelegentlich landet er auch mal einen Treffer.

Ich sehe, daß er sich große Mühe gibt, aber er hat das Prinzip des Subtrahierens nicht verstanden.

Ich bitte Sie sehr herzlich, daß Sie es ihm noch einmal erklären. Ich habe ihn seine Hausaufgaben heute *nicht* verbessern lassen, damit Sie erkennen können, wo seine Fehler und Mißverständnisse liegen.

Mit freundlichem Gruß

Ihre...»

Später: Ist es müßig zu bemerken, daß Frau Wagner weder auf meine Bitte in Stephans Heft noch auf meinen Brief reagiert hat? Ich bekam weder eine Antwort noch wurde Stephan außer der Reihe drangenommen, berichtigt, unterrichtet.

Es ist überall das gleiche Schema: Probleme werden nicht gelöst, sondern ausgesessen, und zwar von den Grundschulstühlchen bis zu den Regierungsbänken!

Anordnungen

«Wir befolgen die Anordnungen jedes Lehrenden, der uns im Schulgelände anspricht!» *Aus der Schulordnung einer Grundschule*

21. Januar 1986 «Stephan benimmt sich unmöglich! Das muß ich Ihnen mal so in aller Deutlichkeit sagen», teilt mir anläßlich eines Zufallstreffens seine Klassenlehrerin verärgert mit.

«Was war denn nun schon wieder?» frage ich, halb ärgerlich, halb aufgeregt.

«Also, Frau Grünberg hat ihn in einer Pause im Treppenhaus getroffen, wo er nichts zu suchen hatte. Da muß er in den Hof, und das weiß er. Sie hat dann auf eine leere Cola-Dose gezeigt, die auf der Treppe lag, und hat ihm gesagt, er solle sie aufheben und in den nächsten Papierkorb bringen. Da hat er gesagt: Das ist nicht meine, und ich habe die da auch nicht hingeworfen. Als Frau G. ihn noch mal nachdrücklich aufgefordert hat, hat er gemault und hat diese Dose mit dem Fuß die Treppe runtergekickt!»

Sie schaut mich erwartungsvoll an. Und wie fast immer, bin ich so verblüfft, daß ich nichts zu erwidern finde. Natürlich kenne ich diese Situationen selber: das Salz fehlt auf dem Abendbrottisch, ein Taschentuch liegt auf dem Fußboden, im Flur habe ich vergessen, das Licht auszuschalten, bevor ich mich zu Tisch setzte.

Warum muß das Kind springen, wenn es etwas zu erledigen gibt? Warum *muß*? Warum sind Kinder die Müllwerker der Schulen und der Familien? Und warum werden sie um so einen – zugegeben wirklich nicht problematischen – Handgriff nicht *gebeten*? Wenn ich zu Stephan sage: «Ach sei doch so gut und mache mal bitte im Flur das Licht aus, ich habe es eben versehentlich brennen lassen», habe ich noch nie ein Nein gehört oder einen Widerspruch. Woher nähme ich denn das Recht, mein Kind sich auf Befehl bücken zu lassen, wenn irgendwem etwas heruntergefallen ist?

Warum hat Frau Grünberg die Dose nicht aufgehoben, wenn sie sie doch störte? Stephan hat sie sicherlich nicht gestört! Frau G. ist Mitte 30, jung, dynamisch und nicht behindert!

Fernsehserien

5. Februar 1986 Gestern hat Stephan seine Mitschülerin Steffi nach der Schule mitgebracht. Während sie spielten, ging ich auf einen Sprung zur Post, und als ich wiederkam, war Steffi fort.

«Warum ist sie denn schon gegangen?»

«Weiß ich nicht!»

«Habt ihr euch gezankt?»

«Nee, wir haben ganz schön gespielt.»

«Aber irgendwas muß doch gewesen sein!?»

«War aber nicht. Bestimmt nicht!»

Ich glaube es nicht – wer weiß, womit er sie weggeekelt hat!

Heute nun kam er mit Bernd an. Bernd ist winzig, neu in der Klasse, gerade zugezogen. Er sitzt in der Schule neben Stephan, und Stephan liebt ihn – wohl vor allem deswegen, weil von diesem schüchternen Winzling keine Bedrohung ausgeht. Bernd ist ausgesprochen «gut erzogen». Vor der Tür schon zieht er seine Straßenschuhe aus. Begrüßt werde ich mit einem tiefen Diener – mein Sohn steht dabei und staunt mit offenem Mund.

Wir trinken zusammen Kaffee, und dann bauen die beiden Kinder die Holzeisenbahn auf – hier noch einen Zoo und dort eine Parkgarage, ein Spielplatz, ein Schrotthaufen, eine Badeanstalt... Sie sind sehr bei der Sache, emsig, kooperativ. Ich freue mich richtig auf und über diesen neuen Freund.

Nach knapp einer Stunde erscheint Bernd bei mir in der Küche – gefolgt von Stephan, der ein sauertöpfisches Gesicht macht. «Ich möchte mich verabschieden», sagt Bernd und macht wieder seinen korrekten Diener.

«Warum das denn, du bist doch gerade erst gekommen!?»

«Ja, aber ich muß nach Hause!»

«Aber bei dir zu Hause ist doch niemand, deine Mutter kommt doch erst in zwei Stunden von der Arbeit.»

«Trotzdem!» Er wird ein wenig unsicher und zögerlich.

«Ach, bleib doch, Bernd», sage ich. «Deine Mutter weiß doch Bescheid, daß du bei uns bist, und wenn du willst, bringe ich dich nachher auch nach Hause!»

«Nein», sagt er, wieder standhaft geworden. «Um viertel vor fünf fängt die Sendung an, die ich immer sehe. Das ist 'ne Fortsetzung, die darf ich nicht verpassen.»

Sagt's und ist weg.

Stephan kämpft mit den Tränen. «Siehst du», sagt er, «genauso war das gestern mit Steffi auch. Alle müssen sie immer so schnell wegen dem Fernsehen nach Hause!»

Ich bin irgendwie in meinen Grundfesten erschüttert – das darf nicht wahr sein! Ein knapp achtjähriges Kind zieht die einsame Wohnung der Spielgemeinschaft in einer Familie vor – ein engagiertes, fröhliches Spiel pünktlich und zum exakten Zeitpunkt unterbrechend. Und er ist nicht ab und zu mal alleine – seine Mutter arbeitet täglich bis 18 Uhr und kommt nie vor 18.30 Uhr nach Hause. Freunde hat er (noch) nicht, er ist neu in der Wohnsiedlung, ein Vater ist nicht vorhanden.

Und ich frage mich heute, wie so ein Kind je Freunde gewinnen können wird, wenn jede gemeinsame Aktion zugunsten des Fernsehens rücksichtslos abgebrochen wird.

Stephan sagt gar nichts mehr – es ist das erste Mal, daß er nicht spontan jammert, auch endlich fernsehen zu dürfen. Ich glaube fast, er hat die Situation instinktiv erfaßt.

«Bring ihn öfter mit», sage ich. «Vielleicht gewöhnt er sich dann ein wenig ans Spielen!»

«Das glaub ich nicht», sagt das Kind.

Ich auch nicht.

Helfen ist schummeln und schummeln ist verboten

11. März 1986 «Heute haben wir einen ganz langen Mathetest geschrieben!»

«Erzähl mal!»

«Ja, also das war so: erst haben wir uns alle ziemlich weit auseinandergesetzt, und dann hat jeder ein anderes Blatt gekriegt.»

«Jeder ein anderes?»

«Nee, nicht jeder – aber immer abwechselnd A, B, A, B und so!»

«Warum denn das?»

«Was?»

«Warum haben nicht alle dieselben bekommen?»

«Damit keiner abguckt.»

«Und warum sollt ihr das nicht?»

«Wir sollen nicht zusammenarbeiten.»

«Warum denn nicht?»

«Herr K. hat gesagt, das ist schummeln.»

«Schummeln, was ist denn das?» (Vielleicht ist da ja heute was anderes als in meiner Schulzeit!!??)

«Schummeln?» – lange Pause – «Schummeln ist gucken, was der Nachbar macht.»

«Und was ist daran so schlimm?»

«Weiß ich auch nicht. Wir sollen eben nicht zusammenarbeiten.»

«Zusammenarbeiten ist doch aber viel besser ... und ...»

«... und viel lustiger», fällt Stephan mir ins Wort. Und das ist es ja wohl auch: seit wann soll Schule lustig sein? Seit wann sollen die Kinder miteinander Spaß haben – und dann auch noch bei Mathe!!??

Im Novemberheft 1985 der Zeitschrift *Humane Schule* berichtet eine 23jährige junge Frau drei Jahre nach Beendigung ihrer Schulzeit: «Wer hatte mich gelehrt, nach meinen Neigungen zu schauen, nach meinen Begabungen zu forschen, Interessen zu entwickeln? Die Schule jedenfalls nicht. Die hat immer nur meine Schwachpunkte gesucht, um mir zu beweisen, daß ich nichts kann, daß ich nicht selbständig sein kann, daß ich abhängig werden muß, von einem Mathematiker, einem Physiker, einem Bauer..., um mich niemals auch nur im Spiel einmal Bauer, einmal Mathematiker oder Physiker sein zu lassen. Die Rollenverteilung ist unseren Lehrern so gut antrainiert worden, daß das Leistungsprinzip genau da ansetzt und der nächsten Generation dieselben Werte und damit dasselbe Verhalten beigebracht werden.

Würde ich heut noch einmal in die Schule gehen, würde ich den Notenhürdenlauf des Lernens nicht mehr mitmachen, der dem o. g. heimlichen Prinzip Vorschub leistet. Ich würde Referate über Referate zu jedem interessanten Gebiet machen, das mir gefällt, würde versuchen, so viele Sprachen wie möglich zu lernen, nicht wie es vorgeschrieben ist, und ich würde es vielleicht noch mal mit dem Fach der vielfarbigen Reagenzgläser probieren, deren Formeln für mich böhmische Dörfer geblieben sind, weil ich ja nicht mathematisch-naturwissenschaftlich begabt bin, wie man mir sagte.

Die Schule entläßt heute ihre Kinder mit dem guten Gewissen, lebensfähige Menschen erzogen zu haben. *Sie hat sie selektiert, frustriert, verbildet und dem Ganzen noch Noten und Zeugnisse verpaßt*, mit denen dann die Türen in den viel beschworenen Ernst des Lebens aufgehen (sollen).

Wenn wir uns heute – drei Jahre nach Beendigung der Schule – zu einem Klassentreffen wiedersehen, dann schlagen wir uns in einem Wettkampf der besten Streiche. Der Druck und die Angst scheinen vergessen. Aber wenn dann plötzlich ein Lehrername fällt, ist die Faust des einen oder anderen auf dem Tisch, und die Wut ist da, als hätte meine Lehrerin mich heute morgen vor der ganzen Klasse auslachen lassen.»

22. April 1986 Ich habe ein Seminar für Abschlußsemester angeboten. Spätestens in einem Jahr stehen diejenigen, die eine Stelle ergattert haben, vor 8-, 12-, 15jährigen. Es geht um Sozialisierung, Resozialisierung, Strafe, Wirkung von Strafe, Strafalternativen...

Zwei Studenten haben sich freiwillig (!!) bereiterklärt, über den «Sinn der Strafe» laut nachzudenken. Eine Seminardoppelsitzung haben sie sich ausgebeten. Sie wollen nicht nur referieren, sie wollen selber «ein richtig schönes rundes Seminar mit allem Drum und Dran machen». Nur zu, denke ich.

Und nun ist die erste Einheit da. «Anknüpfen an Aktuelles» soll der Lehrer können. Das scheinen sie gut gelernt zu haben ... sie hängen ihr Referat an den Demos von Brokdorf und Wackersdorf auf, die gerade die Gemüter und die Medien erhitzen. So ganz haut's nicht hin. Ich habe das Gefühl, sie kriegen den Bogen zu ihrem Thema nicht und werden nicht von allen verstanden.

Dann legt der Stillere von beiden los. Es beginnt mit einem großen Gelächter: er steht nämlich für das Referat auf – Konzept in der Hand – und sagt: «Meine Damen und Herren...» Als er nicht mitlacht, sondern verblüfft schaut, wird das Gelächter noch lauter. Mir ist klar – er hat die Rolle gewechselt: vom passiven Studenten zum aktiven Lehrer.

Als sich alles beruhigt hat, spricht er von Zentralgewalt und Gegengewalt, Naturrecht, Naturgröße, Blindheit des Naturrechts, allgemein sittlich anerkannter Ordnung. Die positiv-rechtliche Position folgt, das bestehende Recht, der Werdungsvorgang der gerechten Ordnung, Berechtigung der Mittel und Gerechtfertigtkeit der Zwecke (mein Gott, holt der aus, denke ich). Im Plenum ist noch alles still. Als er dann über weite Umwege zu der Negation der Negation kommt, beginnt es zu wispern. Drei Hausmütterchen stricken still vor sich hin.

Bei Jaspers Staunen-Zweifeln-Erschüttern greift der erste ein: «Komm runter», sagt er, «rede wenigstens langsam!» (Wenigstens!)

Letztes Seinsvertrauen... ontologische Auffassung des Rechts... Sehnsucht nach letztverbindlichen Grundwerten in einer Demokratie und deren Unstimmigkeiten...

Nun wird es unruhig. Eine Kommilitonin ergreift demonstrativ Zigaretten und Feuerzeug und verläßt den Raum. Mehrere lächeln etwas blöde vor sich hin, drei starren aus dem Fenster, obwohl da nichts zu sehen ist außer Himmel.

Er redet und redet – und ich denke: wehrt euch selber, ich bin nicht eure große dicke Mami! Dann nach zwanzig unendlich langen Minuten bricht der Protest los: «Was soll das eigentlich?» «Kommst du nochmal zum Thema?» «Ich verstehe nichts...» Gottlob! Aber das war's auch schon wieder! Beim zukünftigen Lehrer ist scheinbar gar nichts von dem Stürmchen im Wasserglas angekommen – er redet einfach weiter. Er pflegt sein Hobby – er studiert nebenher Philosophie!

«Ich kann dir nicht mehr folgen!» «Du gehst über das Thema hinaus», «Es ist interessant, was du sagst, aber ich habe überhaupt keinen Bock, über solche Sache jetzt nachzudenken!» «Was hast du eigentlich für ein Thema?» «Ich will aber weitermachen», wehrt sich der Referent. «Nein, wir verstehen dich nicht, das hörst du doch!» «Ich bin aber so vorbereitet», er wird langsam aggressiv.

Ich greife ein. «Was planen Sie für heute noch? Sie haben noch vierzig Minuten. Welches Ziel haben Sie sich für heute gesteckt? Sie wollten doch noch Gruppenarbeit machen?»

«Vor allem will ich nicht unterbrochen werden!»

«Lassen Sie mich ein wenig strukturieren. Sie müssen später als Lehrer auch mit Ihrer Zeit umgehen können! Und vor allem müssen Sie sich immer ein wenig nach Ihren Zuhörern richten!» «Ja, das führe ich doch alles die ganze Zeit aus!» behauptet er und bekommt prompt Protest»: «Wir kapieren aber nicht, was du sagst!»

Ich gucke in die Runde. Was geht hier vor? Vierzig Studenten verstehen nicht, was geredet wird. Ich habe auch Schwierigkeiten, es ist einfach zu kompakt. Jeden Satz einzeln müßte man hören, analysieren, besprechen. Alles ist wichtig, alles ist gut – aber Methodik und Didaktik stimmen einfach nicht. Ganz schlicht: keiner versteht was, aber der Referent will sich durchsetzen. Er begreift nichts. Er hat sich vorbereitet – mit Sicherheit sehr sorgfältig und lange – und jetzt ist er wie eine Dampfwalze.

Niemand kommt bei ihm an, auch ich nicht. Während wir alle noch einen Moment nachdenken, geht es weiter mit dem kategorischen Imperativ. Eine Studentin fragt, was das denn sei (Whow!!), und er belegt Kant mit Marx und Nietzsche – alles in einer Minute. Nun will noch einer was fragen. «Nein», sagt er, «im Plenum nicht! Wir machen nachher Gruppenarbeit, da könnt ihr fragen. Wir verteilen Arbeitsblätter, an denen könnt ihr dann arbeiten, und wir gehen herum und beantworten eure Fragen.» «Ich will aber jetzt fragen, es interessiert bestimmt alle!» insistiert der Mutige (endlich mal Widerstand!). «Ich will das jetzt aber nicht. Ich rede jetzt zu Ende, laßt mich endlich mal die letzten Sätze sagen, und dann geht ihr in die Gruppen!» – Und so geschieht es!! Und keiner sagt mehr was. Sie nehmen die Zettel in Empfang und latschen in ihre Kleingruppen.

Nächste Woche wird er sich zur Prüfung melden. In vier Monaten wird er vor einer Klasse stehen – dann ist er Lehrer.

Er ist nicht in der Lage, sein Gegenüber wahrzunehmen. Er kann weder zuhören, noch sich bremsen, er kann sein Programm nicht kurzfristig ändern, noch kann er sich unterbrechen lassen, um Verständnisfragen zu klären – alles Voraussetzungen für einen kindgerechten Unterrichtsablauf! Er findet sich gut, einfach gut. Und er ist gekränkt, daß andere dieses Urteil nicht teilen. Sie sollen ihm zuhören, ihm, der etwas zu sagen, zu bieten, zu zeigen hat. Ein Alptraum!

In der Pause steht er mit mehreren anderen Studenten im Flur. Er wirkt auf einmal ganz klein und eingefallen, und ganz spontan lege ich ihm einen Arm um die Schulter und sage: «Mensch, was ist denn mit Ihnen los? Das war toll, *was* Sie gebracht haben, aber Sie müssen doch auch an das Wie und an Ihre Zuhörer denken!»

«Das ist ja gerade das, was ich nicht kann», sagt er und wirkt eher wie ein Achtjähriger, der das Gedicht nicht verstanden hat, das er interpretieren soll. «Aber das müssen Sie doch können», beharre ich, «Sie wollen Lehrer werden, Sie müssen Ihren Stoff doch vermitteln können, der muß doch bei den Kindern ankommen!» – Kleine Pause – und dann ganz leise: «Ich will doch gar nicht Lehrer werden!» «Aber warum sind Sie es dann geworden?» «Mit Philosophie kann man sich doch nicht ernähren!» flüstert er fast.

Eigentlich bräuchte ich jetzt einen Schnaps. Aber ich mag keinen, und also hab' ich keinen. Aber eine Pause brauche ich dringend – und ich hänge ein Schild an meine Tür: «Sprechstunde fängt 15 Minuten später an!!»

Alles umsonst

Und wenn du dann
alles getan hast
was man
von dir erwartet
darfst du
mit ungebundenen Händen
den Tod suchen
und ihn behalten.

Herman van Veen

14. Mai 1986 Das Wochenende war sonnig und schön und ausgefüllt. Nun ist es zu Ende. Der Papa setzt sich auf die Bettkante zum Knuddeln und Gute-Nacht-Sagen – und findet ein weinendes Kind vor.

Nach viel gutem Zureden und Beruhigen und Streicheln kommt es heraus: «Morgen muß ich wieder in die Schule. Und ich kann überhaupt nicht. Ich kann auch nicht lernen. Das ganze Leben nur lernen und lernen und lernen. Und eines Tages bin ich tot und dann war alles umsonst!»

Zwei Tage später, als er seinen Rechenkasten in der Schule vergessen hat – zum tausendsten Male –: «Immer soll ich an alles denken. Und mein Kopf ist doch schon so voll von Gedanken und immer kommen neue hinzu. Die passen doch sowieso schon alle gar nicht mehr rein. Wo sollen die denn noch hin?» Er weint schon wieder.

Lehrer als Schüler

5. Juni 1986 Früher habe ich ein unbelastetes Verhältnis zu unseren Studenten gehabt. Heute sehe ich sie nicht mehr als große Kinder auf dem Wege zum Erwachsenwerden, sondern ich sehe sie mit den Augen der Mutter eines Schülers – und dieser Blickwinkel ist ein verdammt anderer...

Ich kann und kann mich nicht daran gewöhnen, daß in meinen Seminaren gestrickt, gegessen, getrunken wird. Wenn ich es anspreche, stoße ich auf taube Ohren, totales Mißverständnis – «wieso, es stört doch nicht!» «Es macht doch keinen Krach!» «Ich möchte aber, daß Sie aufpassen, zuhören, sich auch mal ein paar Notizen machen!» «Das kann man doch trotzdem!»

Manchesmal schon habe ich nachher überlegt, ob es mit meinem Selbstwertgefühl zusammenhängt – fühle ich mich nicht genug geehrt? Nein, das ist es nicht. Ich bin gut vorbereitet, versuche alles ein wenig «spannend» zu gestalten – und dann sitzt da so ein mümmelnder, schlürfender, strickender Haufen vor mir, der sich glänzend ausruht. Ich scheine dabei die gleiche Funktion zu haben wie beim Abendbrot der Fernseher: er dudelt vor sich hin, bildet den Hintergrund – und nur wenn wirklich Spektakuläres geschieht, hält man im Abbeißen inne und lauscht für eine Sequenz.

Heute nun mal was ganz Neues. Joachim S. erscheint – wie immer ein paar Minuten zu spät – mit großem Korb überm Arm. Er wühlt sich durch – natürlich nach ganz hinten, wo er recht viele Kommilitonen aufstört. Er setzt sich, stellt seine Thermoskanne auf den Tisch (nichts Außergewöhnliches) und schlägt seine Zeitung auf. Guckt hier und da, blättert, liest ein wenig. Niemand achtet darauf. Es fällt nicht auf. Ohnehin ist er keiner von der Sorte ewiger Provokateur. Bei ihm ist es schlicht Dummheit. Er raschelt und faltet, sucht, gießt sich Kaffee ein ... Ich gucke ab und zu mal bedeutungsvoll zu ihm hinüber – aber was nutzt es, wenn er noch nicht einmal nach vorne blickt? Ich habe keine Lust, dieses Spielchen mitzumachen und sage: «Herr S., ich könnte mir denken, daß es Sie sehr stört, wenn ich hier rede, während Sie Zeitung lesen wollen!? Ich kann Ihnen gerne den Schlüssel zu meinem Zimmer geben, dort haben Sie Ruhe!» Er blickt versonnen und verstört auf, guckt mich leicht irritiert über die Brillengläser hinweg an und sagt: «Nein, nein, reden Sie ruhig weiter, es stört mich nicht!» Dann wendet er sich wieder seiner Zeitung zu.

Erst als ein paar Studenten anfangen zu lachen (vermutlich über meinen überaus intelligenten Gesichtsausdruck!), blickt er noch mal auf, sieht meinen heruntergeklappten Unterkiefer und räumt seufzend und aufreizend langsam seine Zeitung unter den Tisch.

Dann gießt er sich noch mal Kaffee nach und schaut mich auffordernd an. Ich darf also wohl weiterreden!?

Herr S. ist kein «üblicher» Student. Er hat – wie viele bei uns – schon knapp zehn Jahre Lehrerdasein auf dem Buckel. Ich würde ihn gerne fragen, was er als Lehrer in einem solchen Fall tun würde. Aber ich lasse es. Ich habe das Gefühl, es wäre vertane Liebesmüh.

Dafür denke ich an mein Kind – und an die Lehrerin, die Strafarbeiten verhängt, wenn es im Hochsommer eben mal schnell einen Schluck durch den Strohhalm nimmt, weil die Sonne so reinknallt und er wie ausgedörrt ist.

«Aidsi, Aidsi!»

8. April 1986 Ein Anruf vom Mathelehrer. Er ist der einzige Lehrer, bei dem ich nicht erschrecke. Stephan hat zwei Tage lang keine Schulaufgaben gemacht – wie es weitergehen soll!? «Stephan hat diese zwei Tage entschuldigt gefehlt!» «Ach so, dann ist alles klar!»

Kleine Pause – das ist doch auch nicht sein eigentliches Anliegen?

«Und dann ist da noch was...» er druckst herum. «Also die Kinder – und Ihr Sohn auch – spielen auf dem Hof und im Treppenhaus immer Aidsi und schreien das ganze Repertoire an Wörtern, das dazugehört.»

Ich verstehe nicht gleich, was die Kinder da spielen. «Naja, das mit AIDS», sagt er, «die Krankheit AIDS!» «Und was für Wörter?» «Na, alles, was dazugehört. Ich will die hier nicht aussprechen!»

Ich muß mein Kichern unterdrücken. Jetzt hat er sicher ganz rote Ohren. Ich verspreche ihm also, mit meinem Sohn über «Aidsi» zu reden, und er verabschiedet sich erleichtert und höflich.

«Ihr spielt auf dem Schulhof immer Aidsi, sagt Herr K. Was ist das denn für ein Spiel?»

«Also einer hat AIDS, und der muß die anderen zu fangen versuchen. Und wen er anschlägt, der hat dann eben AIDS!» (Eine aktualisierte Form von Fangen oder Tick-du-hast-ihn also!) «Und was sagt ihr dabei für Wörter?»

Stephan wird unsicher, dreht und wendet sich. «Ach, ich weiß die nicht mehr. So was vergesse ich immer!» Seine Gesichtsverfärbung straft ihn Lügen.

«Sind das so Worte wie ficken und bumsen?» Er nickt erschrocken und ein wenig erleichtert. Aber dann verkehrt sich sein Gesichtsausdruck in Erstaunen und Empörung: «Woher weißt duuu denn solche Worte?»

Ich erkläre ihm, woher ich sie kenne – und dann vor allem, was sie bedeuten. Er ist enttäuscht. «Ach so...» «Und weißt du denn, was AIDS ist?» «Ja, eine schlimme Krankheit.» Auch dazu schiebe ich die wichtigsten Informationen nach. Er ist ganz wißbegierig, hört zu, fragt nach.

«Also spielt bitte nicht mehr Aidsi», sage ich abschließend, «man muß andere nicht unnötig verletzen.» «Nur deswegen nicht?» «Ja, nur deswegen nicht – und das reicht auch.» Er trollt sich.

Geschenkte Tage und das dicke Ende

Pfingsten 1986 Neun geschenkte Tage an der See! Nein, geklaute Tage – eigentlich ist Schule. «Eigentlich». Aber selbstherrlich (herr-lich!) habe ich beschlossen: neun Tage Nordsee sind wichtiger für ein Kind als drei Tage Schule, in denen ohnehin kaum was geschieht – eher passiert! Und wir fahren los – ins wunderbarste Sommerwetter hinein.

Ich sehe mein Kind mit ganz anderen Augen: müde und abgespannt im Zug, gereizt bei der Ankunft, hektisch in den ersten zwei Tagen (fast so wie zu Hause auch) und dann mit zunehmender Tendenz ruhiger, fröhlicher, ausgeglichener werdend. Etwas Neues: mit Augenzwinkern (also jetzt erzähle ich etwas, was nicht ernst genommen werden darf), versucht er sich mit kleinen Witzen. Ich muß jedesmal laut lachen – weniger über den Witz im Witz, als vielmehr darüber, daß er die Pointe fast immer um ein Haar verpatzt und sich dann königlich freut, wenn er alles zu einem guten Ende bekommen hat.

Ab dem drittten Tag herrscht nur noch Ruhe, Harmonie, Zufriedenheit: stundenlanges Buddeln an der Flutkante. Zu dritt bauen sie ein großes Schiff, das der auflaufenden Flut trotzen soll, was es natürlich nicht tut und zu fröhlichem Geschrei und lautstarken Rettungsversuchen führt. Ein Drei-, ein Acht- und ein Zwölfjähriger bringen es fertig, tagelang miteinander zu spielen, aufeinander Rücksicht zu nehmen, sich zu tolerieren. Stundenlange konzentrierte Beschäftigung an frischer Luft, Bewegung, Harmonie von Leib, Geist, Seele, Weite, Wasser, Wind, Sand, Zeit, Kindern.

Hier könnten sie alle Mensch werden, denke ich! Unverdorben, unver*bildet*, unverkrüppelt...

Und die *Bildung*sfanatiker könnten eigentlich auch ruhig schlafen: Burgenbauen als Physik, Ebbe und Flut, Muscheln, Seesterne, Quallen, Enten und Schafe, Möwen, Strandhafer, Queller, Seeschwalben, Wattwürmer als Biologie, die Schichten des Roten Kliffs, die Funde am Weißen Kliff, die Zusammensetzung des Toten Kliffs – für Geologie, Geschichte, Erdkunde – und dabei noch genug fürs Gemüt: die «Hexenschüsselchen» – exakt benannt als Limonitsandstein und heiß geliebt als das «Geschirr der Unterirdischen», das in vielen Sagen und Märchen der Insel vorkommt! Morgens vor dem Frühstück das Morgensingen, abends nach dem Abendbrot ein Flötenkonzert im Saal, ein Violinkonzert bei Kerzenschein in der alten Seefahrerkirche – Musikstunden! Muße statt Muß, Strandhafer statt Straßenstaub, sinnliche Wahrnehmung statt unsinnigem Pauken...

Aber das dicke Ende folgt!

«Das hätten Sie beantragen müssen! Sie kennen doch schließlich das Schulgesetz!» (Mit Betonung auf «Sie»!).

«Ich habe mich spontan entschlossen!»

«Das geht eben nicht. Das dürfen Sie gar nicht!» (Wie bei den Kindern, denke ich. Spontaneität – nein danke!)

«Wenn der Antrag aber abgelehnt worden wäre?»

«Dann hätten Sie eben nicht fahren dürfen!»

«Eben!»

«Was glauben Sie, was für einen schlechten Stand Ihr Sohn jetzt in der Klasse hat!?»

«????»

«Die Kinder wissen schließlich alle genau, daß sie zur Schule müssen! Und außerdem können sich das andere Eltern nicht leisten!» (Wie ich diesen falschen Zungenschlag bei akademischen Doppelverdienern hasse!)

«Dafür fahre ich kein Auto, trinke nicht und rauche nicht – dafür geben andere ihr Geld aus – und wir fahren ein paar Tage an die See! Jeder, wie er es für richtig hält!»

Aber dann läßt sie endlich die Katze aus dem Sack: «Und ich kann schließlich auch nicht machen, was ich will! (Aha, *das* ist es also!) Wenn ich so was machen würde, wären Sie doch die erste, die sich beschweren würde!»

Ja, denke ich und schlucke die Antwort schnell herunter: Du kriegst ja auch fast 4000,– DM brutto für deine Anwesenheit – für was anderes ja nicht, denn da würde dir ja nicht allzuviel zustehen!

Aber ich murmele nur gewollt Unverständliches vor mich hin.

Am Nachmittag frage ich Stephan, ob aus der Klasse irgendwelche Reaktionen auf seinen Zwischenurlaub kamen. Nein, die Kinder hätten nur erzählt, wo sie alle im Sommer hinfahren. Und außerdem: «Die Ausländerkinder bleiben ja auch immer viel länger weg, wenn sie in ihr Heimatland fahren. Das lohnt ja sonst nicht!»

Glücksschmieden

Jeder ist seines Glückes Schmied, und die Schulen bieten sich als Schmieden des Glücks an. Ich muß dir sagen, daß ich um diese Glücksschmieden auf meinen Irrfahrten durch die Provinzen meistens einen großen Bogen gemacht habe. (...)

Und doch wird den Mädchen und Jungen, die hier ‹beschult› werden, eine glückliche Zukunft versprochen. Das Glück ist lernbar, wird ihnen gesagt. Sie müssen alles nur so machen, wie die Schmiede des Glücks, die Propheten des Glücks, es verlangen. (...)
Viele Glückspropheten tun alles zum Wohle der jungen Menschen, wie sie sagen. Sie opfern deren jetziges Lebensglück, ihre jetzigen Fähigkeiten, den glücklichen Augenblick, in dem auch noch die Hoffnung aufgehoben ist, dem Fortschritt in eine ungewisse Zukunft.
Und sie sind enttäuscht, wenn ‹ihre Schüler› die damit verbundenen Torturen nicht auch noch beklatschen. Aber die wollen sich nicht den Augenblick stehlen lassen. Viele weigern sich noch, an dieser Art Glück mitzuschmieden. Sie stören die Propheten des Glücks in ihrem ‹Unterricht›, weil dieser sie stört. Er stört sie auch, weil ja das Glück der Zukunft, das ihnen bei Strafe versprochen wird, vielleicht gar nicht stattfinden wird. Es stört sie auch, daß vor lauter Vorbereitung auf das Leben dieses Leben selbst in den Glücksschmieden ganz abwesend zu sein scheint. (...)
Leider habe ich nur wenige erwachsene Menschen in diesen Schulen kennengelernt, die (...) mit den Mädchen und Jungen zu leben versuchen, anstatt sich zu ihren Lebensglückanwälten hochzuspielen, indem sie sich zu Staatsanwälten aufschwingen. Diese wenigen aber waren die Glücklicheren unter den Lehrern. Jeder ist seines Glückes Schmied? *Emile R., Irrfahrten, Reinbek 1982*

Mathe als Strafe

13. Juni 1986 Religion und Musik als Belohnung, Mathe als Strafe – und ich wundere mich zu Hause, wieso Mathematik so emotional belastet ist!

Heute wollte Frau Wagner die Zusammensetzung eines Orchesters erklären. Die Klasse marschiert in den Musikraum. Frau Wagner beginnt zu erklären. Felix lacht. Frau Wagner warnt ihn und fährt fort. Felix lacht wieder. Frau Wagner: «Ich höre gleich auf, wenn du noch mal lachst!» Felix lacht noch mal!

«Schluß jetzt! Nehmt eure Sachen und geht nach oben. Ich hab keine Lust mehr. Jetzt macht ihr eben Mathe, und nachher wird der Klassenraum gründlich aufgeräumt!»

«Ich habe keine Lust mehr», hat mein Sohn auch schon des öfteren in der Klasse gesagt (und sicher noch öfter gedacht!). Das hat ihm aber nicht viel genützt – im Gegenteil! «Er schaffte in den letzten 14 Tagen wenig», schreibt Frau Wagner an mich. «Bei einigen Aufgaben hatte ich ihn gebeten, diese zu Hause zu beenden, weil er sie während des Unterrichts nicht erarbeiten wollte!» – ‹Wie der Herr, so's Gescherr›, sagt ein Sprichwort, nur sind halt nicht alle Menschen gleich! Schade, daß die Frau Lehrerin nicht nachmittags zu Hause die Zusammensetzung eines Orchesters erklären muß, wenn sie vormittags lustlos war!

(Die Orchesterzusammensetzung hat nie mehr stattgefunden – sie galt – auch im Klassenbuch – als «durchgenommen»!)

«Ich mach es, wie ich will!»

25. Juni 1986 Schichtwechsel, Frau Wagner geht, Frau Berger kommt, und wir alle wurden eingeladen, die Alte zu verabschieden und die Neue kennenzulernen. Frau Wagner spendierte Wein und Selterswasser (und erstaunte sich baß, daß ich mich für zweiteres entschloß. Süffisant: «Na, da hätte ich Sie aber anders eingeschätzt!»)

So sitzen wir beklommen um die Tische. Die Neue? Ob die das da drüben ist? Keiner sagt was, sie selber sitzt stumm dabei, Frau Wagner redet. Sie redet euphorisch, aufgekratzt – als hätte sie Sabbelwasser getrunken. Erleichtert es sie so sehr, unsere Kinder endlich loszuwerden?

Dann die Vorstellung – «... und darf ich Sie mit meiner Kollegin bekanntmachen, die nach den Ferien die Klasse übernehmen wird!» Die Kollegin wird blutrot. Sie bleibt sitzen, Arme vor der Brust verschränkt, lächelt einmal knapp durch die Runde, schweigt.

Nach ein bißchen Hin und Her, Small talk und peinlichen Pausen denke ich, es ist doch wichtig, ein paar Fragen zu klären ... wie sie sich denn so den Übergang von einer Lehrerin zur anderen gedacht hätten, was da geplant sei?

Frau Wagner – heute scheinbar im Aufwind – schmettert meine Frage ab, nun gäbe es ja Ferien, und dann ginge es für die Kinder nahtlos weiter. Ich frage nach, die Kinder kennen Frau Berger doch noch gar nicht ... sie sei doch schon an der Schule, so bestehe doch die

Möglichkeit... vielleicht mal was zusammen...? Unverständnis. Da springen die Eltern von Sabine ein, gottlob. Ob Frau Wagner nicht noch ein paar Stunden in der Klasse unterrichten könne? Wenigstens die zwei Stunden Religion? Nein, das geht nicht, Frau Berger wolle die Klasse gleich ganz für sich, keine Erbschaften. Die Kinder sollten gleich Vertrauen zu *ihr* fassen und sich nicht immer wieder an Frau Wagner wenden, wenn was ist. Das finde ich nicht sehr überzeugend. Vertrauen kann man nicht verordnen... und ein langsamer Übergang... Nein, sie *will* nicht, und Frau Berger will auch nicht! Und nun macht Frau Berger das erste Mal den Mund auf, unangemessen scharf, aggressiv, sie fühlt sich anscheinend bereits schon heute angegriffen. «Es ist so beschlossen, und dabei bleibe ich!»

Wie bitte? Und die Kinder? Und die Eltern? Und was ist mit Mitsprache? «Dabei haben Sie keine, das habe ich allein beschlossen!» Und ihr Demokratieverständnis? Das Einbeziehen der Eltern in Prozesse der Veränderung?

Alles für die Katz – sie sitzt da, verschränkte Arme, gibt sich den Anschein von Entspanntheit, indem sie sich weit zurücklehnt und die Beine von sich streckt – aber ihre Kiefer mahlen... Heiliger Schutzpatron unserer Kinder! Sabines Eltern halten tapfer mit, wir wechseln uns ab – aber es ist nichts herauszuholen. Und dann fällt uns Dieters Mutter in den Rücken – wie immer. Wir sollten unsere Kinder nicht so in Watte packen. Das ist nun mal alles so, und da müssen die eben durch. Die gewöhnen sich schon, und bei uns damals war es ja wohl auch nicht besser, und überstanden haben wir es ja wohl alle.

In das gleiche Horn tutet Felix' Vater. Man dürfe nicht so weich sein. Er sei auch so weich erzogen worden, weil seine Mutter es besser machen wollte. Aber das habe sich letztlich ja doch nicht bewährt (O doch, denke ich, du bist hier stets der einzige Mann gewesen, der einerseits an seinem Kind Interesse gezeigt hat und andererseits angenehm weich, ausgleichend, liebevoll wirkte. Der einzige Mann ohne «Haudrauf».)

Dieters Mutter giftet weiter – sie wird sehr persönlich. Sie steigert sich so richtig rein... «Und dann gehört ihnen mal ordentlich was an die Ohren, das brauchen die ab und zu mal. Und wenn das bei uns nicht läuft, dann geht es ruck-zuck», und die Handbewegung läßt keine Zweifel... Dabei ihr ständiger Blick zur «Neuen» – sucht sie heute schon Einverständnis, will sie sich beliebt machen, glaubt sie, das ist der richtige Weg? Wenn hier schon mit Härte und pädagogischem Unverstand entschieden wird, will sie gleich zeigen, daß sie noch eins draufzusetzen hat?

Eigentlich mag ich nicht mehr. Ich weiß auch gar nicht, warum ich hier sitze. Das Selterswasser bleibt mir im Halse stecken, ich möchte gehen. Es ist alles so ausweglos. Ob ich hier sitze oder nicht, ob ich was sage oder nicht – mein Kind muß morgen hier wieder her und die nächsten Jahre auch.

Nach über einer Stunde ist dann ein Kompromißchen ausgehandelt: ein paar Tage vor Ferienbeginn wird die Klasse noch einen Mini-Ausflug machen, und dann wird Frau Berger dabei sein, so daß die Kinder wenigstens einmal beide Lehrkräfte zusammen erleben und sich ein wenig mit der Neuen vertraut machen können. Viel ist es nicht, aber in dieser verhärteten pädagogischen Szene wenigstens etwas.

Zurück bleibt das Gefühl: du hast dich wieder engagiert. Natürlich hast du dich wieder unbeliebt gemacht (beides scheint identisch). Du fühlst dich ausgelaugt, betuppt, veralbert – wofür?

Menschen-un-kenntnis

26. Juni 1986 Morgens auf dem Schulweg begegnen uns oft Hasen, die an der Uferböschung frühstücken. Drei bis fünf sind es immer – wenn das Wetter gut ist, sind es auch schon mal ein Dutzend und mehr. Sehr scheu sind sie nicht mehr, der Fahrradweg und die Fußgänger gehören zu ihrem Alltag wie sie zu unserem Schulweg.

Heute morgen blieb ein noch junges Tier sitzen, als wir näher kamen. Stephan murmelt vor sich hin: «Armer kleiner Hase!»

«Warum arm?» frage ich.

«Der bleibt sitzen. Der kennt die Menschen noch nicht!»

Ja, denke ich, du kennst sie. Und weil du sie kennst, würdest du sicher nicht mehr sitzen bleiben. Das war vor zwei Jahren noch anders – da hättest du gedacht, dieser kleine Hase sitzt deinetwegen da und bleibt friedlich und freundlich sitzen, weil er gerne von dir gestreichelt würde.

3. Klasse

Diktat zur Disziplinierung

25. August 1986 «Heute sollten wir mal was ganz anderes machen. Frau Berger hat Schulregeln auf große schwarze Pappen geschrieben...»

«Welche denn?»

«???»

«Was sind Schulregeln?»

«Wie wir uns benehmen sollen!»

«Und welche Regeln waren das?»

«Weiß ich nicht mehr. Da war dann so eine Unruhe, weil jeder von uns was dazu sagen wollte, und das war ja auch ganz lustig! Und da hat sie gesagt: ‹Nun ist Schluß. Nun brechen wir ab!› Und da mußten wir ein Diktat schreiben!»

«Warum denn das?»

«Damit wir endlich nicht mehr lachen!»

Lachen ist nicht erlaubt.

Lachen ist verboten.

Gelacht werden darf nur an Stellen, die der Lehrer vorgibt – sozusagen organisiertes Lachen.

Wer außerhalb des Programms lacht, wird bestraft.

«Unglückskind»

26. August 1986 Es ist schon fast 16 Uhr, als es klingelt, und es dauert länger als fünf Minuten, bis das Kind die Treppe herauf ist. Es steht in der offenen Tür, und ich erschrecke zutiefst: schneeweiß, eingefallen, tiefe dunkle Augenränder. Statt «Guten Tag», sagt es nur: «Ich kann nicht mehr. Mir zittert der ganze Körper. Mir fallen beinahe die Beine um. Ich gehe sofort ins Bett!»

Ein neunjähriges Kind, gesund, stabil – legt sich um 16 Uhr freiwillig ins Bett, zieht sich die Decke über die Ohren, will nichts essen, nichts trinken . . . Als zwanzig Minuten später ein Mädchen zum Spielen kommt, ist das kein Grund zur Freude (sonst überschlägt er sich annähernd!) – er bleibt im Bett und sagt: «Vielleicht können wir ja so spielen!»

Gegen 18 Uhr steht er auf. «Willst du nicht gleich im Bett bleiben?» frage ich. «Nein», sagt er, «ich muß doch noch Mathe machen!» «. . .???» – «Ja, erst zu übermorgen, aber es ist besser, ich mache das heute!» – «Wieso?» – «Ja, morgen haben wir doch auch lang, da bin ich doch genau so kaputt wie heute!» Dazu fällt mir nichts mehr ein.

«Wieviel hast du denn auf?» – «Die Aufgaben der Nummer zwei *sollen* wir machen (es sind zwölf Aufgaben, die jeweils in drei Stufen gerechnet werden müssen), und sonst können wir uns aussuchen, was wir alles noch machen wollen.»

«Wiiieee bitte?» – «Ja, er hat gesagt, die Fleißigen können ja noch mehr machen!» – «Und was willst du machen?» Langes Zögern – und dann das, was ich befürchte: «Na ja, was soll ich denn machen, ich mache eben alles, was auf der Seite ist!»

Es sind rund 60 Aufgaben. Und es ist inzwischen 18.25 Uhr – Duschzeit, Abendbrotzeit, Vorlesezeit, Bettgehzeit . . . Ich rette mich aus der Situation, indem ich sage: «Morgen, mach es morgen!»

Er atmet erleichtert auf.

«Morgen?»

27. August 1986 Das Kind kommt weinend aus der Schule, kann nicht mal seinen Lieblingskuchen essen, will nichts trinken, will nur noch auf meinen Schoß. Dort kuschelt er sich an, weint, läßt sich schaukeln.

Als er sich beruhigt hat, frage ich, was los ist. «Los» ist «eigentlich» nichts – und «los» ist alles: weil er nicht drängeln wollte, hat er kein

Granulat in der Freizeit bekommen – doch ja, etwas – aber nur den Rest, den keiner wollte. Er hat daraus einen zauberhaften, zarten Anhänger gemacht, mit dem er mich erfreuen will. Ich sage ihm, wie schön ich ihn finde und daß ich ihn ans Fenster meines Arbeitszimmers hängen werde, damit er dort leuchtet. Darauf weint er wieder: «Aber ich habe doch gar nicht mehr geschafft, ein Loch reinzubohren, und da kannst du ihn doch nicht aufhängen.» – Auch das wird mühsam geregelt. «Und wenn ich nächstes Mal nicht 2 DM mitbringe, kriege ich die fertigen Arbeiten nicht mit nach Hause. Und wenn ich das Geld nun vergesse?» – wieder fängt er an zu weinen. Ich sage ihm, ich würde mit dran denken.

Und was war sonst noch?

Er weint wieder: «Ich bin ein richtiges Unglückskind. Ich bin immer an allem schuld. Und ich hab auch wieder Strafarbeiten auf.» Wofür? Warum frage ich überhaupt noch? Natürlich dafür, daß die Lehrer nicht in der Lage sind, ihre paar kleinen Schüler zu motivieren, zu faszinieren, zusammenzuhalten – manchmal schlichtweg einfach sinnvoll zu beschäftigen. Seine beiden Nachbarinnen hatten die Tische hin und her geschoben – so lange, bis er sich gestört fühlte und «was sagte». So wie ich ihn kenne, hat er laut gemotzt – und das war dann wieder zuviel! Strafarbeit! Er soll sich drei Sätze ausdenken – drei Regeln, wie man sich in der Schule zu benehmen hat, die soll er fehlerfrei aufschreiben.

Und was sonst noch? Sein Füller ist weg. Einfach weg! Und was sonst noch? Irgend jemand hat ihm gegen sein Bein getreten, das sowieso immer so weh tut. Und sonst?

«Reicht das nicht?» fragt er.

Ja, es reicht für einen Tag, denke ich.

Und nun stehen die Schularbeiten an: die Strafarbeit von heute, die Mathematikaufgaben von gestern (und dann auch noch die vielen freiwilligen für die «Fleißigen», wo er doch gar nicht «fleißig» sein, sondern spielen will!). Und dann soll er zu einer Bibelgeschichte noch ein Bild malen – die Geschichte hat er aber vergessen. Und was noch? Ich merke, da ist sonst noch was. «Am Montag hatte ich vergessen, die Wortfamilien für die Oberbegriffe zu suchen, ich hab am Montag doch schon so viel anderes gemacht ...»

Ich könnte ... ja, was könnte ich? Ich könnte schreien, um mich schlagen, Amok laufen. Es ist knapp 17 Uhr, und das anstehende Pensum reicht für gut zwei Stunden.

Bin ich für mein Kind? Bin ich für die Schule? Wenn ich *für* mein Kind bin, muß ich dann nicht *gegen* die Schule sein? Muß ich meinem Kind nicht nahebringen, daß es sich auch nach den Bedürfnissen (??),

Anforderungen der Schule zu richten hat? Und wann darf er dann noch Kind sein? Er ist doch gerade erst neun Jahre alt!

Während ich versuche, diesen Konflikt *für mich* zu lösen, sieht er mich müde an und sagt: «Was soll ich denn nun machen?» Ich entschließe mich für den windelweichen Mittelweg: «Die Strafarbeiten mach mal, sonst ist sie sicher sauer (Wozu sollen diese drei Sätze wohl gut sein?). Und die Aufgaben, die noch vom Montag sind, mach auch, die hattest du ja vergessen. Ich helfe dir dabei. Für Mathe gebe ich dir einen Brief an Herrn K. mit. Ich schreib ihm, daß du es am späten Nachmittag nicht mehr schaffst und ich gesagt habe, daß du die Aufgaben nicht machen sollst.»

Er ist zunächst zufrieden, schreibt müde an seinen Wortfamilien herum. «Was für Regeln gelten denn in der Schule, was soll ich denn schreiben?»

Inzwischen ist es 18.15 Uhr. Ich sage: «Mach's kurz: ich soll nicht zanken, ich soll nicht schreien, ich soll nicht toben!»

«Das schreib' ich nicht, ich tob doch gar nicht!»

«Gut, dann schreib: ich soll nicht schlagen.»

Herzlichen Glückwunsch, Mutter!! Hast du gut gemacht! Hast einer sinnlosen Pädagogik die Steigbügel gehalten, von der du weißt, daß sie nicht nur nichts, sondern gar nichts bringt!

In der Badewanne schläft er fast ein. Beim Einshampoonieren der Haare vergißt er, sich diese vorher naß zu machen. «Ich bin ganz durchgedreht», sagt er und beginnt wieder zu weinen. Ob er heute ausnahmsweise mal im Bett Abendbrot essen dürfe? Ja, ausnahmsweise. Und dort fällt ihm dann prompt der Blaubeerjoghurt um – Kopfkissen, Bezug, Laken, Schlafanzug – alles voll, alles lila. Farbecht! Er erschrickt fast zu Tode, reibt mit einem nassen Lappen sinnlos daran herum, als ich reinkomme.

Ich muß mich unwahrscheinlich zusammenreißen, nicht loszuschreien – auch ich bin nur ein Mensch! Und ich muß mir in diesem Moment nur allzu klarmachen, daß ich nicht wütend bin auf dieses ungeschickte Kind, sondern auf die, die dieses Kind so kaputtmachen! Vorgelesen haben will er nicht mehr (das erste Mal in neun Jahren!). Er macht sofort Licht aus, will auch seine «Mary Poppins» nicht weiterlesen. Als ich nach einer halben Stunde noch einmal nach ihm sehe, liegt er zusammengekrümmt im Bett – und schaukelt!

Als ich mich zu ihm setze, beginnt er wieder zu weinen. «Ich bin eben ein Unglückskind», sagt er und will wieder auf meinen Schoß. Dort weint er sich in den Schlaf.

«Ich will nicht mehr leben!»

28. August 1986 Zwölf Stunden nach dem traurigen Gute-Nacht: «Wenn ich noch länger in die Schule gehen muß, *will ich nicht mehr leben!»* – Weinend geht mein Sohn neben mir her. Schulweg, es ist mal wieder soweit, ein neuer Schultag ist angebrochen. Ich will nicht mehr leben – das Kind ist gerade neun Jahre alt geworden, hat mit der dritten Schulklasse begonnen, hat fast vier Wochen Strand, Sonne, Auslauf, Kinder, Theaterspiel, Malkursus, Freiheit hinter sich, ist körperlich erholt, hat endlich auch mal ein paar Pfund zugenommen. «Ich will nicht mehr leben!»

Ich nehme ihn mitten auf der Straße in den Arm, bemüht, meine Fassung zu behalten. «Das Leben ist doch so schön», sage ich. «Nein, das ist es nicht», sagt er, «das ist es wirklich nicht.» Wir gehen schweigend weiter – ich fieberhaft darüber nachdenkend, was ich sagen, was ich tun, was ich ändern kann.

Ob es richtig ist, was ich dann sage? «Ein bißchen mehr mußt du dich auch einfügen, ein bißchen mehr hören, gehorchen. Sieh mal, wenn 16 Kinder und eine Lehrerin in der Klasse sind, dann muß sich jeder auch ein bißchen fügen, sich nach den anderen richten, sich anpassen...» Anpassen – *das* Reizwort unserer Ausbildung. Wie sie alle dagegen sind, wie wir alle dagegen sind – Anpassung als Instrument der Unterdrückung. Ja, deutlicher ist es mir nie geworden – und willst du nicht mein Bruder sein, dann schlag ich dir den Schädel ein...

Ich verabschiede ihn in Schulnähe und denke: Irgendwann einmal wird er warten, bis ich hinter der Biegung verschwunden bin, und dann wird er die Schule im wahrsten Sinne des Wortes umgehen – umgehen. Dann wird er irgendwann kommen – keine Schularbeiten aufhaben, leicht verdreckt, mit schlechtem Gewissen, dann wird er mich anlügen (müssen), und wenn ich Glück habe, hat er sich wenigstens nur von seinem Schulbrot ernährt und nicht noch von Geklautem.

Zu Hause angekommen, heule ich erst mal. Worüber? Über das Schicksal unserer Kinder, die auf Staatskosten kaputtgepowert werden von Lehrern, die auf Staatskosten schlecht ausgebildet wurden, die – lebenszeitverbeamtet – tun und lassen können, was sie wollen –, und die immer einen Blitzableiter haben: die Kinder. Egal, ob ihre Ehe kaputt ist, sie Migräne haben, sie nicht in der Lage sind, sich in ein Kollegium zu integrieren, sie mit dem Stoff überfordert sind (den sie unterrichten, obwohl sie ihn nie studiert haben), sie keine Kinder mögen oder sie ganz schlicht darüber gekränkt sind, daß sie für ihr A-12- bis A-14-Gehalt auch noch was tun müssen.

Heulend rufe ich seinen Vater im Dienst an. Der ist fassungslos.

Ihm verschlägt es die Sprache – was selten geschieht. Wie um sich noch einmal der Bedeutung zu vergewissern, fragt er völlig blödsinnig: «Wie alt ist das Kind?» – Dann schweigen wir uns an.

Und dann gehen die Überlegungen los. Andere Schule? (Glaubst du, woanders ist es besser?) Gespräch mit allen Lehrern, mit denen das Kind Probleme hat? (Mit jedem einzeln? Mit allen zusammen? Die stampfen dich doch gemeinsam in Grund und Boden!) Gespräch mit dem Rektor? (Der ist gerade seit zehn Tagen im Amt – der hat wahrscheinlich noch keine Ahnung!) Schulpsychologischer Dienst? (Der arbeitet nur im Auftrag der Schulen. Und: was glaubst du, kannst du von dem erwarten – du weißt doch noch, damals...)

«Öffentlichkeit, BILD-Zeitung, wenn nötig, Kultusministerium... da muß doch was zu machen sein», brüllt sein Vater durchs Telefon. «Wie lange wollen wir warten? Was kann denn noch schlimmer werden? Ein Kind, das nicht mehr leben will, ist doch schon am Ende, worauf willst du warten? Du kannst da nur noch massiv werden, Schlimmeres kann doch gar nicht mehr passieren...»

Wir verbleiben so, daß ich erst mal die Klassenlehrerin um ein Gespräch bitte – aber nicht auf die lange Bank geschoben, sondern innerhalb der nächsten Tage. «Gut, heute abend reden wir weiter.»

Ich sitze da und habe Angst. Jetzt muß ich die Lehrerin anrufen. In der Schule werde ich sie kaum kriegen – und wenn, dann nur in der Pause im hektischen Getriebe des Lehrerzimmers. Ich kenne das von früher, als ich noch Aushilfskraft an einer Fachschule war und hautnah miterlebte, wie die Aggressionen und Animositäten, die Haßgefühle und die Intrigen in diesen zwanzig Minuten aufeinanderstießen und sich Luft machten über die zu magere Kaffeekasse, das offene oder geschlossene Fenster und im Gehetze gegen die Schülerinnen.

Zu Hause anrufen? Ich blättere – sie hat kein Telefon. Auch ganz schön bequem. Wann je soll sie zu erreichen sein?

So rufe ich die Sekretärin an – und es meldet sich ein vertrauter Name, eine vertraute Stimme, die lachend fragt: «Was machen Sie denn in meinem Apparat!?» Ein Kollege – ein Kollege aus der Uni, bei dem ich schon im Vordiplom studiert habe, mit dem ich später – am Postfach stehend – immer und immer wieder über die Aussichtslosigkeit unserer Karrieren geredet habe. Nun ist er «angekommen» – «unser» neuer Rektor! Er freut sich über meinen Anruf, schildert, wie es ihm in den letzten Monaten ergangen ist, fühlt sich geradezu euphorisch – bis ich ihm sage, daß ich das Gefühl seiner Euphorie für diese Schule nicht teile. Ich schildere ihm Einzelheiten – ich erzähle, was alles bisher «gelaufen» ist, und ich sage ihm eben auch, daß mein Sohn nicht mehr leben will... Zunächst scheint er das alles nicht so ernst zu nehmen – bis ich dann drastischer werde, noch ein paar Beispiele bringe – und es dringend mache. «Ich werde mich kümmern, und dann melde ich mich wieder – falls Sie nicht vorher mal wieder anrufen wollen», sagt er. «Nee, Herr Kollege», sage ich, «so nicht! Ich warte nicht ab, was in der nächsten Zeit passiert. Das ist schließlich nach zwei Jahren keine kleine leichte depressive Verstimmung bei meinem Sohn und keine Launenhaftigkeit – das ist jetzt der Notfall – und da muß was passieren, und zwar schnell!»

Er sagt es zu, murmelt vor sich hin (offenbar notierend): Gespräch mit den Eltern.

Als ich auflege, bin ich ein bißchen beruhigt. Ein kleines bißchen. Kollege hin, Kollege her – hat er nach 14 Jahren Uni und ein paar Monaten Hospitation überhaupt Ahnung von dem, was in der Schule läuft? Ist ihm nicht jeder Lehrer mit ein paar Jahren Erfahrung haushoch überlegen? Muß er sich nicht sehr schnell einwickeln lassen, sich sehr schnell anpassen, sehr schnell ja und amen sagen in Auseinandersetzungen mit seinen «Untergebenen», nur damit sie nicht merken, daß er ihr Handwerk nicht versteht?

Mensch, bist du pessimistisch, denke ich. Nun laß es doch erst mal laufen, nun warte es doch erst mal ab.

Aber in der Tiefe meiner Seele weiß ich – da gibt es nichts abzuwarten: die Bücher über Mißhandlungen in der Schule, über Schülerselbstmorde, über zerstörte Kindheiten, über einige wenige Glücksfälle zwischen Legionen unfähiger Lehrer und in einem unmenschlichen System nehmen sogar in meiner – sonst nicht schulisch ausgerichteten – Bibliothek mehr als einen Meter ein.

Nach zwei Stunden gehe ich endlich an den Schreibtisch. Mal wieder um ein paar Tage aufgeschoben – vielleicht passiert was, vielleicht ändert sich was. Mal sehen, in welcher Verfassung das Kind heute nach Hause kommt!

«Schule ist nicht zum Spaßmachen da!»

29. August 1986 Nach diesem Schultag kam Stephan mit einer neuen Nachricht: «Wir haben einen neuen Rektor, weißt du das schon?»

«Ja, ich weiß!»

«Und der ist durch die Schule gegangen und hat in die Klassen geguckt. Und in jeder Klasse wollte er *ein* Kind kennenlernen!»

«Versteh ich nicht!»

«Ja, bei uns kam er rein und wollte *mich* kennenlernen. Er hatte einen Zettel in der Hand, und da stand mein Name drauf. Er hat sich zu uns in den Stuhlkreis gesetzt und hat gefragt: ‹Wer ist Stephan Arlt?› Und da haben alle ganz furchtbar gelacht, weil ich doch gerade neben ihm saß.»

«Und was hat er da gesagt?»

«Er hat mir auf die Schulter geklopft und gesagt: ‹Nun lern' mal schön und paß gut auf. Die Schule ist nicht zum Spaßmachen da!›»

«Wie kam er denn darauf?»

«Na, weil ich doch auch ganz laut gelacht hatte.»

«Und dann?»

«Dann ist er wieder rausgegangen.»

«Und mehr hat er nicht gesagt?»

«Nein, warum denn? Er wollte mich doch nur kennenlernen!»

«Die Schule ist nicht zum Spaßmachen da» und ein Schulterklopfen. Die Reaktion des professionellen Pädagogen auf die Mitteilung, daß ein Kind nicht mehr leben will. Ich kann es nicht fassen!

Die Angst der Mutter vor der Schule

31. August 1986 Langsam bekomme ich Angst. Das ganze Wochenende war ein einziger Eiertanz. Jede kleinste Leistungsanforderung führte zum Drama: duschen, Tisch decken, noch eine Reihe häkeln üben für die Schule . . .

Freitagnachmittag lautes Weinen, weil die aufgegebenen Turnübungen nicht klappten: «Wenn ich bis Donnerstag nicht mit den Fingerspitzen auf die Fußspitzen komme, kriege ich einen dollen Ärger!»

«Wer sagt das?»

«Frau R.» Er macht zwei Versuche, bricht sofort ab, heult: «Das schaffe ich nie . . .»

Selbst als sein geliebter Vater vom Dienst kommt und mit ihm «toben» will, ändert sich nichts – er reagiert annähernd hysterisch.

Er ist inzwischen davon überzeugt, nichts, rein gar nichts zu können. Absolut nichts. Und ich habe auch das Gefühl, daß er mit manchem schon viel weiter war – hüte mich aber, etwas zu sagen! Jede Übung – ob Häkeln, Rumpfbeugen, Mathe – ist für ihn eine Überforderung. Und das breitet sich in den Alltag aus (wie sagt doch da der

Erziehungswissenschaftler und Lerntheoretiker? Das Verhalten «generalisiert» sich!) Selbst das Fortstellen des Fahrrades, das Weghängen des benutzten Besens, das Aufhängen seines Handtuchs kann er nicht, will er nicht, schafft er nicht.

Ich versuche am Wochenende zu beobachten, was er eigentlich den lieben langen Tag über all die Stunden tut – eigentlich tut er nichts! Morgens sitzt er frierend im Schlafanzug im Sessel und blättert in GEO-Heften. Ersatzweise sitzt er auf dem Fensterbrett und schaut auf den Verkehr hinunter. Bis zu zwei Stunden – oder besser: bis ihn jemand dort «ablöst», wegholt.

Waschen, anziehen, fertigmachen: NEIN. Nach einer halben Stunde schleicht er ins Bad – den Arm voller Spielzeug und dem aggressiven Hinweis, er wolle jetzt nicht gestört werden, und Haare waschen täte er auch nicht. Im Bad bleibt er 35 Minuten. Das Wasser rauscht und rauscht – das warme natürlich. Als ich es endlich abdrehen will, sind seine Haare tatsächlich staubtrocken! Zum Schneiden der Fußnägel braucht es vier Aufforderungen, und er «kann» dann nicht die Schere handhaben. Ich soll es aber auch nicht tun. Frühstükken will er nicht, hat keinen Hunger. Er will raus – ich sage «ja» – er bleibt drin. Gammelt in seinem Zimmer herum. Ich lasse ihn.

30 Minuten, bevor sein Vater kommt und wir dann alle zusammen essen, geht er zu seiner Freundin. Als sein Vater ihn zum Essen holen will, will er nicht. Er hat keinen Hunger. Als ich dann gehe, kommt er zögernd mit. An seiner Art, hektisch auf mich einzureden, merke ich, daß er Angst hat vor einer Auseinandersetzung (die ja schon lange fällig wäre), die ich aber erst mal hinunterschlucke, weil ich im Moment keine weiteren negativen «Ströme» in das ganze Geschehen bringen will. Zum Mittag ißt er so gut wie nichts: eine halbe Kartoffel, einen Löffel Kohlrabi – Schluß. Fleisch und Fisch ißt er schon seit Jahren prinzipiell nicht – ihm tun die Tiere leid, die unseretwegen sterben müssen. «Die haben auch ein Recht auf Leben», sagt er dann und schimpft uns Barbaren.

Kaum aufgegessen, will er schon wieder raus. Er soll sitzen bleiben, bis wir fertig sind – ein wenig Ordnung muß doch in dieses Chaos zu kriegen sein –, und prompt schleudern wir schon wieder haarscharf an der nächsten Auseinandersetzung vorbei.

Dann verschwindet er zu seiner Freundin, die am Nachmittag ihren Geburtstag nachfeiert und ihr Zimmer dafür schmückt – Stephan hat alle seine Luftballons beigesteuert, er hat ihr ein kleines Päckchen gebracht und hat zwei Stunden lang – helfend – auf das erlösende Wort gewartet: die Einladung. Als diese ausbleibt und seine Spannung immer mehr steigt, fragt er – und erhält ein unbegründetes

«Nein». Das ist zuviel. Er flippt völlig aus, rennt raus, schreit rum, ist außer sich. Während ich noch überlege, ob ich beruhigend eingreifen soll – er ist selbst über vier Häuser hinweg zu hören –, erscheint seine Freundin und sagt: «Du kannt doch kommen!»

Zwei Stunden später ist er ausgebrannt, «hängt unter der Decke», kurz vor dem Weinen, vielleicht Schreien. Jetzt fehlt nur noch ein Funken – und alles fliegt in die Luft!

Er hat in seinem Zimmer noch nicht aufgeräumt, die Schulsachen nicht gepackt, sein Fahrrad nicht weggestellt. Ich springe über meinen Schatten und sage: «Ich helfe dir.» Er nickt nur müde. Und dann finde ich beim Räumen in seinem Zimmer ein reines Warenlager: unterm Bett ein leeres Honigglas, der Löffel steckt noch drin. Alles klebt. Daneben leere Joghurtbecher mit Schimmelpilzen, das Glas mit Trockengemüse, eine Dose mit leeren Vanillezucker-Tüten, vier leere und eine halbvolle Schokoladenverpackungen, ausgelutschte kleine Senfbeutelchen, Brotreste, Kuchenkrümel, Keksbrösel. Ich raffe und raffe, es nimmt kein Ende.

Nun bin auch ich an der Grenze zum Ausrasten. Ich rufe ihn. Ich gebe mir Mühe, ruhig zu bleiben, nicht zu schimpfen: «Was hat das alles unter deinem Bett zu suchen? Warum räumst du das Geschirr nicht in den Abwasch und wirfst die Abfälle weg?»

Keine Antwort. Sein Gesicht zeigt nur geballte Ladung.

«Du brauchst doch nichts zu verstecken. Du kannst das alles nehmen – zu den üblichen Zeiten!»

Daraufhin er wütend (oder verzweifelt??): «Ich bin nun mal so. Ich bin eben nicht anders!»

Es ist keine Beruhigung an diesem Spätnachmittag mehr möglich. Einzige Hilfe: früh ins Bett. Er protestiert nur schwach, und als er dann völlig erschöpft eingekuschelt ist, erfindet er schnell eine Erkältung und bittet um eine Wärmflasche und einen Tee mit Honig. «Im alten Babyfläschchen, bitte, Mama!»

Während er trinkt, lese ich noch etwas vor. Er kann gar nicht recht zuhören. Er liegt da und nuckelt an seinem Fläschchen. Beim Gute-Nacht-Kuß flüstert er: «Nimmst du mich noch ein bißchen in den Arm?»

Ich schaukele ihn ein bißchen und flüstere mit ihm. Da sagt er plötzlich: «Ich glaube, ich habe Eltern, die mich gar nicht lieben. Das war gar kein schönes Wochenende. Und das Leben ist auch nicht mehr schön. Und morgen ist schon wieder Schule, Mama!»

«Lernen» ist tabu

4. September 1986 Bei uns wird nun nicht mehr «gelernt». Bei uns wird «reingewachsen», «angeeignet», «sich reingefunden»... Meine Sprache macht Verrenkungen – ich schlage schon nach in Wortschatzbüchern – nur um den Begriff «Lernen» auszuschließen. «Ich kann nicht mehr lernen», «ich schaffe das Lernen nicht», «ich werde nie wieder im Leben was lernen»... – das lerngeschädigte Kind auf dem Weg zum Lernbehinderten? Vielleicht hilft die deutsche Sprache über diese Hürde – bevor das Kind am Lernen und ich am Kind verzweifle.

Er merkt den Betrug nicht. Er fällt drauf rein. Er «lernt» wieder ein bißchen.

Den Begriff «lernen» werde ich gezielt nur noch dort einsetzen, wo mit gutem Erfolg (und möglichst Spaß) gerade etwas Neues gelernt wurde. Vielleicht bewahrt uns diese Taktik vor der Katastrophe!

Mangelhaft

28. Oktober 1986 Ich träume immer davon, daß ich mal mutig sein werde. Ich war es noch nie, und ich bin es auch heute nicht. Ich habe auch als erwachsene Frau noch einen höllischen Respekt vor «Autoritäten» – eigentlich mehr vor Machtpositionen. Wirklich menschliche Autoritäten sind mir sehr vertraut, mit denen bekomme ich sehr schnell einen warmen und guten Kontakt. Nur: sie sind so selten! Aber Machtinhaber? Und seit der Einschulung meines Sohnes gehören für mich auch Lehrer zu dieser Kategorie. *Mich* können sie nicht (mehr) treffen – aber mein Kind! Über mein Kind können sie mich kleinkriegen und mundtot machen.

Wenn ich mir Zensuren unter Arbeiten oder in Zeugnissen ansehe, träume ich immer davon, eines Tages unter ein «Mangelhaft» zu schreiben: «Besser mangelhaft als Einzelhaft!» Oder «Lieber 'ne Sechs, als überhaupt keine persönliche Note!»

Das wäre für mich die absolute Mutprobe!!!

Karrieren

30. Oktober 1986 Beim Mittagessen:

«Weißt du, was ich später mal werden will?»

«Na?»

«So ein einsamer Mann in den Bergen – wie heißt der doch gleich?»

«Eremit!»

«Ja, Eremit!»

«Warum?»

«Da ist man so schön einsam und hat keinen Ärger. Nur Tiere und Bäume, und draußen bläst der Sturm!»

Beim Nachmittagstee:

«Weißt du, was ich später auch machen könnte?»

«Na?»

«Mit einem Campingwagen durch die Welt ziehen!»

«Mit wem?»

«Allein natürlich!»

«Und wie willst du deinen Lebensunterhalt verdienen?»

«???»

«Womit willst du Geld verdienen?»

Stephan ärgerlich: «Ihr Erwachsenen immer mit eurem Geld. Ich fahre so. Ich brauche keins!»

Von großen und von kleinen Leuten

«Die großen Leute haben eine Vorliebe für Zahlen. Wenn ihr ihnen von einem neuen Freund erzählt, befragen sie euch nie über das Wesentliche. Sie fragen euch nie: Wie ist der Klang seiner Stimme? Welche Spiele liebt er am meisten? Sammelt er Schmetterlinge? Sie fragen euch: Wie alt ist er? Wieviel Brüder hat er? Wieviel wiegt er? Wieviel verdient sein Vater? Dann erst glauben sie, ihn zu kennen. Wenn ihr den großen Leuten sagt:
Ich habe ein sehr schönes Haus mit roten Ziegeln gesehen, mit Geranien vor den Fenstern und Tauben auf dem Dach... dann sind sie nicht imstande, sich dieses Haus vorzustellen. Man muß ihnen sagen: ich habe ein Haus gesehen, das hunderttausend Franken wert ist. Dann schreien sie gleich: Ach, wie schön!... Man darf ihnen das nicht übelnehmen. Kinder müssen mit großen

Leuten viel Nachsicht haben. Wir freilich wissen, was das Leben eigentlich ist, wir machen uns nur lustig über die albernen Zahlen.»
Antoine de Saint Exupéry

31. Oktober 1986 Die großen Leute und die kleinen – zwischen ihnen liegen nicht zwei Jahrzehnte, sondern Welten, nicht eine Generation, sondern Lichtjahre! Aber manchmal sehe ich es noch: das Haus mit den Geranien, den Tauben ... Ich sehe es (wieder!) durch die Augen meines Kindes, dem ich verdanke, vieles wieder neu, vieles überhaupt erst zu sehen!

13. November 1986

Herrn
Dr. ...
...-Schule

Betrifft: Meinen Sohn, Klasse 3 c

Sehr geehrter Herr ...,

eben wurde mir mein Sohn als «nach Hause geschickt» angekündigt – auf gut deutsch: er ist hinausgeflogen und nach Hause geschickt worden, weil er den Mathematik-Unterricht gestört hat.

Als inzwischen «Gute-Schüler-Mutter», die nach zwei Jahren kapiert hat, daß sie «mit den Wölfen heulen» muß, habe ich meinen Sohn beim Nachhausekommen ausgeschimpft – was im Erziehungskonzept des Hinauswurfes wohl auch schulisch impliziert ist. Ich muß aber sagen, daß ich zunehmend sehe, daß hinter dieser Individualisierung von «Störungen» ein nicht funktionierender Schulbetrieb steckt, der auf dem Rücken unserer Kinder ausgetragen wird.

Präziser: seit den Herbstferien fallen jede Menge Stunden wegen Erkrankung der Lehrer/Konferenzen/Lehrerausflug usw. aus. Die Kinder werden nach Hause geschickt und sie werden auf die Parallelklassen aufgeteilt (wahrscheinlich nicht nur zur Qual der Schüler, sondern auch der jeweils unterrichtenden Lehrer!). Das bedeutet mindestens: Unruhe, das bedeutet aber auch ein permanentes «Springen» im Stoff, da die Klassen unterschiedlich weit sind. Für den Ausnahmefall ist gegen eine solche Maßnahme nichts einzuwenden – aber diese Praxis ist zur Regel geworden. Schule ist schließlich keine Kinderbewahranstalt, die in erster Linie den berufstätigen Eltern die Kinder vom Halse hält.

Die Sportlehrerin ist – soweit ich weiß – seit mehreren Wochen krank und wird wohl auch noch bis auf weiteres ausfallen. Bis dato ist keine andere Regelung erfolgt, als die Kinder aufzuteilen – wie lange noch??

Welche Maßnahmen gedenkt die Schule zu unternehmen, um endlich einen gesicherten Unterricht entsprechend den Plänen gewährleisten zu können?

Etwas anderes kommt hinzu: nicht nur als Eltern merkt man, daß die Kinder im Unterrichtsstoff weit zurück sind (Vergleiche mit anderen Schulen braucht man da erst gar nicht anzustreben, das würde nur zusätzlich nervös machen!). Auch die Lehrer sagen sehr deutlich, daß die Eltern im Interesse ihrer Kinder in der Freizeit mit ihnen lernen und arbeiten und üben müssen, weil das Pensum sonst nicht «geschafft» werden kann. Mein Einwand, ich sei nicht die Hilfslehrerin der Nation, wurde kürzlich mit der ebenso lapidaren wie leider nur allzu wahren Antwort abgetan, es sei doch schließlich in meinem eigenen und dem Interesse des Kindes!

Da bereits in der zweiten Klasse meines Sohnes ganz erhebliche Lücken aufgetreten sind (so wurde z. B. mehr als die Hälfte des Mathebuches nie durchgenommen, weil die Zeit zum Üben angeblich fehlte – es wurde auch kein ordnungsgemäßer Förderunterricht erteilt, weil Lehrkräfte fehlten – und nur mit der Arbeitsblatt-Methode ist dieser Mangel nun auch nicht nur zu entschuldigen!!), habe ich gegen meine Überzeugung und natürlich gegen den Willen meines Sohnes in den Herbstferien täglich eine Zeitstunde Mathematik durchgenommen, um sicherzustellen, daß er als «nur» durchschnittlicher Schüler wenigstens einigermaßen mitkommt.

Diese Misere an Ihrer Schule (daß es an anderen nicht besser ist, ist mir *in diesem Zusammenhang* gleichgültig!) ist nicht neu. Bereits im Herbst vorigen Jahres war die Unterrichtsversorgung ebenso schlecht gewährleistet.

Diese Fleckerl-Teppich-Unterrichtsmethode ist von seiten der Schüler nicht mehr länger hinzunehmen aus mindestens zwei Gründen:

1. bei Ihrer Schule handelt es sich um einen Schultyp, der dem

Leistungsprinzip folgt. Konkret: nach der 4. Klasse kommen die Schüler in die Orientierungsstufe – und es wird auch uns Eltern laufend von den Lehrern erklärt, was dann alles an Leistung vorhanden sein muß (dafür müssen wir eben auch *wider den Grundschulerlaß* das mit den Kindern zu Hause pauken, was die Schule nicht schafft – aus verschiedenen Gründen!);

2. es ist nicht tragbar, daß auf Grund der mangelhaften Unterrichtsversorgung und der permanenten Notlösungen den Kindern individuelle «Störungen» oktroyiert werden.

Konkret: Statt zwei Stunden Sport hatte die Klasse 3 c heute (wie so oft) aufgeteilte Stunden: die Hälfte der Klasse in der 3 a, die andere in der 3 b. (Dasselbe geschah bereits vor drei Tagen für drei Stunden, wobei ich abends von einer anderen Mutter erfuhr, daß zwei Schüler sich weder bei der einen noch bei der anderen Klasse einfanden – was scheinbar noch nicht einmal bemerkt wurde –, sondern auf den Spielplatz gingen!!) Die Gruppe meines Sohnes hatte zwei Stunden Mathematik bei Herrn K., der mit Sicherheit über diese Lösung auch nicht sehr beglückt war.

Dann kam eine Stunde Deutsch, dann die nächste (reguläre) Stunde Mathematik bei Herrn K.!

Ich finde es eine ungeheure Zumutung für die Kinder (mal abgesehen vom genervten Lehrer), drei Stunden Mathematik, davon zwei unter erschwerten Bedingungen, absolvieren zu müssen!!

Und ich muß auch sagen, daß ich die «störenden» und lärmenden Kindern *sehr gut verstehen* kann (wenngleich ich leider inzwischen so weit von der Schule erzogen worden bin, dieses Verstehen meinem Kind nicht zu zeigen!).

Ich habe meinen Sohn gefragt, was er sich dabei gedacht hat, und ich finde seine Antworten sehr bezeichnend: «Drei Stunden Mathe sind soo viel, das kann man ja gar nicht schaffen!» «Wir dachten, Herr K. versteht Spaß, und wir dachten, vielleicht könnten wir ein bißchen malen oder spielen, weil wir doch schon zwei Stunden Mathe gehabt haben!»

Eigentlich bedürfte es keines Kommentars! – Ich habe meinem Sohn erklärt, daß es nicht der Beruf von Lehrern ist, Spaß zu verstehen, sondern zu unterrichten und daß man sie als Schüler dabei tunlichst nicht zu stören hat – aber sowohl als Mutter als auch als Berufspädagogin kann ich meinem Sohn nur recht geben (leider nur heimlich!).

Meine Frage an Sie: wie gedenken Sie *in kürzester Frist* und *auf Dauer* einen geregelten Unterricht sicherzustellen, der

a) gewährleistet, daß den Kindern der Unterrichtsstoff regelmäßig geboten wird,

b) daß Zeiten zum Üben angesetzt werden (das Gros der Eltern ist berufstätig, und ansonsten ist es auch nicht unsere Aufgabe, der Pflichtschule ihre versäumten Aufgaben abzunehmen!),

c) daß Zeiten für Förderunterricht eingerichtet werden,

d) daß gegen diese Stückelwirtschaft protestierende Schüler (denn diese Störungen sind Protest!) nicht individuell gemaßregelt und sanktioniert und etikettiert werden, damit «Ruhe im Bau» herrscht und der desolate Zustand ohne größeres Aufsehen beibehalten werden kann.

Ich bin zwar nicht Sprecherin der Klasse in irgendeiner Form, aber ich bin Mutter eines Kindes, das nicht nur das Recht auf schulische Versorgung (und zwar einwandfrei!) hat, sondern die ja auch auf Grund der Schulpflicht gezwungen ist, dieses Schulsystem «mitzumachen».

Ich erwarte eine definitive Äußerung zu den angesprochenen Problemen – und zwar eine, die über das Individualisieren von Störungen hinausgeht. Gestört ist das mangelhafte Unterrichtssystem, nicht in erster Linie die Kinder!

Mit freundlichem Gruß

Schule ist nicht für Lehrer da...

13. November 1986 «Bringst du es fertig, dich morgen bei Herrn K. zu entschuldigen?»

«Warum denn?»

«Weil du heute seinen Unterricht gestört hast.»

Sehr zögernd: «Ja, aber nur, wenn er sich bei mir auch entschuldigt.»

«Wofür sollte er sich denn entschuldigen?»

Verblüfft: «Na, du bist gut! Er hat mich doch rausgeschmissen. Ist das nicht schlimm genug?»

«Aber er hat dich doch rausgeschmissen, weil er sonst nicht unterrichten konnte!»

«Braucht er doch auch nicht. Die Schule ist doch für die Kinder da und nicht für die Lehrer. Und da darf man die nicht einfach rausschmeißen. Für uns ist das doch alles noch viel schlimmer als Arbeit, wir *müssen* doch lernen. Die Lehrer wissen doch schon alles. Die brauchen sich doch nicht mehr anzustrengen. Aber wir. Und darum haben wir es viel schwerer.»

Eigene Schulerfahrungen

26. November 1986 Regina, gestandene Lehrerin, überzeugt von ihrem täglichen Tun, ihrem «Ankommen» bei den Schülern, hört sich meine Schulschilderungen immer mit einem leicht maliziösen Lächeln an. Ich sei eben «typisch Eltern» und letztlich hätten die eben keine Ahnung, was in Schulen «wirklich läuft». Mit einem der Lehrerausbildung typischen psychoanalytischem Viertelwissen schlägt sie eines Tages wohlwollend vor, ich soll doch mal in mich gehen und meine eigene Schulzeit überdenken. Ob ich da nicht einiges in die Jetztzeit übertragen würde! Ob ich nicht seither eine selektive Wahrnehmung hätte, die mich hindern würde, vorurteilslos an diese Institution heranzugehen.

Ich habe diesen Rat befolgt, meine Schulzeit Revue passieren lassen. In keinem Winkel meiner Schulerinnerungen habe ich Traumata, Schockerlebnisse, wirkliche Höhen und Tiefen aufspüren können.

Meine Schulzeit war gekennzeichnet durch verschiedene Umzüge meiner Eltern innerhalb ein und derselben Stadt. So habe ich keinen Schulzweig von Anfang bis Ende mit denselben Mitschülern erlebt. Das ist das einzige, was mir Schule immer wirklich schwer gemacht hat – ich kam nämlich immer «zu spät»: für Freundschaften, für Cliquenbildung, für Arbeitsgemeinschaften. Noten habe ich auf diese Art und Weise auch nicht gelernt: in der «alten» Schule hatten wir noch keine, in der «neuen» Schule waren sie schon passé. Es hat sich dort in drei Jahren dann auch nie mehr jemand die Mühe gemacht, sie mir beizubringen – aber anscheinend wurde das auch nie als Manko erlebt: ich hatte in Musik immer eine Zwei!

Aber beginne ich mal systematisch:

Einschulung mit sechs Jahren: über 40 Kinder in der Klasse. Das Gebäude war eine alte Militärbaracke, die Fußböden glitschig gebohnert, hinten im Klassenraum ein heißer Bollerofen, vorne war's kalt. Der erste Lehrer hieß Philip, er war nett, mehr fällt mir zu ihm nicht mehr ein. Hier und da noch ein Blitzlicht: einmal hat die Schülerin, die neben mir saß, im Unterricht in die Hose gemacht. Es bildete sich unter der Bank eine große Pfütze, und sie mochte (wohl vor Angst und Schrecken) nichts sagen. Wie die Sache weiterging, weiß ich nicht mehr – ich weiß nur noch, daß ich Angst hatte, alle würden denken, ich sei es gewesen.

Wichtig war damals anderes: die Schulspeisung zum Beispiel. Was es an den anderen Tagen gab, weiß ich nicht mehr, aber donnerstags gab es ein frisches Brötchen und einen Becher Kakao. Es war fast wie im Himmel.

An den Schulweg kann ich mich auch noch erinnern – er dauerte *sehr* lange. Vor ein paar Jahren bin ich noch einmal die Wege meiner Kindheit gegangen – und ich brauchte für diese Strecke bei zügigem Ausschreiten etwas über eine halbe Stunde. Aber wir waren immer zu mehreren: der Bruder war dabei, die beiden Mädchen von gegenüber, die Freundin, die zwei Häuser weiter wohnte.

Wichtiger damals waren das Rodeln am Hang der Ziegelei, das Nestbauen im Erbsstroh, Nachbars Teich mit rotgoldenen Fischen, die Johannisbeersträucher, von denen jedes von uns Kindern einen abernten durfte. Ich entschied mich immer für den mit den weißen Beeren. Wichtig waren die Kindergeburtstage: bei Helga gab es immer Wackelpeter: eine Schüssel grün, eine rot, eine gelb. Wichtig war das Schwimmen im Langsee, auf dem man gelegentlich auch mal einem Würstchen begegnete. Aber das hat damals niemanden gekratzt.

Irgendwann einmal wollte ich Lehrerin werden: da war ich krank, durfte nicht laufen und «unterrichtete» derweil die beiden Kinder von gegenüber, die noch nicht in die Schule gingen.

Als ich in der zweiten Klasse war, zogen wir um. Die neue Klassenlehrerin hatte einen ähnlichen Nachnamen wie ich, und dadurch fühlte ich mich immer sehr zu ihr hingezogen. Sie war Kriegerwitwe, ihr einziges Kind hieß Rudolf, war neun, und ich betete ihn an.

In dieser Schule gab es etwas Neues für mich: es gab Einheimische und Flüchtlingskinder. Die Einheimischen erkannte man an ihren süßen Röckchen, den gestärkten Blüschen, den weißen Söckchen – und an ihrem Selbstbewußtsein, hier die Herren zu sein. Sie spielten stets nur miteinander und luden auch nie jemanden zum Geburtstag ein, der aus dem schmutzigen Osten kam. Und Flüchtlingskinder konnte man erkennen an den gestopften Strickjacken, den abgelatschten Schuhen, den fehlenden Haarschleifen. Zu den feinen Kindern wurden wir nicht nach Hause eingeladen – und ein «Untereinander» gab es (noch) nicht.

Lehrer? Da hob sich nichts ab – nicht nach oben und nicht nach unten. Nur daß mein damals schon sehr kranker Bruder in einer Pause von einem Lehrer eine solche Ohrfeige bekam, daß er das Gleichgewicht verlor, ist mir in Erinnerung. Vielleicht aber auch nur deswegen, weil ich anschließend Schuldgefühle hatte, ihm nicht beigestanden zu haben, als ein anderer Schüler petzte, Uli habe sich gekloppt. Dabei war er dazu gar nicht mehr fähig. Seine Pausen verbrachte er nur noch still lächelnd und das Treiben beobachtend an die Fahnenstange gelehnt.

Aber zu Hause muß ich dann doch wohl etwas erzählt haben – denn beim Durchsehen des Nachlasses meiner Eltern vor kurzem fand ich einen Ordner mit einem Schriftwechsel zwischen meinem Vater und dem Rektor der Schule in dieser Sache. Vor vier Jahren hätte ich den Aussagen noch keine Bedeutung beigemessen: aber heute habe ich (hier tatsächlich, Regina) einen selektiven Blick: «Ihre Tochter wird diesen Vorgang falsch beobachtet haben!» schrieb der Schulleiter. Das ist nun über 35 Jahre her: aber Kinder haben immer noch unrecht, beobachten falsch, lügen, machen heimtückische Angaben...

In dieser Schule fing meine Handarbeitstragödie an: ich hatte nie das «richtige» Material – es war einfach zu teuer: statt Stramin für Kreuzstich bekam ich irgendeinen Stoffrest, auf dem sich die Fäden kaum zählen ließen; statt neuer Wolle für einen Puppenschal bekam ich aufgeribbelte Baumwollreste, die verstrickt immer krumpelig und unordentlich aussahen – und ich gehörte auch zu den armen Schülerinnen, die keinen Handarbeitskorb am Handgelenk trugen, sondern ihre Textilien blank und bloß in die Tasche (nicht Ranzen!) stopften. Auch deswegen hieß es von mir, ich arbeitete nicht an einem Deckchen, sondern an einem Dreckchen. In dieser Schule begann meine Vierer-Fünfer-Karriere in Handarbeit und Sport: im Herbst immer eine «Fünf» (damit ich mir mehr Mühe ab!), zu Ostern im Versetzungszeugnis immer eine «Vier» – aber immer «mit Bedenken». Diese Zensuren hielten sich bei mir fast bis zur Volljährigkeit.

In dieser Schule fälschte ich erst- und letztmalig die Unterschrift meiner Mutter unter einem Diktat. Weniger der Zensur wegen als vielmehr, weil ich sie «schon wieder vergessen» hatte. Folgen? Ich weiß es nicht mehr – ich weiß nur noch, daß meine Mutter mir erklärte, dafür könnte ich als Erwachsener ins Gefängnis kommen.

Wenn wir unsere Hausaufgaben «zu Hause vergessen» hatten, mußten wir sie holen (ach ja, diese kurzen Schulwege!). Und damit wir nicht etwa auf die Idee kamen, sie schnell noch unterwegs zu machen, bekamen wir eine zuverlässige Mitschülerin mit auf den Weg. Die sollte dann petzen. In diese Situation kam ich nur einmal: ich habe sie dann bestochen, womit, weiß ich nicht mehr, und habe auf einer Parkbank unterwegs schnell das Fehlende hingeschmiert. Mit solchem (sicher deutlich feststellbaren!!) Betrug gaben die Lehrer sich dann zufrieden. Vielleicht sollte die erzieherische Wirkung darin bestehen, daß man Angst hatte, es in «angemessener Wegezeit» doch nicht so schnell zu schaffen und (dann erst!) verdächtigt zu werden, die Arbeit unterwegs nachgeholt zu haben.

Etwas skurril. Zugegeben.

Mehr finde ich über diese Schule nicht in meinem Gedächtnis. Auch in dieser Zeit waren andere Dinge wichtig: das Spielen auf dem Boden des kleinen Rathauses – Barbaras Vater war dort Hausmeister, und mich gruselte immer so schön, wenn ich an einer der Streben sein Ersatzholzbein lehnen sah. Ich habe nie gewagt, es anzufassen, ich hatte immer die Vision, es könne sich beim Berühren als «echt» herausstellen. Wichtig waren die beiden riesigen Birnbäume im Garten unserer Wirtsleute, wichtig waren die versteckten Ostereier, der Kirschbaum bei Johannsens gegenüber, der Besuch der Oma aus «der Ostzone», die verlorenen 10 DM, die die Familie an den Rand der Verzweiflung brachten, verdiente doch der Vater damals nur knapp 200 im Monat.

Dann zogen wir wieder um. In der nächsten Schule gab es einen Schulchor, mit dem wir kleine Tourneen unternahmen – die unsere Familie wieder an den materiellen Abgrund brachten. Vorgeschrieben zur Teilnahme waren nämlich weiße Blusen und dunkelblaue Röcke! Irgendwie haben meine Eltern das geschafft. Leicht war es sicher nicht.

In dieser Schule wurden die Jungen geschlagen, und die Mädchen hielten derweil die Uhren. Eine Klassenlehrerin – sehr groß, sehr blond, sehr blauäugig, sehr aufrecht – sehr arisch – wanderte nach Südamerika aus. Gelegentlich mußten wir nachmittags wiederkommen: zum Nachsitzen. Dafür gab es einen bestimmten Raum, in dem dann alle Nachsitzschüler der ganzen Schule zu erscheinen hatten – beaufsichtigt von irgendeinem Lehrer. Das war gar nicht unlustig. Die «Strafe» bestand eher aus den mütterlichen Kommentaren zu Hause. Diese ließen sich jedoch abschwächen durch eine künstliche Auslösung der Tränenflut kurz vor der Haustür – die personifizierte Zerknirschung! Auch das war eines Tages nicht mehr so ernst zu nehmen: nachdem ich nämlich hinter der Küchentür lauschend meinen Vater über mein Nachsitzen-Müssen lachen hörte (und meine Mutter ihn dafür zurechtwies!). Er nahm das alles gar nicht so tragisch – und das war sicher gut so.

Meine Mutter war da strenger: sie war «immer die Beste» in der

Klasse gewesen (diese Mühe gab mein Vater sich nicht – er berichtete arglos, daß er keine Lust zur Schule gehabt habe und denn auch ein Jahr vor dem Abitur einfach abging, weil es ihm zu langweilig war. Die bedeutungsvollen Gesten meiner Mutter, die ihn zum Schweigen bringen sollten, wenn er sich so überaus «unpädagogisch» ausließ, übersah er geflissentlich).

Mein Vater lebte gerne – und Schule war für ihn nicht der Nabel der Welt. Sie war eine gewisse Notwendigkeit, der man halt nachkam. Das Leben spielte sich woanders ab: in der Familie, dem Garten, bei Freunden.

Die einzige Angst, die ich in dieser Schule hatte, war die vor dem Verprügeltwerden durch zwei Mitschülerinnen. Kaum hatte es zum Schulschluß geläutet, waren sie hinter mir her – und ich bin von keiner Schule meines Lebens stets so schnell nach Hause gekommen wie von dieser: rennend, fliegend, hetzend – aber meistens doch eingeholt werdend. Und dann wurde es immer schlimm.

Ich habe das damals nie begriffen. Ich hatte den beiden nie etwas getan. In der Klasse wich ich ihren Blicken aus, lachte, wenn sie lachten und spielte auf dem Schulhof immer in einer anderen Ecke. Erst viele Jahre später erzählte mir mein Vater, daß der Vater von Elke im KZ gesessen und einen Haß auf alle langen Menschen habe – so eben auch auf ihn, der nie etwas mit der SS zu tun gehabt hatte.

Dann zogen wir wieder um: und nur bei dieser Schule habe ich Erinnerungen an Extreme: der Musiklehrer, der mich immer damit hänselte, daß ich eines Tages ins Kloster gehen würde, weil ich mit 15 noch immer keinen festen Freund hatte. Der Religionslehrer, den ich seiner hellblauen Augen wegen anbetete und der mir dennoch eine «Drei» in Religion gab. Die Französischlehrerin, die uns am liebsten Märchen vorlas (auf deutsch) und vor großen Festtagen Kartons mitbrachte, um uns zu zeigen, was sie alles in die «Zone» schickte. Es war dieselbe, die für jedes Schwatzen eine «Sechs» anschrieb. Der Deutschlehrer, der mir «anbot», mir «mal einen reinzustecken», was ich nicht begriff – der dafür dann aber von der Schule flog, weil eine etwas aufgeklärtere Schülerin davon zu Hause erzählte. Die Sportlehrerin, die mit dem Biolehrer ein Verhältnis hatte, der jedoch nicht im Traum daran dachte, sich scheiden zu lassen. Die Kunstlehrerin, die deutlich und sichtbar darunter litt, daß sie uns Schwachbegabten den Gebrauch von Tuschkasten und Pinsel und das Mischen von Farben beibringen mußte, anstatt als Künstlerin ihrem Leben Farbe zu geben. Die Englischlehrerin, die uns mindestens einmal wöchentlich vorwarf, wie schlimm wir seien und daß sie lieber Steineklopfen gehen würde.

Ja, das waren sie – und wir Schülerinnen haben sie alle mehr oder weniger gelassen hingenommen. Die täglichen Stachel härteten ab, wenngleich sie oft schmerzten. Am schönsten war, einen Lehrer auszutricksen. Am schlimmsten war es, ungerecht behandelt, des Lügens bezichtigt zu werden – und das geschah mir oft. Bezeichnenderweise immer dann, wenn ich mal etwas besonders Fleißiges zustande gebracht hatte. Man traute mir nicht viel Gutes zu – und darum konnte ich die selbsterdachte Kurzgeschichte «Die tosende See» auch nur irgendwo abgeschrieben haben (sooo gut war sie!). (Und so verlogen war ich, daß ich täuschen wollte!). Das war in der 5. Klasse. In der 8. gab es dann einen handfesten Krach, als ich eine besonders schöne Literaturmappe gestaltet hatte: da, wo für «Deutsch» nur ein Gedicht, eine Interpretation, eine Zusammenfassung geschrieben werden sollte, hatte ich für jeden Dichter ein Dossier angelegt: mit Bild, Biographie und Werkauszügen. Wer mir dabei geholfen habe? Niemand! Es sind doch aber zwei verschiedene Schriften! Das sind beides meine Schriften! Das stimmt nicht! Lüg nicht!

Die eine Schrift war schräg, die andere gerade – hätte die Lehrerin sich die Mühe gegeben, meine Hefte und Arbeiten anzusehen – sie hätte gesehen, daß ich immer unterschiedlich schrieb.

Ich habe als einziges aus der Schulzeit diese Mappe aufgehoben – als Erinnerung. Auch als Mahnung: mach nie selbst diesen Fehler!

Auch in dieser Schule – es war die letzte «Allgemeinbildende» – gab es kaum Bemerkenswertes. Es war alles Mittelmaß. Auch hier war anderes wichtiger: der Selbstmord des Vaters einer Mitschülerin (ich ging manchmal heimlich an seinem Grab vorbei – Besonderes, Spektakuläres erwartend!); Sorayas «Scheidung»; James Deans «Denn sie wissen nicht, was sie tun»; die Anzahl der Petticoat-Stufen; das Sommerfest der Kirchengemeinde, zu dem der Ausgang erstmals auf 22 Uhr festgelegt wurde; die erste Zigarette mit dem ersten «richtigen» Freund in einem kleinen Vorstadtcafé; die sinnig-sinnlichen Rosenkranzandachten am Samstagabend, die die legitimierte Version heimlicher Treffen mit irgendwelchen angebeteten Knaben waren.

Das war *meine* Schulzeit. Die Leiden hielten sich in Grenzen, Freuden waren wenig zu verzeichnen, wurden aber auch nicht erwartet. Unterhaltsam war das, was am Rande ablief: die monatelange Suche nach einer Taschendiebin, die alltäglich die im Flur hängenden Mäntel filzte und eines Tages durch präpariertes Geld von der Polizei gefaßt wurde; die schockierende Schwangerschaft einer Mitschülerin aus der 10. Klasse – Kind gezeugt während eines Klassenfestes mit Jungen aus der Nachbarschule im Schulklo – wir besichtigten scharenweise dieses Örtchen mit dem Hauch von Verruchtheit.

Nur eines stach ab, trat hervor, ist geblieben bis heute: eine Rektorin, die mich annahm und liebte wie ihre eigenen Kinder, die mein familiäres Dilemma nicht nur zur Kenntnis nahm, sondern sich darauf einließ, die Mensch war im besten, im allerbesten Sinne. Als nach dem Tode von Bruder und Vater bei uns zu Hause alles zusammenbrach, war sie da – nicht auffällig-aufdringlich, nicht «therapeutisierend», sondern einfach vorhanden. Da brauchte sie plötzlich jemand «Zuverlässigen» zur Reinigung, Pflege und Wartung des Schulaquariums, da lud sie mich nachmittags in ihr Dienstzimmer ein, das Mikroskopieren zu lernen (immer wenn ich heute Kartoffeln in besonders dünne Scheiben schneide, denke ich an meine ersten Versuche, Stärkeformationen erkennbar zu machen!). Ich durfte zu ihr nach Hause kommen – sie war Kriegerwitwe und zog drei Kinder in meinem Alter alleine groß –, und ich habe erst sehr viel später erfahren, daß sie wie ein Schutzengel im Hintergrund ihre Hand über mich hielt. Vielleicht bin ich nur ihretwegen die letzten Schuljahre so einigermaßen über die Runden gekommen, wer weiß!?

Ich war ihr wichtig und sie war für mich wichtig – kann es mehr geben in der Beziehung zwischen Lehrerin und Schülerin? Sie ist mir auch heute noch wichtig: fast 30 Jahre nach Schulentlassung! Sie hat mein Leben verfolgt aus der Ferne, sie hat mich ausweinen und auslachen lassen, sie hat mir Tips und Rat gegeben, sie hat mich an ihrem Leben teilnehmen lassen – und sie unterschreibt heute noch ihre Briefe an mich mit «Deine UWa.»

Jedem Kind wünsche ich mindestens *eine* derartige Begegnung im Verlaufe der Schulzeit. Aber dazu gehört menschliche Größe, Autorität dank Persönlichkeit und Liebe zu Kindern. Der regelmäßige Gehaltsbezug alleine macht den Pädagogen nicht aus! Und die permanente Angst, bei etwas mehr Engagement zu sehr «genervt» zu sein, steht jedem «Erfolg» im Wege!

Nein, was Schule anbelangt: da habe ich keine Leiche im Keller! Sie ist heute für mich dasselbe wie damals: sie ist nicht so wichtig, sie ist nicht das Leben, ja, es ist fraglich, ob sie wirklich auf das Leben vorbereitet.

«Blöde Zicke»

6. Dezember 1986 Eben ein Anruf – 21 Uhr, Störung am Samstagabend, am Schreibtisch, was der sich wohl dabei gedacht hat? Er duzt mich. «Bist du die Marianne?» Ja. «Ich will mich bei dir prüfen lassen.» – «Aber nicht jetzt!» – «Nein, nein, aber ich will mit dir eben das Thema absprechen.» –

«Dann kommen Sie bitte in meine Sprechstunde.» – «Da hab ich keine Zeit, das können wir auch so machen.» – «Nein, das will ich nicht, ich habe jetzt Feierabend, es ist Samstag, 21 Uhr!» – «Weiß ich, aber ich habe gerade jetzt Zeit!» – «Ich aber nicht, außerdem habe ich jetzt auch keine Möge, und zum dritten habe ich keine Ahnung, wer Sie sind!» (Er duzt mich beharrlich weiter! Verblüffend!) «Nee, das kannst du auch nicht wissen, du kennst mich nicht!» – «Und warum soll ich Sie dann prüfen?» – «Na, irgendwer muß es doch. Und die Kollegen von dir kenne ich auch nicht.» –

«Wo haben Sie denn studiert?» – «Na, wie soll ich sagen, ich habe frei studiert!» – «Was ist das denn?» – «Ich habe zu Hause gelesen!» – «Das dürfte kaum reichen.» – «Mir reicht das – und außerdem habe ich keine Zeit, mir das Gequatsche an der Uni anzuhören.» – «Ich möchte jetzt gerne das Gespräch abbrechen, ich habe noch zu tun!» – «Ich will doch nur sagen, welche Themen ich mir für die Prüfung ausgesucht hab. Ich hab da nämlich ein Buch von dir gelesen, das hat mir ganz gut gefallen...» –

«Danke für die Blumen, aber ich prüfe nicht meine Bücher ab, und außerdem bitte ich Sie, in meine Sprechstunde zu kommen.» – «Hab ich doch schon gesagt, da hab ich keine Zeit.» – «Dann müssen Sie sich eben mal welche nehmen. Wenn Sie schon fürs Studium keine Zeit aufgewendet haben, dann tun Sie es wenigstens noch für die Prüfung.» –

«Also du prüfst mich nicht, wenn ich nicht in deiner Sprechstunde war?» – «Nein!» – «Na, denn eben nicht. Blöde Zicke.»

Die «blöde Zicke» stört mich am wenigsten. Mich stört das Bewußtsein, daß dieser Mensch in ein paar Monaten vor einer Schulklasse stehen wird. Und noch mehr stört mich, daß er irgendwen finden wird, der sich auf dieses Spielchen einläßt und ihn sein Thema «abprüfen» wird.

Nicht-mögen

10. Januar 1987 «Ich will in den nächsten Tagen in die Schule. Verschiedenes besprechen. Hast du noch irgendein Anliegen? Soll ich irgendwas fragen für dich?»

Kleine Überlegenspause.

«Ja, Mama, frag mal, warum die Lehrer uns Kinder eigentlich nicht mögen!»

Gefunden: die Schuldige

14. Januar 1987 Nun weiß ich endlich, wer an diesem ganzen Dilemma schuld ist: ICH!! Daß mein Kind nicht mehr leben will, wenn es länger in die Schule gehen muß, liegt in seiner frühen Kindheit. Wer nicht mehr leben will, ist krank, wenigstens neurotisch. Daß es so empfindlich/empfindsam ist, liegt an meiner Verzärtelung. Daß es sich in die Klassengemeinschaft – vor allem die männliche – nicht einfügen kann, liegt an meiner Isolationspädagogik. Daß es mit Geschlagen-werden nicht umgehen kann... ach, ich weiß nicht mehr, was ich da wieder falsch gemacht habe. Vielleicht hätte ich früh genug die Prügelstrafe einführen sollen!

Außerdem habe ich natürlich nicht die richtige Einstellung zur Schule. Vermutlich beeinflusse ich meinen Sohn in dieser Richtung auch noch ungebührlich. Auf alle Fälle stelle ich mich zu sehr vor ihn und bestärke ihn somit in seiner Zimperlichkeit.

Ich erziehe ihn außerhalb der Realität. Ich böte zu Hause heile Welt, die es nicht gäbe. Er wüchse somit in zwei Welten auf, mit denen er nicht klar käme. Er gehöre in Psychotherapie... Möglichst mit mir zusammen.

Das sind die Ergebnisse eines 40-minütigen Team-Gesprächs in der Schule: Klassenlehrerin, die ihn seit sechs Monaten kennt, Schulpsychologe, der ihn vor acht Monaten *einmal* in der Schulklasse beobachtet hatte (die anderen Kinder dabei aber auch) und der Sozialpädagogin, die ihn nur vom Sehen kennt und die ihn vielleicht in ihre «Therapiegruppe» übernehmen soll.

Gefragt hat mich keiner der drei zu unserem Leben, zu meinen Einstellungen, Erziehungszielen, zu den Vorwürfen. Sie haben alles schon gewußt.

17. Januar 1987 Was haben all die professionellen Pädagogen, Psychologen, Soziologen eigentlich dagegen, daß Kindern zu Hause eine «heile Welt» geboten wird? (Die Kinder- und Jugendpsychiater vermissen sie allerdings stets bei all ihren «Fällen»!!) Sie sprechen davon mit Abscheu und Verachtung, mit unverhohlener Rüge und offenem Ekel. Heile Welt zu bieten, scheint so eine Mischung zu sein zwischen Traumtänzer, Verleugnung und Verdrängung!

Ich biete meinem Kind also heile Welt – und das soll ich nicht! Was wäre die Alternative? Kaputte Welt!

Vielleicht könnte man sich in Gesprächen auf den Begriff der realen Welt einigen – nur bräuchte es dazu wirklicher Diskussionen und nicht nur Vorhaltungen, den Willen zur Gemeinsamkeit und nicht nur den zur Erziehung schwererziehbarer Elternteile.

Was ist für wen Realität? Erziehung in der Realität? Erziehung zur Realität?

Um es vorwegzunehmen: die Anschaffung eines Fernsehgerätes hat für mich mit Realitätserziehung ebenso wenig zu tun wie der regelmäßige Kinogang, die Anschaffung eines Computers oder anderer x-beliebiger Geräte, deren Realität eben nur daraus besteht, daß es sie gibt. Es gibt ja auch Bordelle, ohne daß ich sie nutzen muß. Es gibt jede Menge Pornozeitschriften, die ich nicht kaufe, auch wenn sie einen Teil Wirklichkeit spiegeln. Ich habe kein Auto und bewege mich dennoch nicht auf allen vieren vorwärts. Ich habe keinen Mikrowellenherd und keine Friteuse, und dennoch essen wir wie Menschen. Einen Geschirrspüler besitzen wir ebenfalls nicht, auch keinen Wäschetrockner – vielleicht wird mein Sohn sich in späteren Jahren auch dann noch zu helfen wissen, wenn der Strom mal ausfällt. Unser Leben wird nicht von Maschinen und Computern gesteuert – wir steuern es selbst per Wunsch, Wille und Befindlichkeit.

Erziehe ich also nicht zur Realität? Vielleicht kommt es auf das erwünschte Ergebnis an!? Mein Erziehungs«produkt» sollte der kreative Denker, der kritische Problemlöser, der phantasievolle Arbeits- und Freizeitmensch, der soziale Mitmensch sein, der nicht gleich in Unfähigkeit, Untätigkeit und Depression fällt, wenn mal ein Apparat nicht funktioniert, kein Vordenker ihn steuert und keine Werbemaschinerie ihm vorschreibt, wie «man» Leben zu konsumieren hat. Heile Welt?

Unser Sohn weiß, was in Tschernobyl passiert ist – und warum es geschah. Er hat sich physisch mit den Folgen auseinandersetzen müssen: tagelang mit einer schmerzenden, geschwollenen Schilddrüse, später mit dem Verzicht auf Schokolade, Nüsse, Erdbeeren, Blattgemüse, Salate. Er hat zugeguckt, als wir unseren Rhabarber vernichteten, auf den wir sonst immer so stolz sind, weil er sehr früh ist. Wir haben unsere Petersilie abgeschnitten und vernichtet, und wir haben sehr bewußt erfahren, daß das Leben ab sofort ein anderes sein wird.

Unser Sohn weiß, daß in Afrika und Südamerika täglich Tausende von Menschen nicht nur deswegen verhungern, weil lange kein Regen fiel oder eine Heuschreckenplage kam, sondern weil die sogenannte Erste Welt ausgebeutet hat, noch immer ausbeutet und ansonsten an ihrem eigenen Geiz bald erstickt. Er weiß von unseren Butterbergen und den Hungernden der Dritten Welt – und er kennt die Zusammenhänge, soweit ein Mensch überhaupt in der Lage ist, diese Ungeheuerlichkeiten zu begreifen!

Unser Sohn weiß, daß Menschen sterben, weil satte, fette Mitmenschen aus Gier und Machthunger nicht teilen wollen.

Unser Sohn weiß, daß die Entwicklungshilfe nicht in erster Linie den sogenannten Unterentwickelten gilt, sondern unserer eigenen Wirtschaft.

Unser Sohn weiß, was Aids ist und wie diese Krankheit übertragen werden kann. Er kann (im Gegensatz zu einem Teil seiner Lehrer) darüber sprechen, ohne sich selber gleich als schmutzig und verdorben vorzukommen.

Unser Sohn kennt «Penner» und weiß, daß unser Sozialsystem diese Menschen erst produziert und dann diskriminiert. Er hat Angst vor ihnen, wenn sie betrunken an der Bude stehen und grölen, weil sie «voll» sind – aber sie tun ihm eher leid als daß er sie auch nur in Gedanken beschimpfen würde.

Unser Sohn weiß, was ein Bordell ist, was Prostituierte tun und wovon Zuhälter leben. Schließlich muß er, um zum Schulbus zu gelangen, täglich zweimal am Puff vorbei.

Unser Sohn weiß, was ein dritter Weltkrieg bedeuten würde. Er weiß, was in den Konzentrationslagern des tausendjährigen Reiches geschah und er weiß (im Gegensatz zu seiner Klassenlehrerin), daß Hitler kein «Idiot» (Schulunterricht!!) war, sondern eher ein «Verführer», dem die Millionen zum Teil nur allzu gerne – gefolgt sind.

Unser Sohn weiß, welche Einstellung Kindern gegenüber herrscht – fast überall auf der Welt – wie sie geschunden und mißbraucht, mißhandelt und benutzt, vergewaltigt und indoktriniert werden.

Ist das heile Welt???

Wenn ich dann mit ihm in der Adventszeit bastele, ihm allabendlich Märchen, Sagen, Fabeln und andere «schöne» Bücher vorlese, bei deren Illustrationen ich besonderen Wert auf Ästhetik lege, wenn wir am Wochenende mit ihm lange Radtouren machen, wenn er mit seinem Vater ein Baumhaus baut – dann schaffe ich Kontraste. Ich versuche, in diese chaotische Welt, in diesen Wahnsinn von Tötung und Selbsttötung, in diese Atmosphäre von Haß und Selbsthaß, in dieses Leben voller Bedrohung und Aids eine Insel von Ruhe, Geborgenheit, Vertrauen, Wärme und Sicherheit zu installieren.

Ich gebe zu: oft fällt es mir nicht leicht, nachmittags zu basteln statt Mittagsschlaf zu machen. Stundenlange Radtouren entsprechen auch nicht meiner angeborenen körperlichen Trägheit. Und das winterliche Hin- und Hergerutsche auf Eis und Schnee habe ich schon als Kind verabscheut. Kindergeburtstage sind für mich ein Alptraum, und ich hege tiefes Verständnis für Eltern, die die ganze Geburtstagsgesellschaft erst zu MacDonalds und dann in die Bowlingbahn einladen – und sich damit das Keksbacken, Tortenverzieren, die Negerkußschlachten, den Senf auf dem Teppich und die Kindertränen der Verlierer beim Topfschlagen ersparen wollen.

Ich würde mich gelegentlich aus Faulheit auch mal gerne durch Massenmedien ersetzen lassen, mich durch höhere Taschengeldzahlungen freikaufen, mehr mir als meinem Kinde leben. Nur hätte ich das Kind dann gar nicht erst zu bekommen brauchen. Dann wäre ich frei und ledig, weniger gestresst, reicher und unbeschwerter, gepflegter, eleganter und ausgeruhter, flexibler und für meinen Freundeskreis attraktiver – und ich wäre einsamer, frustrierter, langweiliger, gelangweilter, trauriger, isolierter, einseitiger, intoleranter, desinteressierter, unpolitischer, unbewußter ... – ärmer!

Ja, ich will noch ein wenig «heile Welt» für mein Kind. Ich will, daß er sich später wenigstens darauf besinnen kann, wie es auch sein kann im Leben – ich will dem Wahnsinn, der Ausbeutung und Erniedrigung von Kindern und großen Menschen etwas entgegensetzen. «Heile Welt» wenigstens noch dort, wo ich Einfluß habe.

Ich schaffe zwei Welten? Ja, es sind zwei Welten – aber die eine davon habe ich nicht geschaffen. Ich könnte *eine* Welt schaffen – ich müßte dazu die Welt «draußen» ergänzen durch Rambo-Videos, Bild-Zeitungs-Konsum, geile Pornos und die Fremdsteuerung durch Massenmedien und Computer «drinnen». Dann würde mein Kind keinen Bruch in seinem Leben mehr empfinden.

Dann wäre alles nur noch Bruch.

Und er vermutlich auch.

Die lustige Geschichte

23. Januar 1987 14.15 Uhr: Er setzt sich an einen Aufsatz. Es soll eine Bildbeschreibung werden. «Lustig» soll sie sein – so jedenfalls lautet der Auftrag.

Die Lustigkeit besteht daraus, sich blöde Namen für die Akteure auszudenken – und damit ist auch schon Schluß. Einen Sinn ergibt das Ganze bis 15 Uhr nicht. Da hat er fünf Zeilen. Natürlich wieder im «guten» Heft. Natürlich wieder nicht vorgeschrieben – und darum in fünf Zeilen neun Fehler. Vorschreiben?

«Tu ich nicht! Ich will auch endlich mal Feierabend haben! Ich will mich auch endlich mal ausruhen. Und spielen will ich auch noch, bevor ich ins Bett muß!»

Ich argumentiere, ich insistiere, ich bin kurz vor dem Ausrasten. Nach zwanzig Minuten ist er mürbe, entschließt sich, die Geschichte vorzuschreiben, vielleicht auch den Sinn noch einmal zu überdenken.

Nach weiteren zwanzig Minuten ist er genauso weit wie vorher: er hat den gleichen Text (wenngleich fast fehlerfrei) noch einmal «vorgeschrieben» – auf dem Löschpapier!

«Wo ist dein Schmierpapier?»

Er gräbt und gräbt in den Tiefen seiner «Schul»schublade und zieht ein Linienpapier heraus – darauf will er noch einmal mit der ganzen Story anfangen: schreiend, heulend,

«Glaubst du vielleicht, es ist so leicht, sich was Lustiges auszudenken, wenn man so müde ist, und dann muß man auch noch denken und denken und denken. Was Lustiges – findest du das vielleicht lustig?»

Nein, ich finde das mal wieder gar nicht lustig. Er flippt aus, ich flippe aus – das Wochenende ist eingeläutet. Die Geschichte ist allenfalls bizarr. Und es ist fast 17 Uhr! Fällt mir denn an der Schreibmaschine immer genau das ein, was mir termingerecht einfallen sollte? Und immerhin habe ich meistens ein paar Wochen Zeit – für was Lustiges, was Nachdenkliches, was Kritisches.

Das Recht auf eine glückliche Kindheit

2. Februar 1987 Wenn ich meinen Sohn mit dem Paragraphen 1 der «Rechte des Kindes» (deklariert von den Vereinten Nationen 1959) konfrontieren würde, würde er – logisch und schlüssig – ab sofort jeg-

lichen Schulbesuch verweigern. Und niemand könnte ihm ein Unrecht nachweisen.

Der Paragraph lautet: «Jedes Kind – ohne Rücksicht auf Rasse, Religion, Herkunft, Geschlecht oder Weltanschauung – hat das Recht auf eine glückliche Kindheit.»

Durch den Paragraphen 8 würde er seine Entscheidung berechtigterweise noch untermauern: «Das Kind hat volle Gelegenheit zu Spiel und Erholung.»

Ob ich ihm diese Paragraphen mal statt einer Gute-Nacht-Geschichte vorlese?

Aber wie begründe ich dann meine Forderung am nächsten Morgen, daß er aufzustehen und in die Schule zu eilen hat?

Und immer wieder «Therapie»!

11. Februar 1987 Daß Stephan in Psychotherapie soll, habe ich heute nun zum drittenmal gehört. Alles aus berufenem Munde – aber bislang konnte mir noch keiner sagen, warum eigentlich, in welche Therapie und mit welchem Ziel.

Vor einem Jahr hat die Klassenlehrerin mich gelöchert – zu dem Zeitpunkt, als das Kind aus Angst vor den täglichen Schlägereien und den Totschlagsdrohungen nicht mehr in die Schule wollte. Motiv? Er sei zu empfindlich. Er könne mit Aggressionen nicht umgehen. Er habe Angst vor Aggressionen – und sicher auch vor seiner eigenen... Ich war damals so im eigenen Prüfungsdruck, daß ich nach mehrmaliger Seelenmassage ja und amen gesagt habe. Zwei Monate später hat sie mich wieder angekarrt: was denn jetzt mit der Therapie sei. Und ich habe gefragt, warum denn eigentlich? Ihr ist nichts anderes dazu eingefallen, als daß ich es schließlich versprochen hätte.

Ein Vierteljahr später dann der Psychologe, der dort irgendeine Lehrerfortbildung macht und den Lehrerinnen erzählt, sie sollten sich nicht zuviel bieten lassen von den Kindern. Auch ihn habe ich ganz gezielt gefragt, warum Stephan in Psychotherapie solle, was denn mit ihm los sei. «Er ist so realitätsfremd», hat er gesagt.

«Und eine Kinder-Einzel-Psychotherapie soll ihm die Realitäten zeigen?» habe ich gefragt. (Am liebsten hätte ich gesagt, die Lehrerinnen meinten, diesem Symptom sei mit der Anschaffung eines Fernsehgerätes beizukommen. Aber ich habe den Spott gelassen, ich wollte endlich einmal klare Informationen.)

«Na ja, Therapie schadet doch nicht», hat er gesagt. «Und was nützt sie Stephan?» – «Ach irgendwas nützt sie immer!» – «Irgendwas ist mir zu wenig!» – «Versuchen Sie es doch einfach mal. Melden Sie sich im Institut an. Dem Jungen wird es nicht schaden.» – «Und warum gerade im Institut?» – «Ach, eigentlich ist es egal, aber dort arbeite ich nun mal.»

Und heute nun?

«Familientherapie» sei angezeigt, erklärt mir die Sozialpädagogin. Warum? Es würde ihm gut tun. «An meiner Familie ist nichts zu therapieren – nicht mehr als an jeder anderen auch.» – «Sehen Sie!» – «Warum soll Stephan denn therapiert werden, welche Symptome hat er?»

«Er ist so empfindlich!» Ich starre sie an. Seit wann ist das ein Fehler? Klotzköpfe und Schlägertypen haben wir schließlich genug! «Und das soll ihm eine Therapie austreiben?»

Sie ist gekränkt. «Eine Therapie treibt nichts aus», belehrt sie mich nachsichtig lächelnd, «sie korrigiert.» «Wenn Sie mir konkret sagen können, was bei Stephan therapiebedürftig ist, was ihm hilft und wer sein Handwerk versteht, will ich es mir überlegen, aber bisher sind mir die Angaben einfach zu dürftig!»

Es kam einfach nichts raus – vielleicht nur das, was eine frühere Kollegin im letzten Urlaub mal feststellte, nachdem sie mit dem Kind einen langen Strandlauf gemacht hatte – eigentlich sei er zu schade für diese Welt, er käme ihr vor wie der kleine Prinz. Ich habe ihr dann ein wenig von diesem «kleinen Prinzen» und seinen durchaus weltlichen Ungezogenheiten erzählt – aber sie hat sich nicht abbringen lassen. «Er ist doch was anderes», hatte sie die Diskussion beendet und mich in dem Gefühl stehenlassen, das Juwel in meinen Händen nicht so recht sehen und würdigen zu können ...

Anscheinend kommt bei allen nur eines über – er ist anders. Irgendwie. Nicht ganz faßbar. Und das geht nicht. Das muß wegtherapiert werden.

Jede individuelle Note stört. Alles wird abgeschliffen, gleichgemacht, ins Schema gepreßt. Und was die Schule nicht schafft, wird der «Therapie» überwiesen. Schließlich haben wir da noch ein weites Feld – rund 400 verschiedene Therapieformen habe ich mal zusammengestellt –, je neuer, um so dubioser. Und alle wollen sie (davon) leben.

Wie sagte doch gleich die Sozialpädagogin, als ich sie fragte, warum Familientherapie und wer die denn hier in der Stadt mache? «Familientherapie ist gut für das Kind, weil da alle mitmachen. Im nächsten Monat mach ich mit einer Kollegin zusammen am Fährmann-Platz eine Praxis auf, wenn Sie da wollen ... Sie können mich gerne abends zu Hause anrufen!»

Arbeitnehmer und Kinder

20. Februar 1987 Es ist 14.30 Uhr. Ich würde so gerne Schluß machen, wenigstens eine längere Pause. Seit 9.30 Uhr sitze ich an der Schreibmaschine, durch zwei Telefonate unterbrochen. Ein Haufen Post, ein Manuskript-Entwurf, ein paar Überlegungen zur nächsten Tagung... Nun bin ich müde.

Ich sehe noch mal auf die Uhr – und dann schäme ich mich. Mein knapp 10jähriges Kind kann noch nicht Schluß machen und auch keine Pause. Dabei hat er bereits mehr als eine Stunde vor mir angefangen: um 8.25 Uhr. Und er wird von dieser Minute an noch eine Stunde «haben». Irgendwo zwischendrin zwei Stunden Sport, der körperlich schlaucht – und danach dann noch mal Mathe und Sachkunde.

Ich möchte nicht mehr Kind sein. Da sitze ich lieber noch ein paar Stunden länger an der Schreibmaschine.

Ich werde mich jetzt zusammenreißen und noch was tun. Ich werde ein bißchen Papiere ordnen und abheften. Das schaffe ich gerade noch. Bei allem anderen unterlaufen *mir* schon zu viele Fehler!

Armes Kind, du kannst es dir nicht aussuchen. Du mußt das machen, was man dir und 15 deiner Mit-Kinder aufs Auge drückt von Lehrern, die nach so vielen Stunden auch keine Möge mehr haben – und entsprechend kurz angebunden, unfreundlich, nervös, genervt sind.

Bis nachher. Ich hole uns auch ein schönes Stück Kuchen vom Bäkker. Und für danach habe ich ein neues Bilderbuch über einen Pandabären – bloß so zum Angucken. Lesen können wir es später mal!

Sein wie Picasso

1. März 1987 Frau Berger war mit der Klasse in der großen Picasso-Ausstellung. Ich finde das prima. Sie hat eine Führung für die Kinder organisieren lassen. Am Vorabend habe ich mit Stephan auf der Bettkante sitzend noch einen chronologisch aufgebauten Bildband über Picasso angesehen. Unsere Geschmäcker gingen sehr auseinander! Beim Kaffeetrinken sagt Stephan plötzlich:

«Mir gefällt Picasso. So wie er will ich auch mal werden!»

«Was gefällt dir denn an ihm?»

«Daß er so schön alt geworden ist. So alt will ich auch mal werden. Und so malen wie er, will ich auch mal. Ob ich das mal kann?»

«Das glaube ich schon!»

«Wie alt bist du denn eigentlich, wenn ich 91 bin?»

«So alt werde ich nicht. Dann wäre ich ja über 120 Jahre alt.»

«Das wäre doch toll! Wie du dann wohl aussiehst? – Aber erzähl mir doch noch mehr von Picasso!»

Der Hausmann

2. März 1987 «Die Jungs aus meiner Klasse müssen alle nicht zu Hause helfen, nur ich! Die wissen alle nicht, wie man Kartoffeln schält und all so was», stellt Stephan sachlich und ohne klagenden Unterton (welche Reife!!) fest.

Zu meinem: «Das finde ich aber nicht gut, die sind ja dann ganz unselbständig und können sich nicht selber versorgen», schweigt er.

Dann: «Stell dir mal vor, ich muß später mal Hausmann werden! Igitt!»

«Ist doch nicht schlecht. Wenn du gerne Kinder um dich hast und sie zu Hause betreuen willst, während deine Frau arbeiten geht, kann das doch auch Spaß machen...»

«Die Jungs in meiner Klasse finden das doof.»

«Wieso, wie kommen die darauf?»

«Die sagen, wenn ich jetzt schon helfen muß, dann werde ich später so'n doofer Hausmann!»

«Das hat doch damit nichts zu tun. Es geht doch heute auch darum, daß ein Kind lernt, sich selber zu versorgen.»

Pause...

Dann: «Stell dir mal vor, Karl muß zu Hause gar nichts tun. Dem putzt die Mutter sogar noch die Zähne!»

«Na, dann sind die bestimmt besser als deine!»

«Da hab ich aber lieber schlechte, anstatt daß ich die mir noch von jemand anders putzen lasse. Die wischt ihm bestimmt auch noch den Po ab!»

Erwachsenwerden

10. März 1987 «Mama?»

«Ja?»

«Schreibst du gerade an einem Buch?»

«Nein! Warum denn?»

«Dann hab ich eine Idee für dich! Ich wüßte nämlich, was du schreiben könntest!»

«Na, was denn?»

«Das könnte heißen: Wie Kinder erwachsen werden.»

«Und was soll ich da schreiben?»

«Hab ich doch gesagt: Wie Kinder erwachsen werden. Und da schreibst du dann eben, wie *ich* erwachsen werde!»

«Wirst du das denn schon?»

«Na klar, ich bin doch schon so lange neun!»

«Und was soll da alles rein?»

– Langes Nachdenken –

«Vor allem, wie schwer es ist, erwachsen zu werden!»

Zukunftsaussichten

11. März 1987 «Mama, kann ich später eigentlich mal alles werden, was ich will?»

Etwas zögernd und gedehnt (ob der Marktlage) sage ich: «Eigentlich ja! Aber die Berufsausbildung ist abhängig von den Schulleistungen.»

«Erklär mal.»

Ich erkläre.

«So was Doofes! Dann will ich lieber nicht werden, was ich eigentlich werden will!»

Ungeschickt und glücklos

17. März 1987 «Heute haben wir wieder Arbeitsgemeinschaften gewählt!»

«Und was hast du genommen?»

«Ach, alles so was Doofes. Auf dem Hof spielen und so was!»

«Das ist ja wirklich nichts Tolles. Warum denn nichts anderes?»

«Ich wollte ja gerne, aber ich bin nicht drangekommen. Frau Berger hat gesagt, zum Basteln wär ich zu ungeschickt. Ich hab gesagt, ‹bin ich gar nicht›, aber sie hat mich trotzdem nicht genommen!»

«Wonach wählt ihr die Arbeitsgemeinschaften eigentlich?»

«Ach für unsere Klasse bleibt immer nur der Rest. Erst wählt die 3a, dann die 3b, und da ist meistens schon immer alles besetzt, bis wir dran kommen. Für Tischtennis war gar kein Platz mehr. Und für Granulatarbeiten nur noch zwei.»

«Und wer hat die bekommen?»

«Dieter und Sabine.»

«Wie wurden die denn ausgewählt?»

«Frau Berger dreht immer eine Flasche, und auf den der Flaschenhals zeigt, der darf dann.»

«Und auf dich hat er nicht gezeigt diesmal!?»

«Neee, ich bin doch immer ein Unglückskind.»

Wenigstens studiert!

13. April 1987 Erste Sprechstunde im neuen Semester. 11 Studenten warten vor der Tür. Da werde ich wohl noch eine Stunde mehr ansetzen müssen. Die erste möchte ein Examensarbeitsthema. Eigene Vorschläge?

«Ja, nein, vielleicht...»

Interessengebiete? «Ja, also, vielleicht...»

Studienschwerpunkte? «Also, so richtig habe ich mich nicht spezialisiert.»

Ich setze mich gemütlich zurecht – das wird wohl ein bißchen mehr Arbeit erfordern und länger dauern.

«Wann steht die Prüfung denn an?»

«Jetzt!»

«Wann? Jetzt haben wir keine Prüfung!»

«Na, also im Mai muß ich das Thema abgeben.»
«Also in vier Wochen?»
«Ja.»
«An was haben Sie denn gedacht, als Sie zu mir kamen?»
«Also, meine Freundin hat im letzten Semester über Heimerziehung geschrieben.»
«Und was wollen *Sie*?»
«Ja, vielleicht auch.»
«Was?»
«Über Heimerziehung.»
«Konkreter?!»
«Ja, vielleicht...» Pause.
(Ruhig bleiben, Dampf ablassen, ausatmen, Augen schließen, Augen öffnen – weiter!!)
«Wollen Sie gerne, daß ich Ihnen ein Thema stelle? Ich habe verschiedene in petto!»
«Nein, eigentlich nicht. Oder ist da was über Heimerziehung dabei?»
«Nein. Aber welcher Art soll es denn sein? Sie haben acht Wochen Zeit!»
«Also, eine große empirische Untersuchung nicht!»
«Nee, das dürfte wohl in so kurzer Zeit auch nicht möglich sein. Haben Sie Heimerziehungserfahrung?»
«Nein. Aber da fällt mir was ein. Ich könnte über Deprivation in Säuglingsheimen schreiben.»
«Wie kommen Sie darauf?»
«Ich habe da mal ein Buch gelesen...»
(Bleib ruhig. Werd nicht schon wieder sarkastisch! Du mußt dich daran gewöhnen, daß Studenten stolz darauf sind, mal ein ganzes Buch gelesen zu haben!!)
«Welches war es denn?»
«Den Titel weiß ich nicht mehr. Der Autor hieß Eckensberger.»
«Die Autorin!»
«Ach so, das wußte ich nicht.»
«Wissen Sie, wie alt das Buch ist, bzw. aus welcher Zeit diese Untersuchung stammt?»
«Nein, aber schon älter.»
«Ja, allerdings. Wissen Sie, wie die Situation der Säuglingsheime heute ist?»
«Nein.»
«Kennen Sie eines?»
«Nein.»
«Wissen Sie, wo es welche gibt?»

«Nein, aber da könnte ich ja mal anrufen.»

«Wen?»

«Da müßte ich mal fragen.»

...

«Also fangen wir mal an einer anderen Ecke an: welche Relevanz hat Ihrer Meinung nach die Deprivation in Säuglingsheimen für einen Sonderschullehrer, der sie ja in knapp einem Jahr sein werden?»

«...»

(Es hätte schon! Aber dafür müßte man natürlich einiges Wissen haben!)

«Ja, da haben Sie recht! (Ich hatte gar nichts gesagt.) Also ich würde gerne eine Literaturarbeit schreiben.»

«Ja, aber es geht doch erst mal um das Thema...»

Und so weiter und so weiter und so weiter und so weiter...

Nach dreißig Minuten haben wir es dann: ich entlasse sie mit zwei Themenvorschlägen, beide aus der Literatur zu bearbeiten, und mit dem Vorschlag, es sich zu Hause zu überlegen und in einer Woche wiederzukommen.

Sie geht strahlend.

Vielleicht wollte sie doch ganz autoritär etwas aufs Auge gedrückt bekommen?

«Der nächste bitte!!» (Wie beim Zahnarzt).

Er kommt rein, gebeugte Gestalt, schleppender Schritt, sein gemurmelter Gruß zerquetscht zwischen den Zähnen. Er braucht einen Schein. Dafür will er «was» machen.

«Was?»

«Was *muß* ich dafür machen?»

«Da Sie in meinem Seminar sitzen, wäre es sinnvoll, dafür etwas zu tun – ein Referat zum Beispiel.»

«Das weiß ich nicht, ob ich das schaff!»

«Wieso nicht?»

«Ach...» er hängt brütend im Sessel, die Mundwinkel fast in den Kniekehlen.

Pause.

«Sie wirken deprimiert!»

«Deprimiert? Stinken tut mir alles. Ich krieg den Anschluß nicht. Ich habe grade erst wieder angefangen. Mußte meinen Ersatzdienst zwischenschieben und nun bin ich völlig raus. Und ich krieg auch kein Bafög mehr, und nun muß ich mich beeilen, und nun brauch ich schnell die Scheine. Das stinkt mir. Nur so Scheine machen, wo mich das gar nicht interessiert.»

«Dann suchen Sie sich doch etwas, was Sie interessiert!»

«Ja was denn?»

«Das kann ich Ihnen nicht sagen, wenn Sie es selber nicht wissen!!»

«Ach, ist ja auch egal, ich muß jetzt da durch und fertig.»

«Im wievielten Semester sind Sie denn?»

«Also im 11., aber eigentlich im 8., weil ich ja den Ersatzdienst dazwischen hatte.»

«Dann müssen Sie doch aber schon Scheine haben.»

«Hab ich aber nicht.»

(Was soll ich dazu sagen?)

«Wie alt sind Sie eigentlich?»

«Ich werd jetzt 29.»

«Hatten Sie vorher schon einen anderen Beruf?»

«Ja, ich war Obst- und Gemüseverkäufer... (und dann läuft er zu vollen Touren auf...) ... aber glauben Sie vielleicht, ich will den Rest meines Lebens 900 oder 1000 Mark verdienen? Da kommt doch keine Sau mit aus» (Ufff!)...

«Und deswegen werden Sie Lehrer?»

«Na ja...»

«Sie müssen doch damit rechnen, daß Sie in diesem Beruf gar nichts kriegen, das heißt, daß Sie arbeitslos sein werden und noch nicht einmal diese 900 Mark haben...»

Wieder wird er wütend: «Na und, dann habe ich wenigstens studiert! Ist das etwa nichts?»

(Haben Sie das wirklich? Ach nein, halt den Mund, du änderst nichts. Das liegt tiefer. Vielleicht kann der gar nichts dafür. Solange wir jedem Willigen, wenngleich Unfähigen, erst das Abitur und dann das Lehrerexamen nachschmeißen, solange jeder aufwächst mit dem Bewußtsein, daß das Menschsein erst mit dem (Halb-)Akademiker anfängt, auch wenn er nur auf die Arbeitslosigkeit hinstudiert, werde ich am einzelnen Uneinsichtigen nichts ändern.)

«Das kommt auf Ihre Lebensplanung an. Wenn Ihnen das Studierthaben genügt...?»

Er antwortet nicht.

Er wird einen Schein machen – seinen ersten. Er wird Jean Améry lesen und seine wichtigsten Thesen vortragen. Aber ob er es «schafft», weiß er noch nicht. Sagt er.

Draußen stehen *noch* acht Studenten. Einer hat schon aufgegeben.

Malen oder schlagen?

27. April 1987 «Heut wurden die neuen Freizeiten verteilt.»

«Und was hast du genommen?»

«Für Dienstag Malen in freier Natur und am Donnerstag Bibliothek.»

«Finde ich gut!»

«Mama?»

«Ja?»

«Für Dienstag hätte ich auch Selbstverteidigung wählen können.»

«Aha. Hättest du das besser gefunden als malen?» (Besser? Finde ich das besser? Schwanken zwischen Kindeslieb und Königstreu!)

«Schöner finde ich malen. Aber vielleicht wäre Selbstverteidigung für dich wichtiger?!»

«Wie meinst du das?» «Malen ist friedlich. Wenn alle malen statt schlagen würden, wäre das Leben bestimmt schöner. Da bräuchte man auch keine Selbstverteidigung. Aber die Realität ist eben, daß überall Aggressivität herrscht und man sich dagegen wehren können muß.» Tiefes Seufzen.

«Ich würde mich aber auch dann nicht lieber schlagen, wenn ich Selbstverteidigung könnte. Ich bleib beim Malen.»

Üben ist ebenso schlimm wie schimpfen

4. Mai 1987 Plötzlich tauchte heute eine alte Mathearbeit auf. Vor zwei Monaten geschrieben. Von 40 möglichen Punkten hat er 20 erreicht. Darunter steht: «Zu langsam! Fast drei Unterrichtsstunden gebraucht! 4!»

Das ist Kindesmißhandlung, Herr K.! So was gehört Ihnen um die Ohren geschlagen.

«Und warum hast du mir die Arbeit nicht gezeigt? Sie hätte doch auch unterschrieben werden müssen!»

«Ich dachte, du würdest schimpfen!»

«Nein, geschimpft hätte ich sicher nicht, das weißt du. Aber wir hätten die Aufgaben zusammen üben können, die du nicht geschafft hast.»

«Auch nicht besser. Ob du schimpfst oder ob wir üben – ich will doch auch noch mal spielen!»

11. Mai 1987 Beim Abendbrot gibt es eine lange Unterhaltung. Ich habe Stephan im Verdacht, daß dieses seine Lieblingsredezeit ist, weil er dann das Zu-Bett-gehen hinausschieben kann. Und *diese* Themen, die er da bringt (das hat er schon lange raus!), die breche ich nicht mit kurzer Handbewegung ab.

Im Freundeskreis ist ein Kind adoptiert worden – sehr schwarz, sehr negroid. Ob der David direkt aus Afrika käme, will Stephan wissen. Nein, er kommt aus Südamerika und ist ein Mischling.

«Was ist das denn?»

Ich erkläre es.

«Mischling hört sich aber wie was sehr Schlechtes an, wie ein Schimpfwort. Ich finde nicht gut, daß du das über David sagst!»

Ich erkläre wieder – und dabei fällt auch das Wort «Indio». Da spitzt Stephan die Ohren und will mehr hören. Während wir am Käsebrot kauen und die Gewürzgurke brüderlich-schwesterlich teilen, erzähle ich von Südamerika: von den Menschen, die dort früher lebten, denen das Land gehörte, von den Portugiesen und Spaniern, die kamen, alles raubten, Menschen töteten, Menschen unterdrückten, ausbeuteten, sie um ihr Land, um ihr Gold, um ihre Würde brachten...

«Aber heute ist das doch alles anders. Heute wird doch dort keiner mehr ausgebeutet, und Sklaven gibt es auch nicht mehr!» wendet das Kind ein.

Ich erkläre wieder, erzähle ihm, wie man Menschen auch versklaven kann, ohne daß man sie kauft und verkauft, wie man sie ausbeuten kann, indem man sie «dumm» hält. Wenn man ihnen nicht Rechnen beibringt – dann können sie ihre Löhne nicht nachrechnen und nicht die Preise für ihre Arbeit und ihre Waren bestimmen oder korrigieren. Und wenn man ihnen das Lesen und Schreiben nicht beibringt, wissen sie nicht über ihre Rechte nachzulesen, müssen alles für richtig halten, was ihr Patron ihnen erzählt, sind ihm und den Regierungen ausgeliefert.

So geht es hin und her mit unserem Gespräch – die Bade- und Vorlesezeit ist längst gekommen.

Plötzlich sagt Stephan: «Aber das, was Frau Wagner uns im letzten Jahr erzählt hat in Religion, als wir das große Hungertuch aus Südamerika an der Wand hängen hatten, das ist doch viel richtiger! Sie hat gesagt, daß die Leute dort nur so schöne Handarbeiten machen können, weil sie *nicht* zur Schule gegangen sind. Denn sonst hätten sie andere Interessen – sonst würden sie sich auch nur um ihre Häuser kümmern und immerfort mit ihrem Auto durch die Gegend fahren. Und dann hätten wir nichts mehr von ihrer Kultur, die ja noch so ist wie früher!»

!!!!!!!!!!!

Wie Frau Wagner den Begriff des «Hungertuches» dort hinten an der Wand des Klassenzimmers erklärt hat, weiß das Kind nicht mehr. Vielleicht ist es auch gut so!

An diesem Abend bin ich froh, meinem Kind erklären und zeigen zu können, daß man «alte Techniken» auch dann noch haben und können und lieben kann, wenn man liest, schreibt, Auto fährt, Radio hört, mit Flugzeugen unterwegs ist. Ich zeige ihm meine Webarbeiten, die plötzlich für ihn einen ganz anderen, einen «historischen» Stellenwert bekommen. Wir besehen uns Handarbeiten (zugegeben, die bolivianischen Frauen können's besser und schöner als ich!), wir blättern in Büchern über alte und neue Kunst, über altes und neues Kunsthandwerk – und plötzlich findet er es «einfach toll», daß es vor ein paar hundert Jahren auch schon Druck- und Radierpressen gab, wo er sich vor kurzem doch gerade an seiner ersten Radierung versucht hat – auf meiner neuen Presse, die im Prinzip nicht anders funktioniert als die Pressen vor 300 Jahren!

Machu Picchu

12. Mai 1987 Wie gerufen – heute ein Reisebericht über den Machu Picchu, den «Alten Berg» in Peru, von dem bis heute nicht klar ist, welchem Zweck er mal diente, wann die Befestigung gebaut und warum sie verlassen wurde. Eines der wenigen Rätsel, um die sich noch Neugier entfalten und Mythen spinnen lassen können!

Ich lese ihn Stephan vor, und dann blättern wir noch eine halbe Stunde lang in einem älteren Buch über den Machu Picchu, das faszinierende Ansichten in Farbe bietet.

«Und das konnten die Menschen schon damals bauen?» Stephan kommt aus dem Staunen nicht mehr raus – und ich kann ganz unauffällig an unser Gespräch von gestern anknüpfen. Der mündige Bürger wird in der Schule nun nicht gerade herangezogen, der demokratische auch nicht – und noch schlimmer: noch nicht einmal der christliche, der Verantwortung für seinen Nächsten – und sei er noch so fern – zu übernehmen hat. Was wird dort überhaupt herangezogen?

20. Mai 1987 Gestern habe ich Stephan zu Hause gelassen. Er war müde, blaß, hustete wie ein Tbc–Kranker und war glücklich, als er um 7.30 Uhr wieder ins Bett durfte mit Wollsocken und heißem Tee.

Heute nun wieder Schule. «Muß ich...?» «Ja, du mußt!» «Na, dann geh ich eben...!» Hätte ich gewußt, was heute passieren würde, hätte ich ihn am Bettpfosten festgebunden!

Um 15.30 Uhr kommt er, nein, fällt er durch die Tür. Käsebleich, zu Tode erschöpft. Noch bevor ich die Tür wieder geschlossen habe, stößt er hervor: «Frau Berger wird dich gleich anrufen, wegen dem, was passiert ist!» Mir wird fast schlecht. Beim Schuheumziehen kippt er fast um. Ich auch. Ich lege mich lieber wieder in mein Grippebett, da habe ich festen Halt. Er setzt sich dazu. Unzusammenhängend kommen Dinge wie totschlagen... großer Bruder... ich hab ihr den Arm gebrochen, aber das stimmt nicht... Angst... keine Schuld... Lehrerin und die Mädchen auch totschlagen... morgen nicht mehr Schule...

Ich frage nach, kriege Angst im Angesicht dieses Chaos', bohre, frage – es wird nicht deutlicher! Während wir noch reden, klingelt es an der Wohnungstür. Die Lehrerin steht davor, fast ebenso erschöpft. Und dann puzzelt sich der Tag zusammen: Morgens werden Sabine, Maria und noch ein anderes Mädchen von Rosas großer Schwester beim Verlassen des Busses in Empfang genommen mit den Worten: «Wir schlagen euch alle tot und ihr könnt eurer Lehrerin, dieser Kanackenhure sagen, daß sie auch totgeschlagen wird!» Maria wird noch beschieden, daß sie ihre «dreckige Kanackenfresse» halten solle, sonst bekäme sie diese gleich poliert.

Die Kinder gehen völlig verstört in den Unterricht. Die ersten beiden Stunden Werken. Es wird mit Pappmaché gearbeitet. Rosa, laut, unruhig, aggressiv, hat sich heute Stephan zum Ziel ihrer Angriffe auserkoren, nachdem sie bereits in den letzten Wochen der Reihe nach alle Mädchen grün und blau geschlagen hat. Sie wirft mit nassen Papierkugeln, trifft mal Stephans Pullover, mal sein Machwerk, das jedesmal in sich zusammenfällt. Er protestiert laut und aufgebracht. Als er aufsteht, um sich einen anderen Platz zu suchen – weit ab von Rosas Aggressionen – tritt diese ihm mit voller Kraft in die Kniekehle, so daß er sofort zusammenknickt. Daraufhin dreht er sich um und tritt (auch nicht die feine englische Art!) der Rosa in den Hintern. (Sein späterer Kommentar: «Ich dachte, da schadet es am wenigsten!»)

Die Werklehrerin, nun endlich aufmerksam geworden (reichlich spät!) kommentiert nur von vorne: «So, nun macht mal weiter, nun seid ihr ja quitt!» Aber Rosa reicht es noch nicht. Sie will Revanche, holt aus, trifft aber nicht Stephan, sondern die Tischkante. Die Hand schwillt schnell an, die kalten Umschläge helfen nicht viel. Daraufhin schickt die Lehrerin Rosa in Begleitung zweier Mitschülerinnen nach Hause – mit der Weisung, den Eltern den genauen Hergang und Rosas aggressive Initiative zu schildern.

Als die Kinder um 15 Uhr das Schulgebäude verlassen, werden sie von Rosas Cousin und dem 17jährigen Bruder erwartet. Der Cousin identifiziert Stephan, und der große Bruder greift ihn sich in unnachahmlich sizilianischer Rachemanier und schleudert ihn unter wüsten Flüchen gegen eine Mauer. Er habe seiner Schwester die Hand gebrochen, und morgen würde er dafür totgeschlagen. Die anderen Kinder sehen entsetzt zu, woraufhin auch sie noch ihr Fett abkriegen: Kevin wird ein Bein gestellt, er schlägt lang hin, schlägt sich das Knie blutig, und die herbeieilende Klassenlehrerin bekommt Bescheid, daß sie als «Kanackenfresse» auch gleich totgeschlagen würde. Die Kinder retten sich in die Schulbusse. Die Lehrerin hetzt ins nächste Polizeirevier.

Nun sitzen wir alle am Tisch, trinken Tee zur Beruhigung und sind ratlos. Wir überlegen: Anzeige? Dauert zu lange, hat vermutlich kaum Wirkung. Frau Berger argumentiert sozialpädagogisch: da würde dann eine Ausweisung drohen, und soweit wolle man es doch nicht kommen lassen. Eine Ausweisung droht nicht, läßt später ein Vater wissen. Italiener seien schließlich EG-Bürger.

Wir konferieren an diesem Nachmittag und Abend volle sechs Stunden – auch als alle Kinder schon in ihren Betten liegen. Alle Eltern erzählen von der Angst ihrer Kinder. Sie haben die Angriffe als sehr massiv und gefährdend erlebt – zumal auch noch die Lehrerin hilflos dabeistand und angegriffen wurde.

Die deutschen Eltern verhehlen nur sehr schwer, daß «solche Leute raus gehören». «Sind wir in unserem eigenen Land nicht mehr vor dieser Mafia sicher?» «Wenn die sich hier nicht einfügen, müssen sie eben gehen. Basta!»

Ich frage die Lehrerin, die sonst sehr liberal ist und immer wieder auf Völkerverständigung drängt, wie wir unter diesen Umständen unsere Kinder zu Ausländerfreundlichkeit oder wenigstens Tolerierung erziehen sollen. Sie blickt mich nur stumm an und nickt.

Wir gehen alle Möglichkeiten durch: der Elternsprecher wird zum (neuen!) Rektor gehen, der nicht bereit ist, etwas zu tun, weil «Ruhe die erste Bürgerpflicht» an dieser Schule ist. Diese Weisung der bischöflichen Behörde schwebt über jeglicher Schulpolitik. Die Schule ist eine Wahlschule, und wenn in der Bevölkerung bekannt wird – so der Hintergedanke –, daß nicht einmal in katholischen Grundschulen mehr die Welt noch in Ordnung ist, dann kann die Schule über kurz oder lang schließen! Das wäre wieder ein Macht- und Einflußverlust.

Seltsamerweise (oder auch nicht?) fügt sich diesen Weisungen *jeder* Schulleiter – selbst der neue, der sich an der Uni vor einem Jahr noch gebärdete wie die Speerspitze der Revolution. Nun soll er Feuer unter den Hintern kriegen. Der Ausgang dieses Gespräches wird dann über weitere Maßnahmen entscheiden.

Parallel dazu will eine spanische Mutter zu der Italienerfamilie gehen. «Ich als Ausländerin kann vielleicht besser mit ihnen sprechen. Ich verstehe auch italienisch. Ich will hören, was die Eltern dazu sagen. Wenn sie das richtig finden, kriegen sie eine Anzeige. Und wenn nicht, dann sollen die Kinder sich entschuldigen – darauf werde ich dringen!» Eine deutsche Mutter will auch mit Rosas Mutter reden. Sie kennt sie von früher, sie haben sich vor zehn Jahren mal eine Putzstelle in einer Behörde geteilt. «Ich versteh das nicht», sagt sie. «Ob sie all das weiß, was ihre Kinder da machen? Sie steht immer sehr hinter ihnen. Aber ich glaube nicht, daß sie *das* richtig findet.»

Und weil das alles noch ein paar Tage dauern wird, unsere Kinder aber heute schon Angst haben, morgen wieder in die Schule zu müssen, richten wir einen Hol- und Bringedienst ein. Das Ganze zu Fuß, denn die Schulbusse nehmen keine Erwachsenen mit. Für die nächsten zwei Tage ist der Schulweg gesichert – morgen früh gleich bin ich dran. Wohl fühle ich mich nicht. Ich habe Angst. Ich werde einen Regenschirm mitnehmen. Lachhaft... Lachhaft... Ach, es regnet doch sowieso ständig!

Und dann? Ich habe noch nie mit einem Gegenstand nach jemandem geschlagen. Ob ich das könnte? Ich habe viel zu viel Angst vor Verletzungen, vor Schäden, vor Folgen – für mich und für andere. Und außerdem – wenn jetzt die halbe Sippe dort lauert? Ich käme kaum gegen einen aggressiven Jugendlichen an. Und Frau Berger hat gesagt, hinter dieser Familie stehe eine ganze Sippe sizilianischer Couleur, die stets geschlossen auftrete, wenn's drauf ankäme.

Am Schluß aller Unterredungen stellt sich plötzlich heraus, daß diese ganze Angelegenheit eine lange Vorgeschichte hat. Rosa soll seit langem auf die Sonderschule. Die Mutter verweigert die Zustimmung, ihre Kinder seien nicht blöde, die Lehrerin habe etwas gegen sie, weil sie Ausländerin sei. Seit Monaten finden Gespräche statt, und seit Monaten wird die Lehrerin bedroht! Selbst in einem Gespräch, bei dem auch der Rektor anwesend war, stößt der Vater (!) Morddrohungen gegen die Lehrerin aus. Sie habe diese nie ernstgenommen. Aber nun plötzlich habe sie Angst. Man sieht es ihr an.

Als ich mir spätabends noch einen Kaffee mache und eine Chopin-Platte auflege (wenigstens einmal am Tag was Erfreuliches!) fällt mir der Spruch von einem Aufkleber aus der Sammlung meines Sohnes ein: «Geht es Ihnen gut oder haben Sie auch ein Kind in der Schule?»

Wann wird in dieser Klasse endlich mal so eine Ruhe herrschen, daß die Kinder sich entspannen können zum gemeinsamen Lernen, Arbeiten, Spielen, Lachen...?

Phantasievoll

29. Mai 1987 Der Aufsatz ist zurückgegeben. Sein «Befriedigend» teilt er so emotionslos mit, daß es schon verdächtig ist.

«Sie hat gesagt, die Geschichte ist sehr phantasievoll, aber ich bin ja nicht fertig geworden!»

«Und deshalb eine Drei?»

«Ja, ich glaube.» Stimme in Moll – also doch nicht so ganz ohne Emotionen!

Der Aufsatz ist wirklich voller Phantasie und Abenteuer – eine Weltumsegelung mit Papa, Begegnungen mit gefährlichen Meerungeheuern, und dann laufen sie plötzlich eine Insel an – eine Insel voller Gefahren... Und da waren die 45 Minuten Aufsatzstunde wohl um. *Ich* hätte auch gerne gelesen, was da alles auf die beiden Weltumsegler zukommt! Ob die Lehrerin wohl auch enttäuscht war – so ums spannende Ende gebracht?

Meine besondere Überraschung: es sind fast keine Schreibfehler drin – auf zwei DIN-A4-Seiten weniger als im geübten Diktat von sieben Zeilen. Das sollte zu denken geben!

«Wie geht die Geschichte aus? Ich finde, sie ist zwar spannend, aber doch nicht zu Ende...» steht drunter. Ich soll unterschreiben. Welche Funktion soll meine Unterschrift eigentlich haben? Daß ich das ganze kommentarlos zur Kenntnis nehme? So einfach will ich es mir und ihr nun doch nicht machen. «Hat S. den Aufsatz hier ‹beendet› oder hatte er nicht ausreichend Zeit? In diesem Fall fände ich die Zensurierung problematisch, weil da letztlich ‹Zeiteinteilung› zensiert wird, zu der Neunjährige in diesem Maße noch nicht fähig sind (vor allem nicht phantasievolle Kinder!). ...Phantasielosigkeit, Kürze, Kargheit würden in so einem Fall also positiver beurteilt werden, weil ein Ende erreicht wird?» schreibe ich darunter.

Hoffentlich versteht sie mich richtig. Hoffentlich ist sie nicht gekränkt. Lehrer sind nicht gewohnt, daß man ihre Urteile in Frage stellt.

Anschließend sehe ich mir das ganze Aufsatzheft an: vier Aufsätze: 2, 3, 2, 3. Er erzählt wirklich lebendig und viel (kein Wunder, daß die Zeit nicht reicht!). Aber jedesmal fehlt der Lehrerin etwas: entweder das Ende oder ein verbindender (erklärender!) Satz. Ich kann seine Gedanken gut nachvollziehen – es muß auch nicht alles ausführlich gesagt sein. Er wechselt manchmal die Zeit. Inzwischen schreibt er schon in Klammern: «(ein halbes Jahr später)» – eigentlich merkt man's auch so.

Er wechselt auch die Orte – plötzlich ist der Held in einer Höhle angekommen. Da fehlt der Lehrerin das Wie und der Weg und das Warum. Warum eigentlich? Vielleicht sollte sie sich mal ein bißchen mit Literatur befassen? Oder wenigstens mit neuerer Kinderliteratur, in der auch Denken verlangt wird und nicht jede Handlung bis ins letzte langatmig dargelegt wird.

Vielleicht sollte man Deutsch-Lehrer auch wirklich vorher Deutsch studieren lassen und nicht nur Kunst und katholische Religion? Oder umgekehrt: vielleicht sollte man die Lehrer (nur) das unterrichten lassen, was sie studiert haben!? Folgt man natürlich den Ausführungen unserer Kultusminister, so muß ein Lehrer eben alles unterrichten können – seine Fächer studiert er nur exemplarisch – sozusagen um zu lernen, wie man lernt und um zu lernen, wie man lehrt. Nur: *das* lernen sie am wenigsten in unserer Lehrerausbildungsakademie!

Un – sein

4. Juni 1987 «Wir sind schon wieder umgesetzt worden!»

«Wieso denn das?»

«Weiß ich nicht. Hat sie nicht gesagt.»

«Und mit wem sitzt du jetzt zusammen?»

«Na, mit den drei Sabbeltanten!»

«Wieso Sabbeltanten?»

«Na, die quatschen doch ohne Unterbrechung. Und da kann man nichts machen. Und wenn wir eine Mathearbeit schreiben, redet Sonja immerfort, daß sie das nicht kann... Und ich werde dann ganz nervös und kann mich nicht konzentrieren, und dann wird immer aus meinen Arbeiten nichts.»

«Dann bitte doch Herrn K., daß du dich für die Zeit der Arbeiten an einen anderen Tisch setzen darfst.»

«Da ist doch kein Platz!»

«Aber du hast doch schon mal woanders gesessen – war das nicht sogar auf dem Flur? Und das waren doch die beiden Arbeiten, in denen du die beiden Einsen geschrieben hast!?»

Stephan grinst unverhohlen: «Ja, da mußte ich auf den Flur. Aber auf den Flur darf ich doch nur, wenn ich un bin. Sehr un!»

«Sehr was?»

«Sehr un!»

???

«Ungezogen, unausstehlich – alles einfach, was mit un anfängt. Dann schmeißt er mich raus, und dann kann ich da in Ruhe rechnen. Aber ich kann ja nicht immer un sein, ich weiß ja auch nicht, ob das immer so klappt!»

4. Klasse

Einmal in drei Jahren gelacht

Der Ernst des Lebens
Manche Lehrer verstehen auch einen Spaß. Die lachen mal, wenn es danach ist. Dann wird wieder geschafft. Einen hatten wir, der hat nie gelacht. Der verstand keinen Spaß. Da saßen wir immer ganz still. Das ist der Ernst des Lebens, hat mein Papa gesagt, es ist gut, wenn ihr den schon in der Schule kennenlernt.
So ernst ist das Leben wohl nicht immer, dachte ich mir. *A. Schütt*

7. August 1987 «Von Herrn K. habe ich heute zum Geburtstag was nachträglich bekommen. Ist das nicht toll?»

«Wie kommt das denn? Er ist doch gar nicht euer Klassenlehrer!»

«Das macht doch nichts. Der macht das immer so. Ich habe einen ganz dicken Radiergummi gekriegt. Gut, nicht? Ich hab gleich meinen Namen draufgeschrieben. Der Ratzefummel ist so groß, daß mein ganzer Name draufpaßte!»

«Also, ich finde Herrn K. eigentlich richtig nett», sage ich (mal abgesehen von seinen Mathearbeiten!!), «ich glaube, der mag Kinder!»

«Na jaaaa... also manchmal denke ich das auch. Aber er ist immer so ernst und lacht nie. Und ich finde, ein Lehrer muß auch mal lachen!»

«Na, irgend*wann* wird er doch auch mal lachen. Soviel Lustiges gibt es in der Mathematik ja auch nicht.»

«Ja, einmal hat er gelacht. Da sah er richtig gut aus und so freundlich.»

«Einmal in der letzten Woche?»

«Neiiiin, Mama, in der ganzen Zeit, wo ich ihn kenne!»

«Das sind doch schon drei Jahre!»

«Ja! Aber da sah er wirklich freundlich aus!»

10. August 1987 An den ersten vier Schultagen des vierten Schuljahres zeigt sich schon wieder, was es alles an Schwierigkeiten, Störungen, Ärgernissen, Querelen und Konflikten geben kann und geben wird. Am ersten Tag kamen zwei neue Schüler – sitzengeblieben. Der eine von ihnen verschwand am dritten Tag bereits wieder zu einer Sechs-Wochen-Kur.

Am zweiten Tag kam ein dritter Neuer. Er ist Italiener, seit ein paar Wochen in Deutschland. Sein Wortschatz beschränkt sich auf seine Adresse, «Ja» und «Bier». Am vierten Tag kam der vierte Neue. «Nun haben wir einen zweiten Karl», teilt Stephan mit der entsprechenden Mimik mit. Ich stelle mich dumm: «Wieso, heißt er auch Karl?» «Nein, er ist wie Karl, nur viel, viel schlimmer!» «Schlägt er?» «Bisher nicht. Aber er beschimpft uns. Jedes Wort von ihm ist ein Schimpfwort, und er schreit sie uns richtig ins Gesicht!»

Karl ist gerade ein Vierteljahr aus der Klasse raus. Kaum hat sie sich etwas beruhigt, kommt der nächste «Karl». Eine tolle Entscheidung.

Sabines Mutter kommentiert: «Unsere Klasse ist der Schrottplatz der Schule. Die anderen Klassen halten sie sich sauber, damit sie wenigstens mit *den* Kindern weiterkommen. Bei unseren kommt es inzwischen wohl nicht mehr drauf an.»

Wir rechnen nach und holen die Kinder zur Hilfe. Wir zählen die Klassenkameraden durch. Das Ergebnis ist niederschmetternd: In den ersten drei Schuljahren sind 16 Kinder rausgeflogen und zehn neue hinzugekommen! Von den 24 ABC-Schützen sind noch ganze acht in der Klasse – der harte Kern. Drei Jahre lang Kommen und Gehen. Drei Jahre lang Neubeginne und Abschiede, Gewöhnenmüssen und Trennungen, Umsetzungen, Rausschmisse, Sitzenbleiben – wie viele Kindertränen? Und es betrifft ja nicht nur die, die es betrifft. Alle sind sie gestört in ihrer Ruhe – zumal die wenigsten «Abgänge» konfliktlos über die Bühne gingen.

«Gruppendynamik» gehört nicht zu den Pflichtveranstaltungen in der Lehrerausbildung. Sie wird «unter ferner liefen» mal hier, mal da angeboten, man kann als Student Glück haben und erwischt ein Seminar zu diesem Thema. Wenn nicht, dann nicht! Da die Dozenten weitgehend ihre Hobbys in der Lehre pflegen, da es keinen verbindlichen Studienaufbau gibt (allenfalls Empfehlungen, an die sich nicht selten weder Kollegen noch Studenten halten), da kein Student vom ersten Semester an darüber beraten wird, was er brauchen wird, was er haben muß, was worauf aufbaut, was für die Praxis unerläßlich ist, wann welche Inhalte sinnvoll sind und wer was wann wofür anbieten wird, kann es sein, daß die Gruppendynamik oder eine Einführung in die Gruppenpädagogik lange am Kommilitonen vorbeigerauscht sind, bevor er je das Wort gehört und von seiner Bedeutung für die Praxis vernommen hat. Das nächste Angebot kann kommen, wenn er bereits im Examen sitzt. Oder auch später. Oder gar nicht. Es gibt kein Muß – wir haben die Freiheit von Forschung und Lehre! Wohlgemerkt: von! Nicht: für!

Und in der Praxis wundert's alle, wenn um und um gewühlte Klassen, in denen kein Quartal Ruhe herrscht, nicht unterrichtbar sind. Es sind immer die gestörten Kinder, die Elternhäuser, die überbehütenden Mütter, die verwahrlosenden Väter, die Ehekräche zu Hause, das Milieu, die Ausländermentalität – es sollte doch mit dem Teufel zugehen, wenn kein Buhmann zu finden wäre.

Und was war noch?

Der Klassenraum soll renoviert werden. Das finde ich schon seit Jahren – er ist eine unästhetische Schmuddelbude mit abblätterndem Putz, Flecken an den Wänden, ausgerissenen Schlössern an den Fächern – Müll, Schrott. Die Fenster sind nicht dicht, der Kitt bröckelt, die Heizkörper schmutzig, der Anstrich sicher zwanzig Jahre alt.

Für die Renovierung – so wird uns schriftlich mitgeteilt – stehe jedoch kein Geld zur Verfügung. Nicht mehr in den achtziger Jahren. Die Renovierung müsse durch die Eltern erfolgen. «Bitte nennen Sie mir Termine, wann Sie zum Streichen der Wände und der Fußleisten kommen können», schreibt die Klassenlehrerin. Mündlich wird uns mitgeteilt, daß nach geradezu haarsträubenden Verhandlungen mit dem Bauamt – Abt. Schulen – die Kosten für die Farbe genehmigt wurden. Allerdings erst nach der Drohung, die Angelegenheit zu skandalisieren (hat sie's gewagt?).

Bei den meisten Eltern herrscht Empörung. Sie wollen nicht mitmachen. Das führe zu weit! Wenn Prinz Charles und Prinzessin Di kämen, würde allein das Feuerwerk 15000,– DM kosten, von allem anderen ganz abgesehen. Sie verdienten schließlich mühsam ihr Geld. Sie zahlten übermäßig Steuern – und nun wollten sie nicht auch noch staatlich verordnete Aufbaustunden leisten!

Wir sind tatsächlich nur drei von dreißig Elternteilen, die sich bereiterklären. Ich teile jedoch meine Bedenken mit: wenn das einreißt, fühlt die Stadt sich zu gar nichts mehr verpflichtet – die Eltern werden's schon richten. Andererseits leben und lernen und arbeiten unsere Kinder in einer Umgebung, die ihnen täglich zeigt, was der Staat (und die Kirche – es ist eine konfessionelle Schule!) von ihnen hält: nichts.

Aufsichtspflicht – oder Der Landschulheimaufenthalt

17. August 1987 Elternabend! Es steht der »Landschulaufenthalt« aller vierten Klassen im Herbst an. Die Lehrer wollen sich mit ihren Schützlingen auf die Puschen machen und in ein Hüttendorf fahren. Das Ziel steht fest – diskussionslos! Obwohl es klare Empfehlungen der Kultusministerkonferenz gibt, die eine gegenseitige Absprache vorschlagen. Nun ist «Demokratie» natürlich nicht jedermanns Sache – und gegen die Phrase: «Das machen wir schon immer so!» ist kein Kraut gewachsen.

So traben wir also abends an: die Eltern aller drei Klassen – zusammengepfercht in den Filmraum, natürlich wieder auf Kinderstühlchen! Erst werden uns ein paar Dias gezeigt («um die hohen Kosten zu rechtfertigen!» mutmaßt mein Nachbar). Dann werden Zettel verteilt und idiotensicher erläutert, daß jeder davon drei haben müsse. Drei verschiedene! Drei – numeriert mit 1 – 2 – 3. Der erste Zettel ist die Anleitung für die anderen Zettel. Das zweite Blatt «beinhaltet ja unsere komplette Stammesgeschichte», befindet mein Banknachbar. Auskünfte über alles und jedes. Wenn man das liest, bekommt man einen Eindruck davon, was auf einer solchen Reise alles passieren kann. Lediglich die Anschrift des Beerdigungsinstituts ist nicht gefragt. Das dritte Blatt ist die Liste der mitzunehmenden Gegenstände: für drei Wochen Nordsee nehme ich auch nicht mehr mit. Alles ist vorher zu zeichnen, Bettenbeziehen ist vorher zu üben, Kinder, die nicht parieren, fliegen sofort, Eltern haben jedoch weder anzurufen noch aufzukreuzen.

Dann geht es um die Kosten. 125,- DM für fünf Tage hieß es noch vor sechs Wochen. In Zeiten galoppierender Inflation sind es heute 130,- DM für vier Tage. Seltsam, denke ich, keiner fragt nach – vielleicht schämen sie sich alle und mögen nicht fragen? Geld hat man – aber man spricht nicht darüber? Und die am wenigsten haben, geben es am wenigsten zu! (Das kenne ich noch aus meiner eigenen Kindheit – da wurden lieber alle möglichen Ausreden gebraucht, als zu sagen: sorry, diesen Luxus können wir uns nicht leisten!) Armut ist noch immer eine Schande – und wie viele der Anwesenden hier mögen arbeitslos sein?

Also frage ich – ich kann es mir (noch!) leisten. Warum es so teuer ist, weiß die Lehrerin auch nicht. Ob es Zuschüsse gibt? Weiß sie nicht! Heizungskosten sind enthalten und Kosten für das hauseigene Schwimmbad. Da kommt eine Stimme von vorne und hakt nach – und siehe da – die Kinder werden das hauseigene, kostbare, gepriesene Bad gar nicht benutzen können. Es hat nämlich keine der vier mitfahrenden Lehrerinnen einen Grundschein! Betretenes Schweigen! Staunen der Betroffenen! Na, so was!

Als nächstes ist zu unterschreiben, daß wir unseren Kindern gestatten, sich ohne Aufsicht im Gelände zu bewegen. Es riecht penetrant nach Absicherung um jeden Preis! Auch dazu scheint nur mir etwas aufzufallen: welche Uhrzeiten denn damit gemeint seien – für mich wäre es ein Unterschied, ob mein Sohn sich mittags um elf oder nachts um drei im Gelände herumtreibt. Gemurmel. Daran haben sie nicht gedacht (allerdings auch nicht daran, daß sie sich nicht mit einer Unterschrift unter jede x-beliebige Formulierung von ihrer Verantwortung freikaufen können!).

Noch während es hin und her geht, fällt mir ein, daß die Kinder in sechs Blockhütten untergebracht sind – jedoch nur vier Lehrkräfte mitfahren. Ich frage, von wem denn die anderen Kinder des Nachts beaufsichtigt werden. Ich werde nicht verstanden. Wieder hin und her – und dann stellt sich auf einmal heraus, daß die Lehrer gar nicht gewillt sind, mit den Kindern zusammen in den Hütten zu schlafen! Schließlich wollten sie nach vier Tagen «nicht am Ende» sein. Sie schlafen woanders und werden bis Mitternacht Kontrollgänge machen.

Da anscheinend nur ich dieses Blockhüttendorf kenne – im tiefen Tann gelegen, fernab von allem, jede Hütte von der anderen ca. 100 m entfernt – bin ich wieder die einzige, die argumentiert. Aber ich schaffe es nicht! Gegen so geballte Dummheit, Arroganz und Ignoranz komme ich nicht an.

«Kontrollgänge genügen, schließlich schlafen die Kinder nachts!»

«Wenn die Kinder nicht die Verbote beachten, müssen sie sofort abgeholt werden!»

«Rausgehen tun die Kinder abends nicht!»

«Reinkommen in die (offenen) Hütten tut auch keiner. Die Pforte vorne wird abgeschlossen.» (Der Rest ist Wald und Maschendrahtzaun!)

«Die Kinder können uns ja jederzeit holen, wir sagen ihnen, wo wir zu finden sind!»

«Nein, Kinder in dem Alter haben nachts draußen keine Angst, außerdem sollen sie ja Taschenlampen mitnehmen!»

So geht es über eine halbe Stunde. Zwischen den Eltern ist schon viel Unruhe entstanden. Leider ist kaum etwas von dieser «Meinungsbildung» zu verstehen.

«Und wenn es brennt?» will jemand wissen, «schließlich sind das Holzhäuser!» «Darum dürfen die Kinder ja auch keine Streichhölzer mitbringen!» (Soo einfach ist das!)

Die Bücher kosten nur noch
ein Fünftel ihres früheren Preises . . .

«Und wenn sich ein Kind auf dem Weg zur Toilette verirrt?» «Dann muß das eben vorher mit dem Kind trainiert werden.» «Das geht aber nicht, unsere Tochter wird gar nicht richtig wach dabei, und manchmal verirrt sie sich sogar nachts in der Wohnung!» «Wenn man ihr das nicht abgewöhnen kann, kann sie eben nicht mit!» (Noch so ein schlichtpädagogisches Weltbild).

«Aber so können Sie doch gar nicht Ihrer Aufsichtspflicht genügen! Wenn da nun was passiert?» «Da ist noch nie was passiert, und das machen wir schon seit Jahren so!» (Noch so eine Killer-Phrase).

Und: «Außerdem sind wir in unserer Aufsichtspflicht weitgehend abgesichert, wenn wir die Kinder an ihre Pflichten erinnern. Es gibt Verbote, und an die haben sie sich zu halten. Das wissen sie. Und wenn das nicht klappt, gehen sie eben nach Hause!»

Fällt den Pädagogen eigentlich nichts anderes mehr ein als halbverdaute Juristerei zur eigenen Absicherung, vermischt mit Drohungen? Haben sie nicht den geringsten Einblick in ihre Berufsrolle? Kennen sie denn weder Pflichten noch Rechte? Warum verschenken sie auch noch die kleinste Chance zur Einflußnahme im Guten?

Lehrer, so heißt es immer, seien so machtlos, seien den Erlassen ausgeliefert, könnten kaum noch eigene Entscheidungen treffen, könnten nicht mehr «pädagogisch» tätig sein! Hier *könnten* sie's. Aber können sie's? Wollen sie's?

Vier Nächte mit je neun Kindern der eigenen Klasse in einer Hütte – was daran ist so problematisch, daß sie glauben, nach dieser kurzen Zeit fix und fertig zu sein? Und zum anderen: wenn die Kinder abends und nachts ruhig sind, kann auch die Lehrerin schlafen. Sind sie es nicht – wie können sie sich dann zehn Stunden lang allein überlassen bleiben? Es ist alles so unlogisch, so unausgegoren, daß eine Systematik darin nicht mehr ausgemacht werden kann – es sei denn die, sich das verbeamtete Lehrerdasein so bequem wie nur irgend möglich zu machen.

Dann werden wir alle, die herumargumentiert haben, einzeln gefragt: mit oder nicht-mit? Die meisten Eltern beugen sich – selbst diejenigen, die vorher herbe Bedenken angemeldet haben. Überblicken sie es nicht? Wagen sie nicht, sich zu wehren? Kennen sie nicht ihre Rechte? Marias Mutter läßt es noch offen. Sabines Eltern sagen klar «nein» und ich verlange, «Aufsicht, sonst keine Mitfahrt!»

«Wenn drei oder vier Kinder nicht mitfahren, blasen wir das Ganze eben ab», sagt die Klassenlehrerin scharf und pikiert. Die anderen werden schwankend. «Das ist Erpressung», sage ich. «So nicht! Davon ist nichts geregelt. Wenn das Ganze sich so problematisch anläßt – warum nur um Himmels willen wollen Sie nicht mit den Kindern schlafen?» «Ich *will* nicht», sagt Frau Berger mit Nachdruck, eigenwillig, trotzig, bockig. Bei meinem Sohn würde ich weiterbohren. Bei ihr lasse ich das – sie ist schon zu verbohrt.

Beim Wein in der Kneipe diskutieren wir weiter – Frau Berger, eingeladen und aufgefordert, hat abgelehnt: ihr sei der Abend nun verdorben. Sie sei enttäuscht, und *das* müsse sie jetzt erst mal verdauen.

«Verantwortungslos»

18. August 1987 Es läßt mir die ganze Nacht keine Ruhe. Ich schlafe schlecht, träume schlecht, wache schlecht gelaunt auf. Das kann doch nicht rechtens sein, denke ich. Bin ich nun bloß wieder die alte Mekkerziege?

Ich kriege einen alten Lehrerkalender her und suche mir die entsprechende Stelle heraus: der Leiter der Abteilung für Schulrecht... wenn der's nicht weiß!! Ich schildere ihm kurz den Sachverhalt und höre nur: «Verantwortungslos... mit so kleinen Kindern... da hätte ich ja sogar noch bei Abiturienten leichte Bedenken... dann haben die aber bisher immer Glück gehabt, wenn nichts passiert ist...» Ich frage vorsichtshalber (der «gesunde Menschenverstand» muß ja nicht immer mit «Recht» übereinstimmen!), ob eine Ermahnung an die Kinder ob ihrer Pflichten ausreiche, um der Sorgfalts- und Aufsichtspflicht zu genügen. «Lachhaft» sagt er, «absoluter Unfug!» (Tut gut zu hören, daß «Verstand» sich noch irgendwo schriftlich niederschlägt!)

Er fragt mich nach der Schule, nach Anschrift, Namen des Rektors – er will ihn anrufen – so ginge das nicht.

Abends ruft Frau Berger an – leicht kiebig fragt sie, ob Stephan nun mitführe oder nicht. Ich teile ihr meine Entscheidung noch einmal mit und erzähle darüber hinaus von der Rechtsauskunft. Sie wird daraufhin noch eine Stufe kiebiger, und dann falle ich fast auf den Rücken: «Wenn der Rektor uns die Fahrt verbietet, bleiben wir natürlich da. Und sonst fahren wir wie geplant...»

Eltern sind blöd

19. August 1987 Das Unter-die-Arme-greifen war nur eine kurze Illusion. Warum auch schreie ich schon wieder nach dem «starken Mann»? Als ob es einen solchen dort gäbe, wo Konflikte auszutragen sind.

Unser Elternsprecher hat den Herrn Dezernenten heute noch mal angerufen – sozusagen offiziell. Und was kam heraus? Ich hätte alles ganz «anders» dargestellt. So sei das nicht, der Rektor habe eine ganz andere Version gegeben (die natürlich stimmen muß, weil er der Rektor, der Kollege im weitesten Sinne ist, und weil Eltern ihr Elternrecht ohnehin nur deswegen haben, damit sie es mißbrauchen können!). Selbstverständlich könnten die Klassen so fahren – Kontrollgänge reichen aus!!

Herrn B.'s Schilderung beinhaltet die unausgesprochene Frage: «Wer hat denn hier nun geschwindelt?» *Ich* tippe auf den Rektor.

Was nun? Wir berufen eine Mini-Eltern-Konferenz ein und finden: wir dürfen uns nicht verschaukeln lassen! Wenn einem Kind etwas passiert, dann sind die Lehrer zwar «dran» – aber das Kind ist verletzt, geschädigt, fort, tot . . . weiß der Himmel. Außerdem haben wir inzwischen dieses Thema auch mit anderen Eltern besprochen, die Schulkinder haben, und keiner ist in den Diskussionen auf Zustimmung gestoßen. Die übliche Reaktion war: «Da würde ich nicht mitmachen!» Ich habe zusätzlich Lehrer aus dem Freundeskreis gefragt, die sehr um einen Hauch von Solidarität mit den Kolleginnen bemüht waren. Aber das mit Abstand Zustimmendste war: «Mensch, die sind aber mutig!»

So schreiben wir also einen Brief an den Herrn Dezernenten, schildern noch einmal den Konflikt, decken den Widerspruch in seinen Aussagen auf und erwarten von ihm innerhalb von acht Tagen eine definitive, rechtsverbindliche und vor allem schriftliche Antwort. Das wird nun heiß für ihn werden – ich bin gespannt, mit welchen Redewendungen er sich hinauswinden wird.

Eltern scheinen schon alleine deswegen als blöd zu gelten, weil sie Eltern sind. Für Schule sind sie tumbe Wesen, die am beliebtesten sind, wenn sie unsichtbar, unhörbar bleiben – es sei denn, sie werden zitiert zum Befehlsempfang.

Der Stammbaum

23. August 1987 Stephan soll für übermorgen seinen Stammbaum zeichnen und in die Schule mitbringen.

«Wofür?»

«Weiß ich nicht!»

«Für welches Fach denn?»

«Für Religion!»

«Und was macht ihr dann damit?»

«Frau Berger will sie sich angucken und mit nach Hause nehmen!»

Schon wieder ein Konflikt. Was geht die Schule unser Stammbaum an? In der Generation unserer Eltern ist damit schon genug Schindluder getrieben worden: da bekam man durch die ebenso arglosen wie fleißigen Schüler heraus, wo sich noch eine nicht-arische Großmutter befand, welcher Schüler demnach nicht auf die Schule «paßte», und wer später der Vernichtung anheimfallen mußte.

Sollten wir mit solchen Daten nicht etwas sensibler umgehen? Gerade haben wir die Volkszählung überstanden, da steht uns schon der exakte Stammbaum bis ins 4. Glied ins Haus.

Ich bereite mit Stephan einen besonders schönen Stammbaum vor: mit farbiger Zeichnung, mit allen Kästchen für alle Ahnen – und dann lasse ich ihn die Daten hineinschreiben, die in der Schulakte ohnehin enthalten sind: Vater, Mutter, Kind. Die Altvorderen werden mit den Anfangsbuchstaben ihrer Vornamen bezeichnet – und ich erkläre Stephan sehr ausführlich, aus welchem Grund wir das so machen. Vom Dritten Reich und der Judenvernichtung hat er schon ein paarmal von mir gehört – und er hat auch schon die schwierige Frage des Tyrannenmordes mit mir zu erläutern versucht («Warum hat ihn denn niemand getötet, wenn er so schlimm war und so viele Menschen ermorden ließ?») –, so daß meine Argumente ihm einleuchten und er unser Vorgehen richtig findet. Unseren monatelangen Diskussionen über die Volkszählung ist er auch stets mit Interesse begegnet – er ist also so naiv nicht mehr.

«Dafür machen wir das Blatt aber besonders schön und sorgfältig», schlage ich vor (damit man ihn nicht für Schlamperei am Schlafittchen kriegt – für angebliche...) und er malt noch liebevoll einen blauen Vogel ins Geäst der alten deutschen Eiche...

Mein zehnjähriger Sohn hat begriffen – die 32jährige Lehrerin scheint da ein paar Lücken zu haben.

Als sie mich anruft, um einen Termin für den Rektor (!!) mit mir abzusprechen, sage ich ihr gleich, warum Stephans Stammbaum leicht reduziert ist.

Sie versteht nichts! Absolut nichts!

Zur Volkszählung sieht sie keine Beziehung. Zur Erziehung zur Denk- und Kritikfähigkeit der Kinder auch nicht. Und dann sage ich ihr: «Frau Berger, wir sollten aus der Geschichte lernen, vor 50 Jahren waren diese in der Schule gemalten Stammbäume zusätzliches Material für die spätere Judenvernichtung.»

«Das habe ich aber nicht vorgesehen!» antwortet sie darauf.

Soll ich sie aufklären über das, was sie da eben von sich gegeben hat?

Wann je werden wir es schaffen, unsere Kinder zum *Denken* zu erziehen? Zum Nachdenken? Zum Kritisch-Werden? Zum Menschwerden?

Ich will keinen Sohn, der sich kritiklos einer jeden Hammelherde anschließt.

«Der Rektor möchte Sie sprechen»

25. August 1987 Kaum stehe ich heute morgen unter der Dusche, darüber nachdenkend, mit welchen Argumenten ich im Ministerium um 10 Uhr mal wieder um eine Stelle bettele, klingelt das Telefon. Frau Berger – wie immer kurz angebunden – will ein Gespräch mit mir.

«Um was geht es?»

«Mir paßt nicht, wie Sie mit der Landschulheim-Sache umgehen!»

«Umgehen? Wie? Ich verstehe nicht!» (Inzwischen bildet sich unter mir schon ein See, und das Haarshampoo läuft mir beißend in die Augen).

«Ich muß mit Ihnen reden. Seien Sie bitte am Freitag um 10 vor 9 Uhr in der Schule.»

Ich bin so verblüfft, daß ich nur sage: «Moment, ich muß mal eben in meinen Kalender gucken.» Ich gucke. Nichts. Also sage ich automatisch: «Ja, es geht!»

«Dann warten Sie im Flur vor dem Rektorzimmer. Wir kommen dann dorthin und holen Sie.»

«Wer wir?»

«Der Rektor will Sie auch sprechen. Ihm paßt Ihr Vorgehen auch nicht. Schließlich ist er ein paarmal von der Bezirksregierung angerufen worden. So geht das einfach nicht. Also dann bis Freitag. Ich muß jetzt Schluß machen. Ich habe keine Zeit, das jetzt mit Ihnen zu erörtern.» Klick – weg ist sie.

Ich stehe da – mit dem Hörer in der Hand, sicher auch mit blödem Gesichtsausdruck, inzwischen halb getrocknet – und bin reichlich konfus.

Dann versuche ich mich wieder auf das für mich wichtigere Gespräch im Ministerium zu konzentrieren – schließlich geht es um unsere Existenz. Wenn das Ministerium mich wegrationalisiert, muß es sich auch schon mal ein paar warme Gedanken machen, wie meine berufliche Zukunft aussehen könnte! Aber der Morgen ist dahin – in mir steigt von Minute zu Minute die Wut höher: kein ‹wir-würden-gerne-mit-Ihnen-sprechen, kein ‹Bitte›, keine nähere Erklärung! Ich habe anzutanzen, auf dem Flur zu warten und des Herrn zu harren, der es noch nicht einmal fertigbringt, mich selber anzurufen!

Es bleibt das Gefühl, ich habe mich mal wieder abbügeln, habe mich überrumpeln lassen, war nicht schnell, nicht schlagfertig genug.

Ich werde am Freitag *nicht* hingehen, um mir meine Gardinenpredigt abzuholen.

Im Ministerium ist nichts zu bewegen gewesen. Der Personalchef war ungeheuer geschickt. Alle Argumente, auf die ich vorbereitet war, auf die ich so schöne Antworten gehabt hätte, blieben aus. Er war geschickt-zugewandt, bestätigend, ungeheuer betroffen von meinem zukünftigen Arbeitslosenschicksal ... warum der an dieser Stelle sitzt, weiß ich jetzt! Was kann ich schon sagen, wenn selbst er mein berufliches Schicksal betrauert ...?

Abends: Ich habe dem Rektor in einem Brief geschrieben, daß es vor der Entscheidung der Bezirksregierung nichts Inhaltliches zu bereden gäbe zwischen uns. Und zu meinem Vorgehen müsse ich ihm sagen, daß das Elternrecht den Dienstweg über den Rektor nicht beinhalte.

Durchschrift an Frau Berger mit der handschriftlichen Einladung, dessenungeachtet könnten wir uns gerne zusammensetzen, um *ihr* Problem (mit mir) zu besprechen!

Wenn ich in vier Monaten arbeitslos sein werde, brauche ich mir um Freizeitgestaltung keine Sorgen zu machen: die Schule wird mich schon beschäftigen – und wenn nicht mit kostenloser Nachhilfe für meinen Sohn, dann mit Querelen!

Drehe ich durch?

27. August 1987 Noch zwei solcher Tage und ich drehe durch. Wenn ich mich neben mich stelle, frage ich mich nur noch, wie dieses Durchdrehen dann wohl aussehen wird.

Geweckt hat mich heute morgen ein Anruf von Frau Berger. Manchmal denke ich, ich verhöre mich, wenn sie mit mir redet. Sie habe meine Absage an den Rektor gelesen, damit gäbe sie sich aber nicht zufrieden. «So» ginge es schließlich nicht! «Wie» es denn nicht ginge? Was sie überhaupt meine? «Soo» ließe sie nicht mit sich umgehen, und sie verlange von mir eine Erklärung! Wofür? Warum? Was denn sei?

Dafür habe sie nicht genug Zeit, sie habe nur Pause und müsse jetzt in die Klasse, auf jeden Fall verlange sie ein Gespräch, denn schließlich hätten wir miteinander ja noch einige Zeit zu tun, und «das» ließe sie sich nicht bieten!

Mir wird es zu blöd und ich sage etwas schärfer als vorgesehen: «Und ich lasse mich nicht in die Schule zitieren, ohne daß ich überhaupt weiß, um was es geht!»

Seltsamerweise (oder vielleicht auch nicht??) hakt sie darauf ein (ist *das* etwa der Ton, den sie braucht?) und erklärt, ich hätte ihr ihren Elternabend kaputtgemacht. Das ließe sie sich nicht bieten. Eine andere Mutter habe sie am nächsten Tag angerufen und auch gesagt, das sei unmöglich gewesen. Sie sei zu nichts anderem mehr gekommen, wollte doch noch über die Renovierung des Klassenraumes mit uns reden (haben wir mindestens zwanzig Minuten getan!), und außerdem habe ich wieder angefangen mit dem Klassenlehrerwechsel, wo das doch längst ausgestanden sei und sie immer den Eindruck gehabt hätte, ich sei mit ihr einverstanden!

Bin ich eigentlich für alle Störungen dieser Welt zuständig?

Ich sage ihr, daß ich mit ihr einverstanden bin. Ich sage ihr, daß ich für meinen Sohn froh bin, daß sie seine Lehrerin ist. Ich sage ihr, daß ich sie sympathisch finde. Ich sage ihr, daß ich ihre Unterrichtsideen gut finde – und ich komme mir vor wie in der Psychiatrie.

Bin ich nun auch noch dafür zuständig, die Lehrkräfte meines Sohnes psychisch aufzurichten, dieselben, die mehr oder weniger gewollt seit Jahren unseren Familienfrieden stören?

Ich sage ihr, daß auch ich meine, wir sollten uns zusammensetzen – aber nicht in der ungemütlichen Schule und nicht unter ständigem Zeitdruck – der stets von ihr ausgeht und nie von mir, obwohl ich die zeitlich wesentlich Belastetere bin. Ob sie nicht Lust habe, zu mir zu kommen – wir trinken abends einen Tee zusammen oder ein schönes

Glas Wein und klären diese Fragen, die ein Mißverständnis seien. Schließlich sei meine Ablehnung der Klassenfahrt meine Entscheidung *für meinen Sohn* und nicht *gegen sie*.

Nein, das will sie nicht. Wenn sie mit mir alleine wäre, würde sich dieselbe Gesprächssituation ergeben, und sie könne sich gegen mich nicht wehren.

Ich bin sprachlos.

Bin ich ein Moloch?

Oder hat sie sich von Frau Wagner dermaßen beeinflussen lassen, daß auch sie nie weiß, ob sie es bei mir mit einer «Lehrerausbilderin» oder einer Schüler-Mutter zu tun hat?

Sie will einen «Dritten» dabei haben – sie will, daß die Beratungslehrerin bei dem Gespräch dabei ist.

Ich kann nur noch «hm, hm, ja ja», sagen. Lehrer scheinen der Psychiatrie tatsächlich näher als andere Berufsgruppen zu sein. «Gut», sage ich so mild und sanft, wie meine Stimme es nur zuläßt, «besprechen Sie es mit der Beratungslehrerin. Wir können ja auch zu dritt einen Wein trinken. Und dann können Sie mich wieder anrufen.»

Ich habe nur noch einen Gedanken: Koffer packen, Kind untern Arm und weg.

Ich halte diesen Irrsinn nicht mehr aus!!!!!!

Als eine halbe Stunde später ein Institutsmitarbeiter anruft und mich erstaunt, verwundert, empört und völlig verständnislos fragt, warum ich gestern früh in letzter Minute meine Bewerbung um eine sehr aussichtsreiche Stelle zurückgezogen habe, fange ich an zu heulen.

Soll ich ihm sagen, daß ich dem Wahnsinn nahe bin?

«Sie waren unsere Top-Favoritin», sagt er. «Ich verstehe das nicht!»

Ich auch nicht.

Ich will nur noch in Ruhe gelassen werden!

Gedankenlosigkeit oder Schikane?

28. August 1987 Stephan und Sabine haben am Mittwoch gefehlt, als ein Aufsatz über den Museumsbesuch geschrieben worden war. Nun mußten sie heute nachschreiben – in der Klasse hinten sitzend –, während Frau Berger mit den anderen Kindern Lieder für das Ferienlager übt. Als sie in der zweiten Stunde Dias vom Hüttendorf zeigt, müssen

die beiden Kinder in der Nachbarklasse während deren Mathematikunterrichts ihren Aufsatz beenden – sie fahren ja doch nicht mit!

«Ich habe nur eine Seite geschafft», klagt Stephan. «Ich konnte mich beim Singen gar nicht konzentrieren. Und die Dias hätte ich doch auch so gerne gesehen. Auch, wenn ich nicht mitfahren darf!»

Sabines Eltern wollen diese Aufsatzzensur abwarten und dann eventuell zum Angriff blasen. Ich würde das gerne unabhängig von einer Zensur tun. So kann man mit Kindern nicht umgehen!

Schlechte Christen

31. August 1987 Noch ein Schlaglicht aus der Elternversammlung: Sabines Mutter fragt, ob in diesem Schuljahr die Religions-Arbeitshefte wenigstens auch gebraucht würden – im letzten Jahr seien ganze 1½ Seiten bearbeitet worden, und schließlich müsse man das Geld mühsam verdienen, das diese Bücher kosteten.

«Das war kein gutes Arbeitsheft für die 3. Klasse», sagt Frau Berger.

«Und warum wurde es dann angeschafft für 9,80 DM?»

«Weil es auf der Schulbuchliste stand!»

«Das ist doch kein Grund! Wer macht denn diese Liste?» fragt Herr G.

«Das Kollegium! Dann müssen Sie sich eben das nächste Mal die Bücher vorher angucken, wenn Sie sie nicht kaufen wollen!» gibt Frau Berger Auskunft. Eine verblüffende Logik – wenn sie uns die Bücherlisten zukommen läßt und sie für Religion zuständig ist, muß *sie* doch abschätzen können, was sie brauchen will.

Die Bücher stehen auf einer obskuren Liste, müssen angeschafft werden, werden dann aber nicht zum Unterricht herangezogen, weil sie nichts taugen. Den einzigen Vorteil dieses Verfahrens hat der Verlag!

Und dann kam der Klopfer – und alle sind wir wieder (wie immer!) darauf hereingefallen: «Und außerdem ist diese Klasse so schlecht in Religion, wie ich es noch nie bei einer Klasse hatte! Die Kinder wissen ja nichts! Die bringen von zu Hause ja gar nichts mit!»

Peng, das saß! Krach-bumm, da kann keiner von uns was erwidern! Meine Argumente fallen mir – wie immer – erst ein paar Stunden später ein: Die Kinder haben seit drei Jahren pro Woche drei Stunden

Religion – wieso ist dann da «nichts»? Und was soll «da» sein? Natürlich wagte niemand, in eine solche Diskussion einzusteigen – wenn *Kinder* schlecht sind, zucken Eltern zusammen, stets bereit, Schuld auf sich zu nehmen, stets bereit, den Sündenbock abzugeben.

Heute beim Abendessen habe ich Stephan gefragt, was sie denn eigentlich in Religion machen. Er hat seeehr lange nachgedacht und dann die denkwürdige Antwort gegeben: «Das weiß ich nicht. Eigentlich weiß ich nie, wann wir Religion haben und was da gemacht wird», (vielleicht habe ich deswegen eine Karte von Israel in seinem *Sachkunde*hefter gefunden??).

Dann hat er wieder sehr lange in seinen Hirnwindungen geforscht, bis ihm dämmerte, daß folgendes vielleicht mit Religion zu tun haben könnte:

«Wir haben gelernt, daß man sich schlagen lassen soll!» (In mir steigt ein Kichern hoch!) «Erzähl mal.»

«Frau Berger hat uns irgendwas (??) vorgelesen, und dann hat Christian erzählt, daß sein Vater als Kind immer geschlagen wurde. Da hat er ganz still gehalten und sich nicht gewehrt und da haben die anderen dann aufgehört. Und Frau Berger hat gesagt, das ist gut, das habe ich gemeint!»

Er blickt mich erwartungsvoll-fragend an.

Der Schutzheilige aller Geschlagenen möge mir verzeihen: nach drei Jahren Schlägerei-Diskussion in dieser Schule kann ich nicht anders. Ich lache. Nicht sehr fröhlich, aber immerhin. Schließlich ist das Lachen der Hoffnung letzte Waffe, hat irgendein kluger Mensch gesagt.

Mein Sohn betrachtet mich wortlos. Er lacht nicht mit. Er fragt aber auch nicht. Vielleicht war ihm auch schon was gedämmert!? Ich mache mir noch nicht mal die Mühe, mein Verhalten eingehend zu erläutern – ich gehe einfach raus und denke: Vergiß es um Himmels willen, auch du hast nur ein Leben!

Die Nachbarschule wehrt sich

2. September 1987 Während bei uns die Renovierungsdiskussion in vollem Gange und der Rektor so voll des Lobes für Lehrerin und Eltern ist, die den Klassenraum in ihrer abendlichen Freizeit auf Hochglanz gebracht haben, hat die Nachbarschule zum Sturm geblasen. Sie ist

ein ebenso alter Kasten wie unsere – mit den Vorteilen hoher und größerer Räume – und mit den Nachteilen, daß ewig nichts gemacht wurde.

Die Eltern haben so reagiert, wie ich es für unsere Schule auch gern getan hätte (aber mit anderen zusammen und nicht immer nur im Alleingang!): sie haben – ihrer Kinder wegen – zur Selbsthilfe gegriffen, die Räume so gut es ging renoviert – und dann sind sie an die Öffentlichkeit gegangen: «Eltern müssen selbst Schulräume renovieren», steht heute im Stadtteilblatt. «So manches Elternteil erlebte eine nicht gerade freudige Überraschung, als es seinen Sprößling zur Einschulung brachte. Die Eltern der Klasse 1d haben zwischenzeitlich reagiert. Gleich am Abend der Einschulung setzten sie sich zusammen, beschwerten sich über die Situation, und als von seiten der Stadt keine Abhilfe in Aussicht gestellt werden konnte, griffen sie zur Eigeninitiative.»

Die Stadt tat kund, daß die Schule von außen nach innen renoviert würde – erst die Kosmetik, dann die Gesundheit. Zum 100jährigen Bestehen wurde die Dachrinne repariert und ein wenig an der Fassade herumgebessert.

An unserer Schule herrscht Schweigen. Der Rektor war über den neuen Klassenraum so illuminiert, daß er im Kollegium empfohlen hat, im kommenden Jahr diese Aktion auf die anderen Klassen(räume) auszuweiten. Das trägt nicht nur zu einer angenehmeren Umgebung für Lehrer und Schüler bei, sondern auch zum Renommee der Schulleitung, die es schafft, ohne Aufwand und Aufstand und ohne die «öffentliche Hand», das Haus zu bestellen.

Wann werden Eltern einmal lernen, daß nicht alles schicksalsergeben hingenommen werden muß, sondern daß alles Politik ist – auch ihr eigenes Verhalten!?

Eltern und Lehrer

Eltern kümmern sich zuwenig...
Eltern sind froh, wenn alles läuft...
Eltern werden selber mit ihren Problemen nicht fertig...
Eltern interessiert gar nicht, was wir Lehrer machen...
Eltern sind mit Schule ja doch überfordert...
Eltern sind schwierig, desinteressiert, machen die Kinder kaputt...

Eltern sind nur froh, daß sie jeden Tag ihre Kinder für ein paar Stunden los sind...

Eltern kommen ja doch nicht, wenn man sie einlädt... *sagen die Lehrer*!

Wenn man ein paar Jahre mitgemacht hat, hat man die Schnauze voll...

Da kann man ja doch nichts machen...

Da kann man ja doch nichts ändern...

Wir haben dort doch sowieso nichts zu sagen...

Die machen doch ohnehin, was sie wollen...

Nach ein paar Jahren hat man die Faxen dicke...

Schule? Ein Alptraum...

Am besten, man hält sich raus...

Wenn jemand aus der Schule anruft, krieg ich sofort Magenschmerzen...

Für Schule sind Lehrer zuständig. Das ist ihr Job. Ich bin für die Familie zuständig. Das ist mein Job. Und jeder hat sich aus dem Job des anderen rauszuhalten. Schule? O Gott!!!... *Sagen die Eltern*!

Rettende Krankheit

3. September 1987 Die Klassenfahrt steht unmittelbar bevor – der Herr Rechtsdezernent sitzt das Problem aus. Keine Antwort enthebt ihn der Lösung des Konflikts. Sind die Klassen erst mal losgefahren, bedarf es auch keiner Antwort mehr an uns fragende Eltern.

Die Kinder sollen in die dritte Klasse, wenn sie nicht mitfahren, hat Frau Berger sie wissen lassen (nicht uns – wir wissen von nichts!). Sabine weigert sich schon im voraus – «Ich langweile mich doch zu Tode!» sagt sie. Und Stephan weigert sich ebenfalls – unter ebenso realistischer Einschätzung der Situation: «Stell dir mal vor, ich werde dann aufgerufen und ich weiß dann keine Antwort! Wie die mich dann alle auslachen. Dann kann ich mich die ganze Woche nicht mehr im Schulhof sehen lassen!» Schon die reine Vorstellung dieser Situation reicht aus, ihm die Tränen aufsteigen zu lassen.

Für Sabines Eltern ist es klar: Sabine geht nicht! Das wäre eine Strafe für sie. Sie bleibt zu Hause, ist offiziell krank, und ansonsten bieten wir ihr irgendwas Schönes, damit sie nicht allzu traurig ist.

Stephans Vater entscheidet: «Kommt nicht in Frage! Der Junge hat recht. Und außerdem: weißt du, wie sich die Lehrer ihm gegenüber verhalten werden? In so einer kleinen Schule ist es doch rum, was da gelaufen ist!»

Gut, Stephan wird also auch krank sein, und dem Gesetz ist Genüge getan.

Und nun? Stephan ist wirklich krank: heute nacht hatte er Fieber, Schluckbeschwerden, einen himbeerroten Hals, Kopfschmerzen. *Diese* Krankheit glaubt uns keiner!

«...und doch getreten...!»

21. September 1987 Das war mal wieder ein Abend! Bitte nicht mehr davon! Stephan kam heute nachmittag aus der Schule, klagend, die Musiklehrerin habe ihn ans Schienbein getreten, und das täte nun sooo weh, daß er kaum noch auftreten könne.

Erst mal dämpfe ich seinen theatralischen Schmerz etwas mit dem Hinweis, daß das Schienbein nicht fürs Auftreten zuständig ist – und dann will ich Näheres wissen. Es folgt eine lange Story von tobenden Kindern, herabstürzenden Musikinstrumenten und einem rettend eingreifenden Stephan, der für seine herbeigesprungene Maßnahme einen Tritt erntet. Ich frage noch einmal nach – es kommt dieselbe Version.

Ich bin's so leid! Ich hab's so satt!

Als der Vater anruft, bin ich froh, mal nicht Nur-Ansprech-Partner für all diesen Scheiß zu sein und sage: «Erzähl's Papa. Vielleicht fällt dem dazu was ein.»

Ihm fiel! Er will die Nummer der Musiklehrerin, die ich nicht finde.

«Na gut», sagt er, «ich habe langsam auch die Nase voll von diesem ständigen Theater, ich rufe den Rektor an. Schließlich sind das seine Lehrer und seine Schüler, da wird er ja wohl mal für Ordnung sorgen können!»

Mir ist es egal – Hauptsache, nicht immer nur ich!!

Nach einer Viertelstunde meldet er Vollzug – der Rektor wird sich kümmern.

Irgendwas an der Sache macht mich noch saurer als alles bisherige. Vielleicht, daß es die Musiklehrerin ist, die bislang «noch nicht negativ aufgefallen» ist in unserer Familie? Vielleicht auch, daß sich das jetzt auch noch bis in die bislang friedlichen, musischen Fächer zieht?

Zwei Stunden später ruft die Musiklehrerin an. Ihre Version ist eine völlig andere. Nix tobende Kinder, nix Rettungsaktion. Die Kinder saßen beim Notendiktat und Nadine prügelte auf Stephan ein. Der brüllte *sehr* laut los – und weil sie gerade mit einem Arm voll Bücher vorbeikam und keine Hand frei hatte, stieß sie ihn mit dem Fuß an, um ihn zur Ruhe zu bringen (was natürlich nicht gelang). Sie traf ihn an der Wade.

Ich danke ihr für ihren Anruf, sage, ich will mit meinem Sohn sprechen und rufe dann zurück.

Ich bin inzwischen so aufgebracht, daß ich Stephan regelrecht zusammenschreie. Er heult Rotz und Wasser. Dann fordere ich ihn auf, sofort seine Musiklehrerin anzurufen und sich zu entschuldigen. Nach viel Widerstreben tut er es. Sie haben ein sehr langes, anscheinend ruhiges und gutes Gespräch miteinander, aus dem hervorgeht, daß Stephan sich einfach nicht mehr zu erwehren weiß. Ich rede noch kurz mit ihr – dann ist dieser Spuk beendet. Es hat alles in allem 5 Stunden gedauert, es ist nach 20 Uhr – der Tag ist mal wieder gelaufen.

Ich schicke Stephan ins Bett und mache keinen Hehl daraus, wie sauer ich auf ihn bin und daß er heute nichts mehr von mir zu erwarten hat.

Als ich ihm leicht unterkühlt «Gute Nacht» sage, murmelt er, sich rechtfertigend: «Ich weiß, daß alles andere nicht richtig war. Aber sie hat mich mit dem Fuß gestoßen, und man tritt nicht nach Kindern!» Dann dreht er sich im Bett um, rollt sich zusammen und weint.

Bestrafung mit den Eltern

29. September 1987 Immer wieder fällt mir in letzter Zeit auf, daß von Punkten die Rede ist, die vergeben werden für Vergessenes, Schlecht-Gemachtes, Nichteingehaltenes. «Und wenn ich nicht... dann kriege ich einen Punkt!»

Heute wieder dasselbe – ich hake nach: «Was hat das mit diesen Punkten denn eigentlich auf sich? Wo kommen die Punkte hin und was passiert dann?»

«Die Punkte macht Frau Berger in ihr Lehrerheft, und wenn 10 Punkte zusammengekommen sind, ruft sie die Eltern an.»

«Ja und?»

«Na ja, dann ruft sie zu Hause an.»

«Das hab ich verstanden – aber was passiert dann?»

«Dann? Das weiß ich auch nicht.»

«Ja, was sollen die Eltern denn dann machen?»

«Mensch Mama, du verstehst aber auch gar nichts. Die sollen dann mit den Kindern schimpfen oder sie bestrafen.»

«Wofür?»

«Na, für die Punkte natürlich. Für die 10 Punkte, die man in der Schule gekriegt hat.»

«Was machen denn die anderen Eltern – was erzählen denn die Kinder in der Schule?»

«Ach, so genau weiß ich das auch nicht. Aber die haben alle Angst, wenn Frau Berger sagt, jetzt rufe ich deine Mutter an. . . . Was würdest du denn machen, wenn sie dich anruft?»

«Weiß ich nicht. Sie hat mich doch schon oft angerufen – da ist doch immer mal irgendwas. Aber von Punkten hat sie mir nie was gesagt! . . . Du hast doch sicher schon 10 Punkte zusammen!?»

«Weiß ich nicht. Sie hat noch nichts gesagt.»

«Also verbleiben wir mal so: wenn ein Lehrer dir mit deinen Eltern droht, brauchst du keine Angst zu haben. Daß ich sauer bin, wenn du herumschlampst, weißt du auch so, und deine Vergeßlichkeit geht mir auch auf den Keks. Aber das ist ja für uns beide nichts Neues. Bemüh dich – und die Sache geht klar!»

Nachschrift: Zum Schuljahresende habe ich Frau Berger gefragt, ob Stephan denn nie 10 Punkte zusammenbekommen hat – ich könne mir das gar nicht vorstellen. Doch, natürlich hatte er. «Aber Sie anzurufen hat doch keinen Zweck. Sie stehen doch immer hinter Ihrem Sohn!» antwortet sie, deutlich zeigend, wie sehr sie das mißbilligt.

Abgenervt

2. Dezember 1987 «Mit Musikunterricht sind wir richtig benachteiligt.»

«Wer wir?»

«Na, unsere Klasse.»

«Und warum?»

«Na, wir haben erst in der 7. und 8. Stunde. Da ist sie von den ganzen anderen Klassen immer schon so richtig abgenervt, und dann kommen wir dran.»

«Und was ist da?»
«Sie schreit, und dann schmeißt sie auch immer welche raus.»
«Dich auch?»
«Na klar!»
«Wie oft denn?»
«Ziemlich oft. So alle drei Wochen vielleicht.»
«Und was machst du dann auf dem Flur?»
«Ich steh dort rum und mach gar nichts.»
«Und wann werden die Rausgeschmissenen dann wieder reingerufen?»
«Gar nicht. Da muß man so lange stehen, bis die Stunde aus ist.»
«Aber das ist doch eine Doppelstunde!?»
«Ja, da müssen wir eben so lange stehen!»
«Seid ihr dann mehrere?»
«Neeee, was du dir so denkst. Dann wär das ja keine Strafe.»
«Und wenn nicht nur einer schwatzt, sondern noch andere?»
«Letztes Mal mußte ich auf den Flur, und Dieter mußte in die Parallelklasse.»
Langsam fällt mir nichts mehr ein zu dieser Pädagogik. Wir sehen uns lange an – er ein wenig trostlos, alles andere als bockig, aggressiv, böswillig...
«Wofür fliegt ihr denn eigentlich raus?»
«Wenn wir mit dem Nachbarn reden!»
«Das ist doch nicht so schlimm!»
«Ja, das sagst duuu!»
«Weißt du was, das nächste Mal singst du einfach im Flur, dann hast du auch ein bißchen Musik!»
«Mensch Mama, du mit deinen blöden Ideen...!!!»

Weihnachten contra Grammatik

14. Dezember 1987 Sabines Mutter ruft an, ob die Kinder noch gar nichts von einer Weihnachtsfeier erzählt hätten, es würde Zeit, wenn wir Eltern noch etwas vorbereiten sollen. Nein, ich habe auch nichts gehört. «Stephan, du?» «Nein, sie hat noch nichts gesagt!»
«Rufen Sie sie doch mal an», bitte ich Frau V., «bei mir fühlt sie sich immer gleich in die Pflicht genommen oder gerügt!»
Frau V. meldet sich am Abend: «Nix Weihnachten», sagt sie, «Frau

Berger hat wahrscheinlich keine Lust. Sie war ziemlich ungehalten. Erst hat sie gesagt, wenn die Eltern sich nicht kümmern, habe sie schließlich auch nicht die Verpflichtung, sie wolle nicht alles alleine machen. Und als ich dann gesagt habe, ich rufe doch aber deswegen schon an, hat sie geantwortet, es käme trotzdem nicht in Frage, denn die Kinder seien in Grammatik noch nicht weit genug!» –

Ich werde mich wohl nicht daran gewöhnen können – auch wenn die Schule 100 Jahre währen würde. Gottlob sind's nur 13!

1988 – «Wir müssen neu anfangen ...!»

Wenn Lehrer und Erwachsene nicht mehr verstehen, was sie mit den Kindern nach komplizierten Vorschriften tun, wenn sie die Aufgaben, die Personen, die Erlebnisse, die Räume nach von ihnen nicht durchschauten Zwecken künstlich einteilen, ... dann ist alle Wissenschaft unseres Zeitalters, alle gute Absicht, alles Geld umsonst aufgebracht. Wir haben nicht gelernt zu tun, was wir in den Präambeln versprechen. Wir müssen neu anfangen ...

Hartmut von Hentig

Unklare Aussichten

«Um ‹etwas zu werden›, muß man aufhören, das beste zu sein, das man je war: ein Kind!» *Hanns-Hermann Kersten*

2. Januar 1988 «Nun weiß ich endlich, was ich mal richtig werden will!» «Was denn?»

«Ich werde komponieren. ... Aber ...»

«Aber was?»

«Aber die Melodien, die mir einfallen, haben doch schon andere komponiert!»

Abends im Bett: «Vielleicht ist das mit Bildern ja doch einfacher. Ich kann mir ja was ganz anderes ausdenken!»

«Hm.»

«Aber es gibt doch auch schon so viele Bilder! Viele sind ja nicht schön, aber vielleicht mögen die Menschen meine Bilder ja auch nicht.» ...

«Wovon lebt man eigentlich, wenn man malt?»

«Vom Verkauf der Bilder.»

«Und wenn niemand die kauft?»

«Da hat man Pech, da muß man möglichst noch einen anderen Beruf haben, der etwas mehr einbringt. Und dann nur in der Freizeit malen.»

«Aber dann bin ich ja kein Künstler.»

Schlechte Schulen, gute Schulen – schlechte Menschen, gute Menschen

7. Januar 1988 Der Bildungspolitiker liebstes und umstrittenstes Kind findet sich plötzlich und reichlich früh in unserem Wohnzimmer ein: die Orientierungsstufe. Lob und Preis scheint ihr nur von denen zuzuwachsen, die entweder nie Kinder hatten oder denen auf Grund der Gnade der frühen Geburt dieser Schulzweig erspart blieb. Eine Informationsveranstaltung hat es bereits vor ein paar Wochen in der Schule gegeben. 5 Schulleiter haben sich vor rund 120 Eltern in der Turnhalle vorgestellt – nicht an Reck und Barren, sondern verbal. Nein, es sollte kein edler Wettstreit sein (obwohl er es war, denn alle werben sich gegenseitig unsere Kinder ab), sondern eine sachliche Informationsveranstaltung. Welche Schule bietet was, wo liegt sie, wie ist sie zu erreichen – und selbstverständlich doch eigentlich, «daß die Kinder der katholischen Grundschule auf die katholische Orientierungsstufe überwechseln» sollten. Wegen der Kontinuität ...! Ich hab mir's gespart – das, was ich wissen will, erfahre ich nicht auf so einer Demonstrationsveranstaltung, auf der kritische Fragen gleich als Angriff auf die Grundordnung von Staat und Kirche betrachtet werden. Und ob ein Schulbus dorthin fährt oder die Straßenbahn, ob die Schule um 8 Uhr oder 8.20 Uhr anfängt, werde ich auch noch so erfahren. Meine einzige Frage hätte mir ohnehin niemand adäquat beantworten können, nämlich: «Und wie läßt sich diese Schulform umgehen?»

Obwohl diese Schule erst in 7 Monaten beginnen wird, wirft sie ihre weiten Schatten schon voraus: «Mama, was ist eine gute Schule?»

«Eine gute Schule? – Ich würde sagen, das ist eine Schule, in die Kinder gerne gehen und wo sie auch gut lernen können!»

«Nein, das meine ich nicht – ich meine, welches ist die beste Schule?»

«Das weiß ich nicht, Stephan, ich kenne doch nicht alle!»

«Ach, Mama, du verstehst aber auch nie was! Ich meine, die beste Schule ist doch das Gymnasium, nicht?»

«Wie kommst du denn darauf?»

«Das sagen alle! Die sagen alle in meiner Klasse, die beste Schule ist das Gymnasium, und wer die nicht schafft, ist doof.» (Ich bin sprachlos.) «Aber ich schaff die doch bestimmt nicht, ich bin doch nicht so gut. Ich gehöre dann bestimmt zu den Blöden, die nur auf die Hauptschule kommen!»

Nachdem ich mich einigermaßen gefaßt habe – es dauert geraume Zeit –, frage ich nach der Herkunft dieser Informationen. Die anderen Kinder sind es. Aber woher wollen die das denn wissen? «Na, die haben doch ältere Geschwister, das weißt du doch – Sabine und Kevin und die alle. Die kriegen das doch mit!»

«Aber da wird doch niemand sagen, sie seien doof, wenn sie nicht das Gymnasium schaffen!»

«Die gehen aber alle aufs Gymnasium, weil die Eltern das so wollen. Und du weißt das ja selber von Sabines Schwester. Da sagen die Eltern immer: Wenn du es nicht schaffst, kannst du ja wieder runter. Aber das will sie doch nicht. Sie hat doch da ihre Freundinnen. Und dann ist das ja auch nicht schön, wenn man wieder neu anfangen muß.»

«Wollte sie denn nicht aufs Gymnasium?»

«Das weiß ich nicht. Du weißt doch, wie der Vater ist. Ich glaube nicht, daß der sie gefragt hat!»

Ich versuche zu erklären, daß jeder Mensch andere Fähigkeiten hat, andere Interessen, daß jeder auf einem anderen Gebiet «gut» ist, ohne daß es etwas mit dem «Gutsein» als Mensch zu tun hat. Ich merke, ich komme nicht bei ihm an. Ich könnte noch Stunden reden, es hülfe nichts.

Plötzlich – die rettende Frage: «Aber du bist doch auch ins Gymnasium gegangen, nicht?» «Nein, ich war nie auf einem Gymnasium!» Stephans Augen weiten sich, er sitzt mit offenem Mund da. «Du warst nie auf einem Gymnasium?» «Nein, nie! Und du siehst, ich bin auch ein Mensch geworden!» «Aber du bist doch so eine kluge Frau!» «Danke, das bin ich vielleicht – daran siehst du mal, daß man auch ein kluger Mensch ohne Gymnasium werden kann.» Nun muß sein Weltbild aber erst mal auf die Reihe gebracht werden. Mit dem Brustton der Überzeugung behauptet er – als gelte es die Ehre der Familie zu retten: «Aber Papa war auf dem Gymnasium!» «Nein», sage ich, «Papa auch nicht!» Es kehrt eine unendlich lange Pause ein. Das muß mein Gegenüber erst verdauen. Dann die Frage – noch immer völlig konsterniert – «Ja, aber in was für Schulen wart ihr denn dann?» «Papa war auf der Hauptschule, und ich war auf der Realschule.»

Er staunt. Er ist entgeistert. Ich weiß nicht: fallen wir Eltern jetzt ob unserer Minderqualifizierung bei ihm durch oder rüttelt sich sein schulisches Welt- und Karrierebild auf ein menschliches Maß zurecht?

«Aber ihr habt doch so gute Berufe!?» «Ja, wir haben auch nach der Schule noch einiges dafür getan. Papa bildet sich laufend fort – das ist dann, wenn er länger fort ist, und ich arbeite und lese auch sehr viel, damit ich mehr weiß und kann. Die Schule ist nicht alles, die ist nur der Anfang!» «O Gott», sagt mein Sohn – und hat mich völlig mißverstanden. Nun muß ich schon wieder geradebiegen – ist das alles mühsam!

Mir wird erst in diesem Gespräch bewußt, daß die Bildungsreform viel Gutes gewollt, doch nicht allzuviel Gutes erreicht hat. *Meine* «Karriere» könnte ich heute nicht mehr machen, und auch Stephans Vater käme nach dem heutigen Schul- und Bildungssystem nicht mehr dorthin, wo er heute steht. Das «Seiteneinsteigen» aus der Praxis bei guten Leistungen im Beruf, für die heute Fachhochschul- bzw. Universitätsabschlüsse zwingend notwendig sind, ist passé. Heute muß jeder durch das Schulsystem bis zum bitteren Ende – ungeachtet seiner Entwicklung jenseits der Volljährigkeit sind die Wege offen oder verschlossen –, durch Kinderschulen. Die gepriesene Durchlässigkeit – wann und wo gibt es sie? Ich habe das Gefühl, daß sie sich auf diese fatale Orientierungsstufe beschränkt, die wie keine andere Schule in unmenschlicher Weise die Guten von den Schlechten trennt. Auch hier wieder: ursprüngliche Absicht, theoretisches Konzept am grünen Tisch contra Ergebnis in der Praxis. Statt ein Mehr an Chancen zu vergeben, statt einer einwöchigen Prüfung nach vierjähriger Grundschulzeit mit der Möglichkeit der Wiederholung nach einem Jahr, haben die Praktiker ein zwei Jahre andauerndes Martyrium geschaffen. Die Einteilung in Leistungsgruppen (zur «besseren Förderung schwacher Schüler») ist verkommen zu einer Hetzjagd. Die kindliche Menschheit wird nicht erst nach der sechsten Klasse dreigeteilt in Gymnasial-, Real- und Hauptschüler, sondern bereits zwei Jahre früher: In Leistungskurs A, B und C. Besonders schmerzlich für den Schüler ist denn auch das Nebeneinander. Sie gehören alle einer Klasse an – aber in einigen Fächern sind plötzlich alle Doofen der Parallelklassen oder aber alle Spitzenschüler der 5a, 5b, 5c zusammen. Sport und Kunst dürfen sie dann wieder zusammen machen, und singen tun sie auch noch im Klassenverband. Intention und Auswirkung – wie so oft in der Pädagogik zwei Paar Schuhe! Nun wird nicht mehr eine Woche lang selektiert und geprüft, sondern lange, lange zwei Jahre – mit der ständigen Angst im Nacken, in den Leistungskurs C abzurutschen und schon zu den Blöden zu gehören. Daß es nicht etwa zu einer «Gleichschaltung» der kindlichen Fähigkeiten kommt, dafür sorgt schon die Zusammensetzung des Lehrerkollegiums: Lehrer aller drei Schulsparten, die sich von vornherein aussuchen, welchen Schüler sie als in ihre Schule passend empfinden. Die Gymnasiallehrer dürfen als erste absahnen – und wie sagte doch Eberhard so sinnig, Leiter einer Orientierungsstufe mit 600 Kindern aus dem gesamten ländlichen Einzugsbereich??? «Da macht uns keiner was vor! Wir sehen nach sechs Wochen, wo ein Kind hingehört, und wir haben zum Schluß auch immer recht behalten!»

«Aber», so habe ich ihn gefragt, «warum denn dann ganze zwei Jahre Quälerei zwischen drei verschiedenen Leistungssystemen, die noch zusätzlich zu den Halbjahreszeugnissen für Stress und Disziplinierung sorgen?»

«Das mußt du nicht mich fragen», hat er gesagt. «Das steht so im Gesetz.» «Aber Gesetze kann man ändern!» «Na klar, aber doch nicht schon wieder. Außerdem darfst du nicht vergessen, daß ja auch die ganzen Schulbauten entsprechend eingerichtet wurden!» «Ja, aber auch das ließe sich ändern!» «Warum willst du denn immer ändern? Laß doch mal etwas, wie es ist!» «Ich will mehr Menschlichkeit für die Kinder, mehr Kindheit, mehr Kindsein!» «Ach, du warst und bist eine Träumerin», hat er gesagt – und dann noch hinzugefügt: «Unsere Vorhersagequote hat uns doch aber immer recht gegeben!»

Ende der Kindheit?

10. Januar 1988 «Muß ich eigentlich erwachsen werden?»

«Das wird man von ganz alleine, wenn man älter wird!»

«Ich möchte aber nicht.»

«Warum nicht?»

«Ich bin doch noch gar nicht lange genug Kind gewesen. Ich muß doch noch spielen, aber wenn ich immer älter werde und immer mehr lernen muß für die Schule, dann hab ich doch gar keine Zeit mehr dafür!»

Maßstab Abitur

19. Januar 1988 Daß für viele Akademiker der Mensch erst beim Abiturienten anfängt, ist mir nichts Neues. Daß sich inzwischen aber fast die ganze Elternschaft an diesem Maßstab orientiert, erfüllt mich ständig mich Erschrecken.

Abitur und Note 1 ist die Norm, an der alles gemessen wird. Wer darunter liegt, ist schlecht, schlechter, am schlechtesten.

Ich glaube nicht, daß mich meine Erinnerung so täuscht: in meiner Schulzeit war das «Normale» die «Volksschule». Wer besser war, besuchte die Realschule. Wer noch besser war, kam aufs Gymnasium (von Ausnahmen hie und da abgesehen). Heute ist das Ziel das Gymnasium – unreflektiert, was danach kommt. Wer das nicht «schafft», muß auf die Realschule runtergestuft werden. Wer auch die nicht schafft, ist doof. Der kann nur noch auf die Hauptschule.

Ebenso ist es mit den Zensuren – in der Grundschule meines Sohnes ebenso wie an der Uni. Ausgegangen wird davon, daß einem ein «Sehr gut» zusteht. Erreicht man das nicht, ist man «schlecht» oder falsch bewertet. Ein «Gut» in Sachkunde ist bei meinem Sohn Anlaß zu Tränen, bei unseren Studenten Anlaß zu endlosen Auseinandersetzungen, warum es denn «keine Eins geworden» ist. Für eine «Zwei» rechtfertigen wir uns in den «Urteilsverkündungen» wesentlich häufiger als für alle anderen Zensuren. Eine «Drei» scheint viele Kandidaten schon so zu erschlagen, daß sie gar nichts mehr einwenden. Aber ein «Gut» wird hin- und herdiskutiert, die eigenen Aussagen werden nochmals gewälzt, was daran denn falsch war, ob man das nicht auch anders sehen könne... Manches Mal liegt mir auf der Zunge zu fragen: «Empfinden Sie sich denn wirklich als «sehr gut»?»

In der Klinik, in der Stephan gerade durchuntersucht wurde, gab mir der Oberarzt den Tip, ihn auf die Orientierungsstufe in der Eichenstraße zu schicken. Die begänne mit Latein und führe unmittelbar zum humanistischen Gymnasium. «Und da gehören unsere Kinder doch hin», hat er, Einverständnis voraussetzend, hinzugefügt und mir vertraulich zwinkernd zugenickt. Sein Sohn würde dort im Sommer auch hinkommen. «Da sind die Kinder dann auch ein bißchen unter sich», hat er noch hinzugefügt.

Ich habe geschwiegen. In der Schule sind – mit Ausnahme der Lehrer – Kinder immer «unter sich» – aber das hatte er eben nicht gemeint.

Im Dienst dasselbe: «Auf welche OS soll denn Stephan?» Ich gebe Auskunft. «Nach welchen Kriterien hast du die denn ausgewählt?» «Stephan wollte mit seinen Klassenkameraden zusammenbleiben!»

«Ach so...» Lange Pause. «Na ja, von dort hat er ja sicher auch gute Chancen, aufs Gymnasium zu kommen. Fürs humanistische wäre die E.-schule ja besser gewesen, findest du nicht auch?»

Ich finde nicht – und im übrigen habe ich mich mit *der* Frage überhaupt nicht befaßt. «Außerdem weiß ich gar nicht, ob Stephan überhaupt auf das Gymnasium kommt!»

«Waaas? Meinst du nicht? Meinst du, er schafft es nicht?» Mein Gegenüber hat die Stimme gesenkt und sieht mich mitleidig-prüfend an – so, als ob ich gerade erzählt hätte, daß mein Sohn an einer unheilbaren Krankheit leidet.

Keine «Eins» – und der Tag ist hin...

29. Januar 1988 In der vorigen Woche hat Stephan für Sachkunde ein kleines Referat übernehmen sollen, können, dürfen – «vielleicht zur Aufbesserung der Zensur». Er suchte sich sein derzeitiges Lieblingsbuch aus, zog es sich morgens beim Frühstück noch einmal rein und... machte eine Unterrichtsdoppelstunde daraus mit Tafelanschrieb, Skizzen und «Vergleichen, wie sie mir nie eingefallen wären» – so die Lehrerin. «Schade, daß ich dir nicht besser als eins geben kann», hat sie zu ihm gesagt – und ihm war klar – das bedeutet eine «Eins» im Zeugnis in Sachkunde. «Schließlich hab ich jetzt 'ne Zwei und ich hab mich ja richtig verbessert...»

Ich hatte vorsorglich noch ein bißchen gedämpft – aber der Zeugnistag brachte die Erfolglosigkeit ans Licht: Sachkunde 2. Eindeutig und ohne zu rütteln! Er konnte es nicht fassen. «Aber ich habe doch eine sehr gute Eins gekriegt... und sie hat doch selber gesagt...» Er weint, er ist wütend, er kann sich gar nicht wieder fangen.

Was bedeutet denn um Himmels willen diese «Eins» für das Kind? Ich komme nicht dahinter! Ist er schon so infiziert? So in diesem Wahn befangen?

Ich lobe ihn für sein gutes Zeugnis, rede auf ihn ein wie auf ein krankes Pferd, tröste ihn... Nichts! Es hilft alles nichts.

Doch ja, zum traditionellen Pizza-Essen hat er «ein bißchen Lust» – also gehen wir los. Aber das «Bißchen» ist zu wenig. Er sitzt da, mault, nichts ist ihm recht zu machen. Die Pizza zu groß, das Getränk zu klein, die Leute am Tisch stören, das Buchgeschenk – einstmals so gewünscht – wird so heftig in die Tasche gestopft, daß der Schutzumschlag einreißt... und die Tränen sind so nahe!

Als ich ihm auf dem Rückweg noch einen neuen Winterpullover kaufen will, lehnt er ab: «Will ich nicht. Ich brauche keinen. Ich hab auch keine Lust, mich schon wieder (?) auszuziehen. Und überhaupt...» Und dann laufen die Tränen, und zu Hause angekommen, verzieht er sich in sein Zimmer.

Beim Abendessen dann noch ein kurzer Kommentar: «Und ich hatte mich so gefreut!»

Wie kann ich als Mutter nur gegen einen derartigen Schwachsinn anerziehen?

Versuch mit Alternativem

6. Februar 1988 Heute habe ich Stephan in einer Alternativschule angemeldet – in einer Schule, die den Ruf hat, liebevoll auf die Kinder einzugehen, warten zu können, ein wenig eigenen Rhythmus zu belassen, das Musische in den Unterricht zu integrieren, *mit* den Eltern zu arbeiten...

Die Rektorin konnte mir aber keine Hoffnungen machen – zu viele Voranmeldungen. Die betreffende Klasse ist voll, und zehn Kinder stehen bereits auf der Warteliste. Weggang? «Nur bei Umzug!» (Also nicht wie bei uns ex und hopp!).

«Gib nicht auf», rät Christiane, «bleib am Ball, ruf an, frag nach, stell dich vor, nerv! Sie gehen nicht immer nach der Warteliste!»

Warum eigentlich so viele Voranmeldungen, habe ich die Rektorin gefragt. «Das ist die Angst der Eltern vor der Orientierungsstufe, vor dem ständigen Wechsel und vor dem zwei Jahre dauernden Sortieren der Kinder!»

Und ansonsten ist es fast wie im Alters- und Pflegeheim: bevor nicht einer wegstirbt, hat ein anderer keine Chance. Fürwahr, unsere Republik ist hoffnungslos unterversorgt. Es reicht vorne und hinten nicht: in der Krippe ebensowenig wie in der Schule, wie auf dem Arbeitsmarkt, wie im Altersheim! Gottlob, daß wir wenigstens schon ein Familiengrab haben!

Die Deutschkenntnisse des Herrn Schulleiters

22. Februar 1988 Andreas hat zu seiner Silberhochzeit geladen – und alle, alle kamen sie. Alles, was Rang und Namen in der Kleinstadt hat, war zum Jubeln eingeladen – und das taten sie denn auch. Nach jedem Gang eine Zigarette und eine Rede: eines so lästig wie das andere. Mit Reden brillierten allerdings nur die Männer – die Frauen dafür mit ihren Brillies. Bei den Reden dann immer betont charmante Komplimente «an die Frau Gattin», die schließlich auch das Wort ergreift, ihre gemeinsame Ehebiographie umreißt und betont, daß man es alles nur gemeinsam geschafft habe.

«Ja», sagt Andreas, neben mir sitzend, «was ich ohne Ulla wohl gemacht hätte. In letzter Zeit hilft sie mir auch beim Schriftwechsel für die Schule. Du glaubst ja gar nicht, was da für einen Rektor alles anfällt! Meine Lehrer haben sich schon über meine Briefe aufgeregt, ich würde die ganze Schule damit blamieren. Ich hab nämlich keinen guten Stil, und ich kann auch keine Briefe schreiben... aber wofür habe ich geheiratet?» Er freut sich über seine damalige Entscheidung!

«Na, dann sieh mal zu, daß du deinen Schulkindern ein paar Kenntnisse mehr mit auf den Weg gibst», sage ich mit einem leichten Anflug von Spott. Aber er begreift nicht. «Nee», sagt er, «das sind doch alles sowieso nur Hauptschüler, die werden ohnehin nie Rektor...!»

Urlaub – eiskalt

3. März 1988 Wenn ich über den Daumen peile, ist im letzten Halbjahr rund ein Viertel des Unterrichts ausgefallen – entweder total oder gestört durch aufgeteilte Klassen oder «Spielen auf dem Hof». Kranke Lehrer, schwangere Lehrer, Lehrerinnen mit Menstruationsbeschwerden, Fortbildungsbegehren, erkrankten eigenen Kindern, gebrochenen Haxen ... es gab nichts, was es nicht gab.

Der Staat hat dafür von mir ein Übermaß an Zeit- und Arbeitsaufwand zur Kompensierung schulischer Nicht-Leistungen gefordert: wider jeden Erlaß und mit der unausgesprochenen Häme: wenn du Interesse an deinem Kind hast, muß du halt auch was tun. In der nächsten Schule – das ist mir klar – fragt uns niemand, ob unsere Kinder so große Lücken haben, weil alle naslang die Schule ausfiel, weil unsere Kinder blöd oder die Eltern zur Nachhilfe nicht in der Lage waren.

Auf diesen Überlegungen basierend plane ich eine Woche Nordsee. Ganz eiskalt. Meine Planung und die Nordsee. Stephan wird abgeseilt, als krank gemeldet, wird verpflichtet, jeden Tag eine Seite im Mathebuch zu machen, bevor er ins Feld entwischt – und ich werde frei sein und es genießen. Wenn Osterferien sind, bekomme ich keinen Urlaub – im Sommer überlappen sich meine und seine Ferien auch nur um 21 Tage – so ist das meine einzige Chance.

Ein schlechtes Gewissen? Nein! Wenn Schule so schlampig mit ihrem Bildungsauftrag umgeht, muß ich nicht päpstlicher sein als der Papst.

Ehrlich oder lebenstüchtig?

15. März 1988 Stephan hat eine Woche gefehlt.

Nun muß er die Sachkundearbeit nachschreiben. «Morgen! Aber ich kann bestimmt fast alles oder das meiste!»

«Ruf doch mal Sabine an und frag sie, was drankam, dann kannst du dich noch ein bißchen vorbereiten!»

Aber Sabine, seine Busenfreundin, ist bereits voll auf die Sozialisation der Schule abgefahren – und die bedeutet in erster Linie: jeder ist sich selbst der nächste. «Frau B. hat gesagt, wenn du mich anrufst, soll ich sagen, du sollst in deine Mappe gucken. Da steht alles drin!» (Wer ist hier fieser? Die Lehrerin oder die Mitschülerin?)

Stephan gibt sich – wie immer – zufrieden. Wenn die Lehrerin das so sagt und Sabine auch... Immer diese verdammte Resignation, das schnelle Aufgeben...

Als ich sage: «Mensch, du hast doch noch mehr Klassenkameraden, ruf doch mal Luis oder Felix an», kramt er seine Telefonnummern her und tut es brav. Als ich nach einer halben Stunde wieder reinkomme, sitzt er mit roten Backen, das Telefon am Ohr und schreibt. Kooperativ und ohne Bedenken gibt sein Gegenüber Auskunft: Frage für Frage (18 insgesamt) diktiert das mühsam deutschsprechende Ausländerkind ihm die Fragen durch.

Fast alles hat er gewußt. Fast. Von drei Wattwürmern fehlte ihm einer (dafür kannte er acht Seevögel – aber da sollte er auch nur drei kennen, die anderen fünf hätten ihm nichts genutzt!); wofür Lüneburg bekannt ist, wußte er auch nicht, nur, daß ich ihm dort mal einen Anhänger für seine Eisenbahn und ein Rieseneis mit Erdbeermarmelade gekauft habe. Daß Ebbe und Flut von der Anziehungskraft des Mondes abhängt, konnte er sogar erklären – aber da sollte er nur ein Stichwort wissen (das segmentierte Wissen für den segmentierten Menschen ist gefragt – nicht die Zusammenhänge!). Eine gute Zensur wäre es sicher geworden (für eine «Eins» hätten ein paar Punkte gefehlt), es sei denn, die große Panik angesichts eines dreiseitigen (!) Fragebogens hätte ihn wieder gepackt.

...

«Ich hab 'ne Eins in der Sachkundearbeit. Sie hat sie gleich im Unterricht nachgeguckt», teilt er emotionslos mit.

«Prima!»

Pause.

«Freust du dich nicht?» frage ich.

«Nee, nicht so richtig!»

«Warum nicht?»

«Eigentlich war das ja ungerecht!»

«Wieso?» (Mir schwant Gutes, Böses...)

«Die anderen hatten ja Nachteile. Ich hab die Fragen ja vorher gewußt.»

«Aber du wußtest doch fast alles von alleine.»

«Ja, aber nur fast. Nicht alles. Und 'ne Eins hätte ich dafür nicht gekriegt.»

«Aber du hast doch niemanden benachteiligt. Es hat doch deinetwegen niemand eine schlechtere Zensur bekommen!»

«Nee, so nicht. Ach, ich kann das nicht erklären. Aber richtig war das nicht...»

Er trollt sich zögerlich in sein Zimmer. Ich sitze betroffen da. Er ist *das* Kind geworden, das ich wollte! Aber kann man heute so leben? So ganz ohne Berechnung, ohne Ausnutzen von sich bietenden Gelegenheiten, ohne Gerissenheit, Hinterhältigkeit?

Abends erzähle ich es Marita. «Ein tolles Kind», sagt die Frau Lehrerin. «Darauf kannst du stolz sein!»

«Und das praktische Leben...?» frage ich.

«Ja, da muß man entscheiden, was einem wichtiger ist. Beides geht nicht. Außerdem – was willst du denn überhaupt? Der ist doch wie du!!» «Eben», sage ich, «eben! Und da weiß ich eben auch, wie weit man damit kommt – guck mich doch an auf meinen popeligen Zeitverträgen!»

«Möchtest du anders leben?» fragt sie.

Nein, das möchte ich nicht. Und ich möchte auch kein gerissenes, nur auf eigene Vorteile bedachtes Kind. Ich will dieses.

Rumhängen

15. April 1988 «Mensch, häng doch nicht so rum. Du hast dich das ganze Wochenende ausgeruht. Kein Wunder, daß die Lehrer keine Lust haben, wenn alle so hängerig in die Schule kommen wie du!»

«Ach, du hast ja keine Ahnung, Mama. Du solltest mal sehen, wie die Lehrer morgens in die Schule kommen. Und montags ist das am allerschlimmsten. Da konnten die sich auch ausruhen. Aber glaubst du, daß die Lust haben? Das siehste denen schon an, wenn sie aus dem Auto steigen. Und wie sie stöhnen, wenn sie hinter einem die Treppe raufsteigen!»

Kinderkriegen

16. April 1988 «Bei uns kriegen drei Lehrer Kinder!»

«Lehrerinnen vermutlich?» Stephan lacht.

«Weißt du, warum die Kinder kriegen?»

«Na, ich nehme an, weil sie welche wollen!?»

«Na ja, vielleicht das auch. Aber Lehrer kriegen Kinder, wenn sie keine Lust mehr haben, zur Schule zu gehen. Da können sie lange zu Hause bleiben. – Pause – Nur wir müssen weiter hin, so'n Scheiß! Das ist richtig ungerecht. Wir müssen immer – und die können einfach Kinder kriegen, wenn es ihnen stinkt.»

Panikmache

17. April 1988 Immer wieder merke ich mit Verwunderung, wie schnell ich mich von dieser widerwärtigen Panik unter Eltern anstecken lasse. Ich brauche jedesmal geraume Zeit, mir durch sehr bewußte Überlegungen diese Negativeinflüsse wieder vom Halse zu schaffen. Vorhin rief Sabines Mutter an:«Wie die in der Orientierungsstufe klarkommen wollen, weiß ich nicht», empört sie sich zum x-ten Male. «Ich habe heute der Lehrerin gesagt, daß ja noch nicht mal ein einziges ungeübtes Diktat geschrieben worden ist. Und die Aufsätze schreiben sie immer noch vor!»

Ich verstehe nicht, was sie meint. «Aufsätze müssen in der vierten Klasse gleich ins Reine geschrieben werden», erklärt sie. «Und unsere schreiben immer noch vor, kriegen die Fehler korrigiert und schreiben ihn dann erst in das Aufsatzheft...»

«Ist doch gut, so lernen sie wenigstens die Rechtschreibung», wage ich zu erwidern, wohl wissend, daß wir da unterschiedlicher Meinung sind.

«Die sollen sie aber in der vierten Klasse nicht lernen, die sollen sie können!»

«Aber sie haben sie doch noch nicht richtig gelernt!»

«Ja, das sag ich doch, das ist doch das Schlimme! Und in der Orientierungsstufe wird das verlangt! Und unsere können es dann wieder nicht!»

Ich kann das nicht mehr hören! «Na, sie haben ja noch ein paar Wochen Zeit», versuche ich das leidige Thema zu beenden. Damit komme ich aber nicht an – ich weiß es schon vorher.

Dennoch – es hat mich mal wieder auf den Plan gerufen. Ich forsche nach Heften – natürlich ist wieder das meiste in der Schule. Wie können wir Eltern uns einen Überblick verschaffen, wenn alles dort bleibt?

Nachmittags schnappe ich mir den Ranzen, das Deutschheft (eines von vielen!). Das ist wirklich nicht berauschend – aber was muß ein zehnjähriges Kind nicht schon alles können? Groß- und Kleinschreibung stimmen nicht, ß und ss zum Teil auch nicht. Allerdings ist auch nichts nachgesehen oder korrigiert. Dann plötzlich nach zwei leeren Seiten:

«3. Fall – wem. Wem gehört dem Messer?

4. Fall – wen. Wen fällt den Berg runter?»

Ich rufe Stephan. «Erklär mir das bitte mal!» Er wird sofort kiebig. «Das kann ich dir nicht erklären, das habe ich selber nicht verstanden.» «Warum fragst du dann nicht in der Schule?» «Wenn ich frage, heißt es doch gleich, hör gefälligst zu, dann weißt du das auch. Da frag ich doch nicht mehr!» «Und die anderen?» «Na ja, manche können das und manche nicht. Sie erklärt das einmal, schreibt das an die Tafel, und wenn dann die Stunde um ist, wird alles weggewischt, ob wir das Abschreiben geschafft haben oder nicht.»

«Und wo hast du den ersten und zweiten Fall?» «Weiß ich nicht, ich weiß doch nicht mal, was ein Fall überhaupt ist.»

«Dann lies doch mal die beiden Fragen, die du da geschrieben hast, die sind doch völlig idiotisch!» Ich kann meine Gereiztheit wieder mal nicht unterdrücken.

Er liest sie langsam vor und sagt: «Na ja, daß das so nicht gehört, habe ich schon gemerkt. Ich konnte es nicht so schnell abschreiben, und außerdem habe ich gedacht, wenn das was Neues ist, dann ist das vielleicht so richtig, nur ich weiß das noch nicht.»

Sicherheitshalber hole ich mein Deutsches Wörterbuch – und dann schreibe ich ihm die Fälle und die Fragestellung auf. Er hört mehr müde als aufmerksam zu – vermutlich will er nur höflich sein. Was soll nach sieben Unterrichtsstunden auch noch am Nachmittag herauskommen?

Abends telefoniere ich mit Stephans Patentante – Lehrerin am Gymnasium. «Das ist doch viel zu früh», sagt sie, «das kommt bei uns alles erst in der 5. und 6. Klasse.» Ich bin zwar ein wenig beruhigt – aber was helfen mir letztlich die Stoffverteilungspläne anderer Bundesländer? *Mein* Kind kriegt in der 4. Klasse eine Fünf, wenn es das nicht kann – da kann ich nicht auf Baden-Württemberg hinweisen...

Zensurenangst

18. April 1988 Der gestrige Tag hat mich wieder geärgert, weil mich diese ganze Diskussion so unsicher macht. Dazu diese Angst, mein Kind wird schlecht bewertet, kriegt 'ne Fünf, kommt nicht mit, bleibt zurück.

Ich bekomme das einfach nicht in den Griff. Ich ärgere mich, weil ich mich mitreißen lasse von all den Eltern, die gebannt wie ein Kaninchen auf die Schlange namens Schule starren. Auf die Eltern, für die sich das Jahr in zwei Hälften teilt, die durch Zeugnisse festgelegt werden. Da geht nicht nur (wie sonst so oft) Verstand und Gefühl durcheinander – da widerstreiten auch verschiedene Einstellungen, viel Wissen, verschiedene Einsichten.

Vom Gefühl her ist mir alles klar: mein Sohn soll in erster Linie eine zufriedene Kindheit haben, soll Freude am Spielen, Matschen, Toben, an kreativem Tun behalten. Schule ist wichtig, aber alles andere auch. Eigentlich sind Freunde, Musikmachen und -hören, Radtouren, Kurzurlaube, Bildermalen zumindest gleichwertig.

Aber das kann ich in der Realität kaum noch durchhalten. Da kommt er um 14 Uhr aus der Schule mit Hausaufgaben für mindestens zwei Stunden. Mit kleiner Ruhepause, Mittagessen ist es dann 17 Uhr. Was lohnt dann noch? Noch schlimmer die Tage, an denen er erst um 16 Uhr kommt – total am Ende. Da *muß* Schluß sein! Muß!!! Aber er hat seinen Topflappen noch nicht fertiggehäkelt (das gibt 'ne Fünf!), er hat das kleine Einmaleins immer noch nicht flüssig (da bleibt er als letzter stehen in der Klasse, wenn diese Spielchen gemacht werden, bei denen jeder, der das Ergebnis kennt, es in die Klasse rufen und sich dann setzen darf). Seine Collagen könnte er auch viel schöner machen – und das *will* er sogar –, aber da sie für die Schule und somit «Schularbeiten» sind, «mag» er nicht mehr, «will endlich Freizeit haben». Ein Thema vertiefen – selbst wenn das mit wunderschön illustrierten Bilderbüchern möglich ist – riecht ihm verdächtig nach Schule, und er fragt: «Muß das sein?» Nein, es muß nicht – aber wann und was ist eigentlich noch möglich? ... Gut, fahren wir also schwimmen – er jubelt, rast davon, die Räder aus dem Keller zu holen. So sollte es sein, denke ich dann – und was ist nun mit dem Topflappen, mit 7 × 8 und 9 × 6?

Mir ist klar: in der Schule wird allenfalls angerissen – oberflächlich, husch, husch. Wer es dann kann, kann es. Und der Rest? Der größere Rest? Maria bekommt seit der 2. Klasse Nachhilfe (wann bloß?). Wegen mangelnder Leistungen sind in den knapp vier Jahren inzwischen 16 Kinder gegangen (worden). Bei wem wird die Meßlatte angelegt?

Was muß eigentlich in welchem Zeitraum gelernt, kapiert sein? (Nach dem Wozu frage ich schon bei vielen Sachen seit meiner eigenen Schulzeit nicht mehr – das hat schon damals niemand zu beantworten gewußt!)

Später sollte mein Sohn einen Beruf haben, der ihn befriedigt und der ihn ernährt. Für die meisten benötigt er kein Abitur. Das bedeutet also auch, daß er kein Gymnasium zu besuchen braucht, wenn er nicht will. Was also bringt mich jedesmal ins Rotieren, wenn eine «schlechte» Zensur droht?

Vielleicht ist es der Sog, der von den anderen Eltern ausgeht. Vielleicht ist es aber auch dasselbe Gefühl bei den Müttern wie bei den Kindern: sie werden nicht für eine Leistung (ab-)gewertet, sondern als Mensch. Nicht: mein Topflappen ist schlecht, sondern ich bin schlecht. Ich kann das nicht, ich bin fehlerhaft, ich bin dumm, ich tauge nichts. Und bei allem bleibt so wenig freie Zeit, daß das Kind noch nicht einmal kompensieren kann. Kompensieren durch gute Leistungen auf einem anderen Gebiet, damit es nicht gezwungen ist zu einer Ausgrenzung der Leistungen aus der Gesamtpersönlichkeit. «Du bist prima – aber deine Leistungen sind miserabel!» Ohnehin ist fraglich, ob sich diese Aufspaltung aufrechterhalten ließe – erfolgreiches Tun gehört zum eigenen Selbstbild, zur Befriedigung – ob es sich nun Leistungen nennt oder nicht.

Vielleicht leide ich aber auch unter dem Leiden des Kindes. Er ist bedrückt, wenn er für seinen phantasievollen Aufsatz «nur» eine Drei kriegt. Eine Fünf in der Mathearbeit erlebt er als Schande. Er wünscht sich so sehr «mal wieder eine Eins», und da kann ich auch kaum trösten. Er hat weder Schimpfe noch Strafe noch mütterliche Depressionen zu befürchten – er selber will gut sein – auch den Mitschülern gegenüber, die gegenseitig mit ihren Zensuren prahlen.

Es ist ein schier undurchdringliches Gestrüpp – hoffentlich finde ich eine Linie – für mich, für das Kind.

Es ist aber auch noch ein Faktor, der mich bedrückt. Ich sehe, was mein Kind zu leisten, zu lernen in der Lage ist. Er hat ein ausgezeichnetes Gedächtnis – für seine Briefmarken, für seine Bücher. Er weiß schlagartig, wo welche Begebenheit steht, braucht nicht lange zu suchen – allerdings nur, wenn es sich um seine private «Bibliothek» handelt, die immerhin auch schon aus rund 400 Bänden besteht. Im Dienste der Schule versagt all dieses – und er erlebt selber die Diskrepanz zwischen «eigentlichem Können» und den Ergebnissen, die in Form von Zensuren schriftlich auf ihn niederfallen.

Vasarely oder «'ne Sechs»

25. April 1988 Stephan kommt um 16 Uhr bedrückt aus der Schule, ein paar Minuten später weint er.

«Ich weiß nicht, was ich machen soll!»

«Was ist denn los?»

«Wenn ich keinen Vasarely malen kann, krieg ich morgen 'ne Sechs!»

«Versteh ich nicht!»

«Wir sollten heute Bilder wie Vasarely malen – genauso wie er. So Quadrate und Kreise. Und alles muß ausgefüllt sein, und wir dürfen nur zwei Farben nehmen und die abstufen. Und dann sollte das Bild so aussehen, als ob es eine Beule hat!»

«Also dreidimensional soll es aussehen, meinst du?»

«Ja, genau. Ich habe drei Blätter fertig gemacht und die sind alle nichts geworden. Die waren nicht beulig genug, und mit dem Ausfüllen hab ich das auch nicht so hingekriegt! Und wenn ich morgen kein Vasarely-Bild abgebe, dann kriege ich eine Sechs. Und dann hab ich keine ‹Eins› mehr in Kunst!»

Er weint untröstlich. Seine ‹Eins› in Kunst hat für ihn einen hohen Stellenwert, will er doch so gerne mal «Künstler» werden. Außerdem ist es das einzige Fach, in dem er sich sicher fühlt, in dem er weiß, daß er «was kann».

«Wie haben die anderen Kinder in der Klasse denn den Vasarely hingekriegt?»

«Alle ganz prima! Die meisten haben eine Eins oder eine Zwei gekriegt. Nur Felix und ich nicht!»

In dieser Konstellation verwundert mich das nicht: Felix und er sind die besten «Künstler», die Besten im freien Malen – im Komponieren, im Gestalterfassen. Karopapier «beulig» auszumalen ist halt nicht jedermanns Sache.

«Kann ich mich erst mal eine halbe Stunde hinlegen? Ich bin so müde!»

Während er liegt, schlage ich mein voluminöses Kunstlexikon auf – in Erwartung einer Problemlösung – wie beult Vasarely seine farbigen Karos? Pech! Er kommt nur einmal vor – in Schwarzweiß. Und von Beule keine Spur. Und nun? Mit Widerwillen rufe ich seine Klassenlehrerin an und schildere ihr unser Dilemma. Als ich sage, daß Stephan um seine «Eins» bangt, lacht sie ziemlich unfroh. Daß er bereits drei Versuche gemacht und für nicht gelungen gehalten hat, weiß sie nicht. Sie meint, er habe «wieder mal nichts geschafft». Statt seine übersteigerte Erwartungshaltung wahrzunehmen, denkt sie (wieder) nur an Faulheit. Warum fragt sie ihn eigentlich nicht, was er in zwei Stunden gemacht hat?

Sie erklärt mir also die Aufgabe – einmal, zweimal. Aber so richtig habe ich das auch nicht verstanden. Wie viele Farben nun: Zwei? Mehr? Oder zwei in verschiedenen Abstufungen? Ein drittes Mal wage ich nicht zu fragen – und kann in diesem Moment nachfühlen, daß Kinder nicht immer fragen mögen. Sie wurden schon zu oft abgebürstet.

Nach dem Abendbrot setzen wir uns ans Werk. Jeder malt auf Rechenpapier seinen Vasarely (langweilig – so richtig was für Doofe). «Ich kann das nicht... Ich schaff das nicht... Das ist bestimmt wieder alles falsch...» Ich bewahre (mühsam) Fassung: «Ach, das wird schon.»

Als wir fertig sind, gebe ich ihm mein Kunstwerk und sage: «Das kannst du auch mitnehmen» (mit dem Hintergedanken, daß meines vielleicht «richtiger» ist als seines, obwohl ich seins schöner finde!). Aber er – der reine Tor – versteht nicht den schmutzigen Hintersinn. «O ja», sagt er, «dann sage ich, das hat meine Mutter gemacht, was kriegt die denn für eine Zensur?»

Ich lasse es dabei. Man muß Kinder ja nicht unnötig verderben, wenngleich sie verdorben mit Sicherheit besser durchs Leben kommen. Ich bin froh, daß er diese miesen Tricks (noch) nicht drauf hat.

Einerseits.

Und andererseits?

26. April 1988 «Ich hab 'ne Zwei plus und du 'ne Zwei minus», hat er eben feixend berichtet. Die Kunst ist gerettet, die Hürde mal wieder genommen. Uff!

Sexualkunde oder Alpen

6. Mai 1988 Mutig finde ich sie – unsere Lehrerin und die beiden Kolleginnen aus den Parallelklassen. Sie machen sich ans Geschäft der Sexualpädagogik.

Stephan hatte einen Brief mitgebracht, in dem die Eltern über Tatsache und Inhalte informiert wurden. Das Ganze diente vor allem der Absicherung – falls Einsprüche kommen, dann bitte vorher –, aber es kam nichts.

Ich interviewe Frau Berger über den Verlauf. Er interessiert mich für meine AIDS-Veranstaltung in der Lehrerausbildung. Ich habe schon die Studenten ins freie Feld geschickt, um Lehrer nach ihren Erlebnissen und Ergebnissen diesbezüglich zu befragen. Das Ergebnis war erschreckend: Die AIDS-Thematik kann nicht einfach auf die bestehende Sexualkunde aufgepfropft werden (wie ich gedacht hatte), denn diese existiert praktisch nicht.

Wir hatten wahllos Lehrer aus verschiedenen Schulsystemen herausgepickt und schockierende Antworten bekommen:

Waldorflehrerin – 5. Klasse: «In diesem Alter haben die Kinder gottlob noch einen natürlichen Schutz vor solchen Themen» (nicht nach AIDS war gefragt, sondern nach Sexualerziehung!).

Grundschullehrerin – 4. Klasse: «Auf dem Lande brauchen unsere Kinder ‹so was› nicht. Und da sind wir auch ganz froh drüber!»

Hauptschulrektorin: «Ja, wie sollen wir all diesen Kindern aus der Unterschicht denn das Ethische in der Liebe beibringen? Die leben doch so verantwortungslos!»

«Sexualkunde? Das brauchen wir nicht zu machen. Das machen die Eltern zu Hause» (verschiedene Lehrer).

Oberstufe, Berufsschule: «Was sollen wir denen denn noch erzählen? Die wissen doch mehr als wir!»

Praktisch also nichts!

Frau Berger hat zu Beginn der Unterrichtseinheit leere Zettel verteilt, auf die die Kinder (anonym) schreiben sollten, was sie zu diesem Thema wissen wollten. 13 Zettel wurden leer abgegeben, mein Sohn hatte gefragt, warum Menschen über Nackte und über Nackten-Witze lachen (diese Frage wurde allerdings nie beantwortet!), und ein Kind schrieb: «Wir wollen lieber was über die Alpen hören!»

Zunächst ging alles sehr schleppend los – mit viel Gekicher und zunehmend peinlicher Stimmung. «Mir wurde es langsam peinlich, weil es den Kindern peinlich war», berichtet Frau Berger. Ich kann sie verstehen – mir geht es im AIDS-Seminar nicht besser. Wenn ich so locker mein Wissen preisgebe, sehe ich ständig abgewandte Gesichter, rote Ohren, höre leises Flüstern und Gekicher. Wie bei Vierzehnjährigen. Meine Lieben sind aber eher doppelt so alt, einzelne älter!

«Das ganze Repertoire an Schimpfwörtern haben sie drauf, aber sie haben keine Ahnung, was es bedeutet. Dagegen können sie weder Vorgänge noch Körperteile benennen. Das vorhandene Wissen ist allenfalls Fernsehwissen. ‹Aufgeklärt› wirkten nur zwei oder drei Kinder. Sie wußten Bescheid und konnten relativ offen sprechen und fragen. Geschlechtsverkehr wird ausschließlich im Zusammenhang mit Kinderzeugen gesehen – der «Spaß-an-der-Freud-Aspekt» fehlt, scheint unvorstellbar. Am Ende der Unterrichtseinheit war das Klima besser, gelöster. Manche Kinder erschienen erleichtert, jetzt Dinge akkurat benennen zu können. Alles in allem: es war wichtig, hat sich gelohnt. Die Kinder brauchten dieses Thema!»

Reaktionen der Eltern? Keine! Vorher nicht und nachher nicht. Warum wohl nicht? «Die sind alle froh, daß die Schule ihnen das Thema abnimmt!»

Die lange Himmelfahrt

15. Mai 1988 Am 10. Mai fiel die Schule ganz aus – Klassenlehrerin muß zur Fortbildung. Und andere Lehrer? «Wir haben doch keine!»

Am 11. Mai fielen zwei Stunden aus. Keine Vertretung wegen Lehrermangels möglich.

Am 12. Mai war Himmelfahrt.

Ach so!!

Das Ende naht...

18. Mai 1988 «Ist nicht endlich bald Wochenende?»

«Es ist doch erst Mittwoch!»

«Aber ich kann schon nicht mehr!»

Die Luft ist raus – in einer Woche ist Schluß. Schluß mit den ersten vier Jahren, mit der Grundschule, der «Spielschule», in denen den Kindern die Lust am Lernen beigebracht werden soll(te).

Die Lehrerin bereitet gemeinsam mit der Parallelklasse ein Abschiedsfest vor. Thema: Zirkus. Ich bin froh, daß sie sich dazu entschlossen hat – der Kinder wegen. Eine Parallelklasse bekommt nichts: am entsprechenden Elternabend waren nur fünf Eltern vertreten, und da hatte die Lehrerin «keine Lust». «Wie gut», sagte Ludwigs

Mutter, «daß wir jetzt wieder schuld haben. Sie ist doch sowieso in den letzten Monaten kaum noch dagewesen. Sie ist schwanger. Immer wenn man sie fragt, wie es ihr geht, sagt sie ‹blendend› – aber fehlen tut sie ständig. Und nun wieder das, aber wir machen für unsere Kinder selber was. Die Lehrer können ja kommen, wenn sie wollen. Da können sie sich noch nicht einmal über zuviel Arbeit beschweren, das machen wir. Für unsere Kinder. Das ist doch ein wichtiger Abschnitt.»

Thema: Zirkus. Stephan wollte als Tierbändiger gehen. Maria wollte das Tier sein. Bei der ersten Probe hatte *er* einen so vollen Erfolg, daß *sie* nicht mehr wollte. Dann wollte sie tauschen. Natürlich ließ er sich drauf ein. Dann machte es ihr keinen Spaß mehr, dann wollte sie gar nichts mehr. Da hatte ich dann schon das zweite Kostüm komplett zusammengestellt. (Was wäre Schule ohne uns Mütter?)

Stephan wollte schon alles hinschmeißen. «Ich kann doch nichts allein machen. Im Zirkus arbeiten doch alle zusammen!» (Ja, aber in der Schule nicht!!)

So habe ich ihm zwei Kilo Bonbons versprochen, die er als Clown verkleidet in die Menge werfen darf.

Aber Ende gut – Maria hat sich gnädig geneigt: sie geht als «Dumme Trine», er als «Dummer August» (Drittes Kostüm!) (Hoffentlich bleibt es nun dabei!)

Frau Berger befürchtet (schon wieder), daß nichts klappen wird, daß alles danebengeht, daß die Kinder doch nicht klarkommen. Sie ist ebenso mißerfolgsorientiert wie ihre Schüler!

Ich habe ihr gesagt, wir freuen uns auf alles – auch auf die Pannen –, und wir würden ganz doll klatschen. Hauptsache, die Kinder haben ihren Spaß und ihr Abschlußfest! Wir Eltern sind doch nur Randfiguren – geht es denn etwa schon wieder um Leistungsdemonstration?

Grüne Klasse

20. Mai 1988 Der Brief ist gekommen: die Wahlschule hat meinen Sohn als ihren zukünftigen Schüler erwählt. Gemeinsam mit zwei bisherigen Mitschülern kommt er in die «grüne» Klasse. Der größere «Rest» wird die «gelbe» besuchen.

«Ich will aber mit allen zusammen sein!»

Ich rufe Sabines Mutter an. Aber die ist schon zu einsamer Selbsthilfe geschritten. Sabine wollte mit Anna zusammen sein, egal in welcher Klasse. So habe sie sofort angerufen und um Neuordnung gebeten. «Und Stephan und Felix?» frage ich. «Ab der 5. Klasse spielen Mädchen und Jungen sowieso nicht mehr zusammen, da wollen die Mädchen unter sich sein. Und Sabine wollte das so!» «Und Anna? Die will doch mit Felix zusammenbleiben!?» «Die haben wir nicht gefragt.»

Solidarität ist halt nicht jedermanns Sache. Der andere wird benutzt, solange man ihn braucht – und dann: Hauptsache ICH!

Am Nachmittag hat sich ein Gespräch mit Frau Berger ergeben. Ich frage, ob sie weiß, nach welchen Kriterien die neuen Klassen zusammengesetzt wurden.

Sie vermutet es: es sollen nicht die gleichen Cliquen mit den gleichen festgefahrenen Verhaltensweisen zusammen übernommen werden. Ich bin fast sprachlos. Das ist das erste Mal in vier Schuljahren, daß ich den Hauch gruppenpädagogischer Überlegungen verspüre.

Und dann noch eine Überraschung: Frau Berger bietet an, morgen abend zu intervenieren. Die «alten» Lehrer setzen sich mit den «neuen» zu Informationsaustausch zusammen.

Irgendwie läßt das hoffen…!

P. S. Es hat geklappt. Stephan bleibt mit Felix, Anna und Sabine zusammen.

Theaterprobe und Kindesmißhandlung

30. Mai 1988 Maria und Stephan proben. Endlich haben sie sich zusammengerauft, endlich beide ihre Rollen akzeptiert. Nun geht's rund. Sie proben umschichtig, mit dem Stuhl umzufallen. Sie seifen sich gegenseitig ein – und vor allem: sie schreien. Ich habe nie geglaubt, daß zwei Kinder soo laut schreien können.

Beim dritten Versuch wird mir flau. Ich höre mit den Ohren der «Unter»mieter: erst laute Auseinandersetzung, dann Krach-Bum, dann schrilles Schreien, das in ein Heulen übergeht, weil zum Schluß der Szene «klatschende Ohrfeigen» geübt werden. «Macht nicht so doll, sonst ruft jemand die Polizei, weil es sich anhört, als mißhandle ich hier Kinder!»

Das hätte ich nicht sagen dürfen – die Theaterprobe wird zur Kindesmißhandlungsprobe. Sie sind beide phänomenal. Vor allem in der

Lautstärke. Sie üben Schmerzensschreie – bis ich ernsthaft wütend werde und eingreife. Sie können es gar nicht fassen. Sooo schön haben sie noch nie zusammen gespielt!

Abschiedspizza

8. Juni 1988 Für heute hat Frau Berger ihre ganze Klasse zu sich nach Hause eingeladen. Es soll ein kleines internes Abschiedsfest werden: gemeinsames Pizzabacken und -essen. Stephan ist begeistert – nicht nur der Pizza wegen, sondern: «Ich wollte doch immer schon mal gerne sehen, wie sie wohnt! Sie kann ja auch so gut malen, und vielleicht sehe ich da mal Bilder von ihr. Und überhaupt...»

Und überhaupt! Kinder möchten den ganzen Menschen und nicht nur den Vormittagswissensvermittler. Das scheint der Knackpunkt unserer ganzen professionellen Pädagogik zu sein. Es ist «Lohnerziehung». Und dazu gehört eben auch kein Hineinnehmen ins Privatleben, keine Vermischung von Dienst-Kindern und Privat-Kindern.

In diesem Punkt hat Stephan bereits in der ersten Klasse seine Erfahrungen gemacht. Im Nebenraum wurde eine dritte Klasse unterrichtet, der die Tochter seiner Klassenlehrerin angehörte. Er hat sie so gemocht und hätte so gerne öfter mit ihr gespielt. Jeglicher Erfahrung bar und ohne Arg versuchte er damals, etwas Derartiges zu arrangieren. «Darf ich nicht mal zu dir nach Hause kommen und mit Astrid spielen», hatte er mehrfach gefragt. «Und was hat Frau Wagner geantwortet?» fragte ich dann stets, wenn er enttäuscht von seinen Versuchen berichtete. Stereotyp kam die Antwort: «Gar nichts! Sie antwortet mir einfach nicht!»

Später fragte er mich dann: «Warum sagt sie denn nie was? Ich könnte doch mal bei ihr zu Hause spielen kommen.» Ich weiß nicht mehr im Detail, was ich ihm geantwortet habe – die Wahrheit war es nicht! Sie hätte ihm weh getan, weil sie gelautet hätte: «Frau Wagner ist froh, wenn sie euch mittags los ist. Dann will sie ihre Ruhe. Und außerdem will sie Dienstleben und Privatleben strikt trennen!» Aber auch ohne Erläuterungen muß er das im Laufe der Jahre erspürt haben, denn als «die Neue» kam, änderte sich ein klein wenig die Stimmung.

«Frau Berger fährt auch Rad, so wie wir», berichtete er und hatte ihre Route erfragt. Als sie einmal vom Rad abstieg und ein paar hundert Meter zu Fuß neben ihm herging, war er entzückt. «Und stell dir vor, wo sie hin wollte! Sie wollte in den Park zum Malen!» Am liebsten wäre er mitgegangen – einmal wollte er mich animieren, sie gemeinsam beim Malen aufzusuchen, sie hatte ihm erzählt, bei welcher Baumgruppe sie sitzt.

Wenn die Kinder aus den Ferien zurückkehrten, durften sie berichten – und dann erzählte auch sie von ihren Radtouren ins benachbarte Ausland. Ihre Vorgängerin hatte für entsprechende Fragen der Kinder immer die Antwort, daß *ihr* Leben hier nicht zur Debatte stünde.

Schule *kann* nur gelingen, wenn Eltern und Lehrer nicht nur miteinander arbeiten (was seltene Ausnahme zu sein scheint!), sondern Eltern, Lehrer und Kinder ein wenig ihr gesamtes Leben füreinander öffnen, gemeinsame Erlebnisse auch außerhalb der Stoffvermittlung schaffen, gemeinsam feiern, reden, sich gegenseitig an ihrem Leben teilnehmen lassen. Frau Berger probiert es zaghaft und in winzigen Ansätzen. Ich glaube, auch sie hat permanent Angst, aufgefressen und nicht mehr losgelassen zu werden!

Theater, Musik, Zirkus... Abschluß

14. Juni 1988 Das war nun der große Tag: alles ist gelungen, selbst das Wetter hat sich von der allerbesten Seite gezeigt. Es war faszinierend, was Kinder auf die Beine stellen können, wenn man sie läßt und sie entsprechend angeleitet werden. Eine perfekte Zirkusvorstellung von drei Stunden (mindestens eine zu lang, uns hingen die Mägen schon in den Kniekehlen. Es war Kaffee und Kuchen oder ähnliches angesagt – aber das gab es erst *nach* der Vorstellung!).

Sie waren alle meisterhaft. Die kleinen Pannen – von den Lehrerinnen mit Hektik begleitet – gehörten zum Charme der Vorstellung, zumal die Kinder ihnen mit großer Souveränität begegneten.

Und dann sah ich mir alle noch mal an: Felix, der Freund, in sich ruhend, ein gelassener kleiner Klops, mit nichts aus der Ruhe zu bringen. Sabine, immer eifrig um die As-Position bemüht, ein bißchen mütterlich-umtriebig. Ihre Konkurrenz, ein großes, schlankes Mädchen, gerade erst aus Polen gekommen und in vielen Fächern bereits «die Beste». Der jibbelige Dieter mit seiner unmöglichen, hysterischen Mutter. Und dann die beiden «Sitzenbleiber»: Anke nun schon zum zweitenmal innerhalb von vier Jahren. Die Mutter meint, da könne man nichts machen, sie könne der Tochter nicht helfen. Dafür besucht diese schon die Discos und tanzt in der Funkenmariechen-Garde des Karnevalvereins mit. «Und Anton bleibt auch sitzen?» frage ich. «Ja, der auch, der ist ganz traurig!» Ich bewundere seine Darstellung. Wenn ich wüßte, ich bleibe morgen sitzen, würde ich heute nicht mehr eine erheiternde Ganovenrolle spielen. Und er macht es mit soviel Hingabe – was mag in ihm vorgehen?

Mittendrin meiner: körperlich erschöpft bis an die Grenze – er hat wieder fast 3 kg abgenommen in den letzten vier Schulmonaten – aber so engagiert mit seiner Mitspielerin.

«Waren wir gut? Hat es euch gefallen? Was haben die anderen Eltern gesagt? Fandest du uns wirklich, echt, richtig gut?» Er muß es immer wieder hören abends im Bett – und ganz zum Schluß kommt dann: «Ab morgen sehe ich ganz viele nie mehr wieder!» Er weint: vor Erschöpfung, voller Abschiedsschmerz, voller Ahnung...

Grundschule Ade!

15. Juni 1988 Das war sie nun, die Grundschule. Gerade erst haben wir Eltern auf dem Sandkastenrand gesessen, auf unseren ABC-Schützen mit seiner großen Schultüte wartend. Das ist vier Jahre her. Vier prall gefüllte Jahre. Ich kann nicht sagen, daß ich sie nicht missen möchte. Sie gehören nicht zu den schönsten meines Lebens.

Das gute Zeugnis freut mich. Stephan kannte schon fast alle Zensuren: eine gute Regelung, die Kinder vorher zu informieren, damit sie nicht ein Stück Schock-Papier in der Hand halten. Wichtig ist ihm nur: «Siehst du, daß da nicht mehr steht, ‹er macht öfter seine Hausaufgaben nicht›, hast du das gesehen?» Ja, habe ich. Ich lobe ihn dafür. Alle anderen Zensuren sind in Ordnung – sie sind, wie sie sind. Von eins bis vier ist alles vertreten – die Vier in «Textilem Gestalten». Sie geniert ihn ein wenig, zumal sie mehr auf seine Bummeligkeit denn seine Ungeschicklichkeit zurückzuführen ist. Ich kann ihn trösten: ich bin über eine Vier in Handarbeit nie hinausgekommen. Familienübel!

Und dann gehen wir feiern: Pizza-Essen mit allem Drum und Dran, anschließend Urlaubsgarderobe kaufen, noch ein Eis essen – Zeugnis feiern!

«Findest du es eigentlich richtig, daß wir jedes Zeugnis befeiern, egal, was drin steht?» frage ich den Sohn. Er versteht mich nicht: «Das machen wir doch immer so!» «Ja, aber findest du das gut? Frau Wagner hat damals nach dem ersten Zeugnis gesagt, du bekämst keinerlei Maßstäbe für deine Leistungen, wenn ich immer gleich auf deine Zensuren reagieren würde, egal, welche im Zeugnis stehen!»

«Das hat sie gesagt?» Er denkt lange nach und dann sagt er: «Keine Maßstäbe!! Die bringen die uns in der Schule schon bei. Die sorgen schon dafür, daß wir wissen, wie blöd wir sind!»

Schulschmerz

Seit es mir gedenkt, will ich keine Kinder haben. Dem Frühstückstisch entronnen, unter Zeitdruck flüchtig die kleine dicke Freundin geküßt, umzingelte mich auf dem Schulhof schon das Bohnerwachs, gleich darauf die Thomas-Mann-Wut und der Mundgeruch des Dr. M., die Dauerwitze des Mathelehrers O., die Rechthaberei des Studienrats P. und die spitzigen Quälereien des Physikpaukers K.

In diese Schulen möchte ich keine Kinder geschickt sehen, vor allem nicht meine.

Ohne Schutz sind sie den unbearbeiteten Marotten und Ticks der lebenslänglichen Besserwisser und Wissensverwalter ausgesetzt, treten zum Ausgleich im Turnunterricht das Leder durch, bolzen auf dem Schulhof mit Cola-Dosen, quälen sich selbst oder den Religionslehrer und hungern nach einem Aufschrei in der Deutschstunde, den vielleicht Borchert für sie geschrieben hat.

Aber selbst diese Glanzstunden wiegen das Elend nicht auf. Kinder sind sehr wohl kleinzukriegen. Ich habe es erlebt, ich will nichts von dieser Methode weitergeben und keine Opfer liefern.

aus: Roos, Peter und Friederike Hassauer: Kinderwunsch, München 1986

Schule ist...

...die Angst des Schülers vor dem Lehrer...
...Die Angst des Schülers vor dem Schüler...
...Die Angst des Lehrers vor dem Schüler...
...Die Angst des Schülers vor den Eltern...
...Die Angst der Eltern vor dem Lehrer...
...Die Angst des Lehrers vor den Eltern...
...Die Angst des Lehrers vor dem Rektor...
...Die Angst des Rektors vor den Eltern...
...Die Angst des Rektors vor der Behörde...
...Die Angst des Lehrers vor der Behörde...
...Die Angst des Rektors vor dem Schulrat...
...Die Angst des Schulrats vor der Bezirksregierung...
...Die Angst der Bezirksregierung vor dem Ministerium...
...Die Angst des Ministeriums vor den Eltern (Wählern)...
......
...Die Angst der Eltern um die Kinder...
...Die Angst der Kinder um die Zensuren...
...Die Angst der Kinder um die Liebe der Eltern...
...Die Angst der Lehrer um ihre Stellen...
...Die Angst des Rektors um seine Ruhe...
...Die Angst des Rektors um seine Zulagen...
...Die Angst des Rektors vor dem Schülerschwund...
...Die Angst der Schulbehörden vor Veränderungen...
...Die Angst der Schüler vor dem Montag...
...Die Angst des Schülers vor dem Zeugnis...
...Die Angst der Eltern vor dem Zeugnis...
...Die Angst der Familien vor der Zukunft...
...Die Angst aller vor dem letzten Ferientag...

......Angst!

Angst ist die schlechteste aller Lehrmeisterinnen – vielleicht gelingt uns deshalb das Leben nicht mehr?

Was fehlt

Was lernen
unsere kinder?

Die kommaregeln
und den Satz
des Pythagoras,
den schmelzpunkt
von schwefel
unter veränderung
der atomstruktur,
die vier geraden
und die zwei schrägen
muskeln des auges,
12 inches sind
umgerechnet
30,5 zentimeter,
Friedrich Barbarossa
stürzte 1180
Heinrich den Löwen
im leeren raum
fallen alle körper
gleich schnell.

Was lernen
unsere kinder nicht?

Die freude
am denken,
die fähigkeit
zum schöpferischen,
selbständigkeit
vor obrigkeiten,
achtung
vor einzelgängern,
gemeinschaftssinn
statt konkurrenzneid,
freundlichkeit
als lebenskunst,
solidarität.

Was fehlt unseren kindern an unserer schule?
Das allernotwendigste!

Bernhard Katsch, in: «Elternkalender 1981», Bonn 1981